研学实践（旅行）教程

研学实践（旅行）教育职业技能岗位能力培训参考教程

薛华领　张亚伟　主编

吉林大学出版社

·长春·

图书在版编目（CIP）数据

研学实践（旅行）教程 / 薛华领, 张亚伟主编. --
长春: 吉林大学出版社, 2020.5
研学实践（旅行）教育职业技能岗位能力培训参考教程
　ISBN 978-7-5692-6514-9

　Ⅰ.①研… Ⅱ.①薛… ②张… Ⅲ.①中小学生—素
质教育—岗位培训—教材 Ⅳ.①G631

中国版本图书馆CIP数据核字(2020)第083890号

书　　名：研学实践（旅行）教程：
　　　　　研学实践（旅行）教育职业技能岗位能力培训参考教程
　　　　　YANXUE SHIJIAN (LÜXING) JIAOCHENG: YANXUE SHIJIAN (LÜXING) JIAOYU ZHIYE JINENG
　　　　　GANGWEI NENGLI PEIXUN CANKAO JIAOCHENG

作　　者：薛华领　张亚伟　主编
策划编辑：黄国彬
责任编辑：卢　婵
责任校对：李潇潇
装帧设计：赵　龙
出版发行：吉林大学出版社
社　　址：长春市人民大街4059号
邮政编码：130021
发行电话：0431-89580028/29/21
网　　址：http://www.jlup.com.cn
电子邮箱：jdcbs@jlu.edu.cn
印　　刷：山东华奥印刷有限公司
开　　本：880mm×1230mm　1/16
印　　张：17
字　　数：470千字
版　　次：2020年5月　第1版
印　　次：2020年5月　第1次
书　　号：ISBN 978-7-5692-6514-9
定　　价：120.00元

研学实践（旅行）教程

研学实践（旅行）教育职业技能岗位能力培训参考教程

《研学实践教育师》能力培训标准建设工作组委会

《研学实践安全员》能力培训及服务标准建设工作组委会　　　　　指定参考教程

《研学实践管理师》能力培训与工作标准建设工作组委会

指导单位：

中国成人教育协会成人教育培训机构工作委员会研学工作部

研学旅行管理与服务规范标准建设工作组委会

研学实践教育师能力培训标准建设工作组委会

研学实践安全员能力培训及服务标准建设工作组委会

研学实践管理师能力培训与工作标准建设工作组委会

参编单位：

济南培学技术研究院

成教（济宁）技术研究院

云南省校园安全协会

新疆维吾尔自治区旅游协会研学分会

中国商业联合会商业职业技能鉴定指导中心研学实践教育师项目部

济南广播电视台

济南广电少儿文化传媒有限公司

北京神舟国际旅行社集团有限公司

企鹅旅业（北京）教育科技发展有限公司

北京行知立德文化交流有限公司

北京趣悦教育科技有限公司

青葱汇（北京）教育科技发展有限公司

北京华教科技文化有限公司

乌鲁木齐新旅开元国际旅行社有限公司

贵州同心研学教育发展有限公司

山东太学教育科技有限公司

中国雏鹰团

编 委 会

主　编： 薛华领　张亚伟

副主编： 孙世会　王德勇　潘四发　石连海

编委会主任： 赵洪贵

编　委：

于燕飞	王　晋	王　茜	王中明	王贵峰	尹逊鲁	孔德铭	关　昀
闫君健	刘玉发	刘国政	刘　孜	刘　健	任庆奇	李光永	李明峰
江月剑	李冈圙	李志轩	李金梅	毕思科	朱秋芝	邢现峰	冯彦军
宋和远	宋　尧	吕　磊	汤新凡	陈秋红	陈　颖	林彩英	张玉旺
张云方	张震笋	张思运	杨洪磊	赵光武	赵　龙	赵兴业	郝爱敏
高　毅	高一鸣	袁晓玲	梁畅红	黄淑文	黄宝存	温　敏	葛荣东
蔡恒奇							

序

　　"读万卷书，行万里路。"这是中国几千年来读书人人生成长的必由之路，唯有秉持知行合一的理念，让美好的知识与世界万物相联系，与生命、生活相联系，才能转化为智慧，转化为生命的能量。习近平总书记在系列重要讲话中强调，教育工作者要坚持深化教育改革创新，落实立德树人根本任务，帮助学生了解国情、开阔眼界、增长知识，增强同学们的社会责任感、创新精神和实践能力，这为当代中国教育提出了重要的使命任务。根据教育部相关文件精神，研学实践教育已经成为学校课堂学习重要的补充课程、拓展课程。中小学生通过集体旅行、集中食宿方式开展的研究性学习和旅行体验相结合的校外教育活动，是学校教育和校外教育衔接的创新形式，是教育教学的重要内容，是立德树人、文化育人，培养爱国主义情怀的重要途径。

　　课堂教学是学生学习的主战场，研学实践是课堂学习的必要补充，研学实践教育应当成为搭建校内和校外教学的桥梁和纽带，通过体验、探究、参与、合作、讨论、调查、社会实践等多种学习方式，让学生学会在大自然和社会生活中思考探究、激发心智，将研学实践教育的过程变成学生自主学习、自我提高的方法，养成发现自己、完善自己、造就自己的内在人格素质。

　　研学实践教育是拓展学生视野，激越情怀，夯实知识的重要一环。学生所学的大多是书本知识，即使是通过实验来获得知识、技能，也是在学校为背景的实验室条件下，以间接经验和理性知识为主，对知识的本体——天地自然的感性知识始终欠缺，在进入信息化时代依然如此。开展研学实践教育，有利于促进学生培养和践行社会主义核心价值观，激发学生对党、对国家、对人民的热爱之情；有利于推动全面实施素质教育，创新人才培养模式，引导学生主动适应社会，促进书本知识和生活经验的深度融合；有利于加快提高人民生活质量，满足学生日益增长的旅游需求，从小培养学生文明旅游意识，养成文明旅游的行为习惯。

　　"知乃行之始，行乃知之成。"研学实践教育作为一种教育方式，强调在行中体悟、在实践中学习，学以致用，用以明学。它的最大意义就在于，让知识活起来，让生命与天地万物相往来。一切道德与能力的培养离不开"行"，正如孔子所说："好学近乎智，力行近乎仁！"研学对于生命成长，尤其是道德和能力的培养是课堂教学难以替代的重要环节。

　　研学教育意义重大，但对于今天的教育教学与管理，对于各级各类教育机构以及从事于研学教育的老师们，却是一个崭新的课题，一个新的挑战，它需要系统的设计及与之相匹配的教材教法和管理，最重要的是应该尽快建设和培养出一批专业而成熟的研学教育师资队伍。他们不仅要具备一般的教师素养，还要熟悉国家的研学政策，熟悉中小学的课程，更要具备与学校课程、学生成长相匹配的研学课程设计能力、教学能力、管理能力。能否取得研学教育的成功，关键要看能否着力在坚定理想信念、厚植爱国主义情怀、加强品德修养、增长知识见识、培养奋斗精神、增强综合素质上下功夫，提高学生的社会责任感、创新精神和实践能力，促进学生德智体美劳全面发展。研学教育的质量，取决于我们能否有一批高质量的从事研学教育的教师队伍。

研学教育是一个崭新的事业，需要志士仁人的积极参与和探索。本书作者认真严谨地编写了这本针对教师培训的教材，不仅适应了研学教育的迫切需要，也在一定程度上解决了研学教育开展中的一些比较重要的问题，为研学教育提供了有效的支持，是一本很好的研学教育教师培训教材。希望它能够为研学教育事业做出积极的贡献。

郑 树 山

（序作者系教育部原党组成员、部长助理，国家教育行政学院原党委书记兼院长，孔子学院总部高级顾问）

2019 年 12 月

目录

第一部分

研学政策解读

第一节　中小学生发展核心素养解读

学生发展核心素养，主要指学生应具备的、能够适应终身发展和社会发展需要的必备品格和关键能力。研究学生发展核心素养是落实立德树人根本任务的一项重要举措，也是适应世界教育改革发展趋势、提升我国教育国际竞争力的迫切需要。

一、背景

党的十八大和十八届三中全会提出把关于立德树人的要求落到实处，2014 年教育部印发《关于全面深化课程改革落实立德树人根本任务的意见》，提出"教育部将组织研究提出各学段学生发展核心素养体系，明确学生应具备的适应终身发展和社会发展需要的必备品格和关键能力"。

二、价值定位

核心素养是党的教育方针的具体化，是连接宏观教育理念、培养目标与具体教育教学实践的中间环节。党的教育方针通过核心素养这一桥梁，可以转化为教育教学实践可用的、教育工作者易于理解的具体要求，明确学生应具备的必备品格和关键能力，从中深入回答"立什么德、树什么人"的根本问题，引领课程改革和育人模式变革。

三、基本原则

第一，坚持科学性。紧紧围绕立德树人的根本要求，坚持以人为本，遵循学生身心发展规律与教育规律，将科学的理念和方法贯穿研究工作全过程，重视理论支撑和实证依据，确保研究过程严谨规范。

第二，注重时代性。充分反映新时期经济社会发展对人才培养的新要求，全面体现先进的教育思想和教育理念，确保研究成果与时俱进、具有前瞻性。

第三，强化民族性。着重强调中华优秀传统文化的传承与发展，把核心素养研究植根于中华民族的文化历史土壤，系统落实社会主义核心价值观的基本要求，突出强调社会责任和国家认同，充分体现民族特点，确保立足中国国情、具有中国特色。

四、总体框架

中国学生发展核心素养以培养"全面发展的人"为核心，分为文化基础、自主发展、社会参与三个方面，综合表现为人文底蕴、科学精神、学会学习、健康生活、责任担当、实践创新等六大素养，具体细化为国家认同等十八个基本要点。各素养之间相互联系、互相补充、相互促进，在不同情境中整体发挥作用。为方便实践应用，将六大素养进一步细化为十八个基本要点，并对其主要表现进行了描述。根据这一总体框架，可针对学生年龄特点进一步提出各学段学生的具体表现要求。

五、基本内涵

（一）文化基础

文化是人存在的根和魂。文化基础，重在强调能习得人文、科学等各领域的知识和技能，掌握和运用人类优秀智慧成果，涵养内在精神，追求真善美的统一，发展成为有宽厚文化基础、有更高精神追求的人。

（1）人文底蕴。主要是学生在学习、理解、运用人文领域知识和技能等方面所形成的基本能力、情感态度和价值取向。具体包括人文积淀、人文情怀和审美情趣等基本要点。

（2）科学精神。主要是学生在学习、理解、运用科学知识和技能等方面所形成的价值标准、思维方式和行为表现。具体包括理性思维、批判质疑、勇于探究等基本要点。

（二）自主发展

自主性是人作为主体的根本属性。自主发展，重在强调能有效管理自己的学习和生活，认识和发现自我价值，发掘自身潜力，有效应对复杂多变的环境，成就出彩人生，发展成为有明确人生方向、有生活品质的人。

（1）学会学习。主要是学生在学习意识形成、学习方式方法选择、学习进程评估调控等方面的综合表现。具体包括乐学善学、勤于反思、信息意识等基本要点。

（2）健康生活。主要是学生在认识自我、发展身心、规划人生等方面的综合表现。具体包括珍爱生命、健全人格、自我管理等基本要点。

（三）社会参与

社会性是人的本质属性。社会参与，重在强调能处理好自我与社会的关系，养成现代公民所必须遵守和履行的道德准则和行为规范，增强社会责任感，提升创新精神和实践能力，促进个人价值实现，推动社会发展进步，发展成为有理想、有信念、敢于担当的人。

（1）责任担当。主要是学生在处理与社会、国家、国际等关系方面所形成的情感态度、价值取向和行为方式。具体包括社会责任、国家认同、国际理解等基本要点。

（2）实践创新。主要是学生在日常活动、问题解决、适应挑战等方面所形成的实践能力、创新意识和行为表现。具体包括劳动意识、问题解决、技术应用等基本要点。

六、主要表现

（一）文化基础

1.人文底蕴

（1）人文积淀：具有古今中外人文领域基本知识和成果的积累；能理解和掌握人文思想中所蕴含的认识方法和实践方法等。

（2）人文情怀：具有以人为本的意识，尊重、维护人的尊严和价值；能关切人的生存、发展和幸福等。

（3）审美情趣：具有艺术知识、技能与方法的积累；能理解和尊重文化艺术的多样性，具有发现、感知、欣赏、评价美的意识和基本能力；具有健康的审美价值取向；具有艺术表达和创意表现的兴趣和意识，能在生活中拓展和升华美等。

2.科学精神

（1）理性思维：崇尚真知，能理解和掌握基本的科学原理和方法；尊重事实和证据，有实证意识和严谨的求知态度；逻辑清晰，能运用科学的思维方式认识事物、解决问题、指导行为等。

（2）批判质疑：具有问题意识；能独立思考、独立判断；思维缜密，能多角度、辩证地分析问题，做出选择和决定等。

（3）勇于探究：具有好奇心和想象力；能不畏困难，有坚持不懈的探索精神；能大胆尝试，积极寻求有效的问题解决方法等。

（二）自主发展

1.学会学习

（1）乐学善学：能正确认识和理解学习的价值，具有积极的学习态度和浓厚的学习兴趣；能养成良好的学习习惯，掌握适合自身的学习方法；能自主学习，具有终身学习的意识和能力等。

（2）勤于反思：具有对自己的学习状态进行审视的意识和习惯，善于总结经验；能够根据不同情境和自身实际，选择或调整学习策略和方法等。

（3）信息意识：能自觉、有效地获取、评估、鉴别、使用信息；具有数字化生存能力，主动适应"互联网+"等社会信息化发展趋势；具有网络伦理道德与信息安全意识等。

2.健康生活

（1）珍爱生命：理解生命意义和人生价值；具有安全意识与自我保护能力；掌握适合自身的运动方法和技能，养成健康文明的行为习惯和生活方式等。

（2）健全人格：具有积极的心理品质，自信自爱，坚忍乐观；有自制力，能调节和管理自己的情绪，具有抗挫折能力等。

（3）自我管理：能正确认识与评估自我；依据自身个性和潜质选择适合的发展方向；合理分配和使用时间与精力；具有达成目标的持续行动力等。

（三）社会参与

1.责任担当

（1）社会责任：自尊自律，文明礼貌，诚信友善，宽和待人；孝亲敬长，有感恩之心；热心公益和志愿服务，敬业奉献，具有团队意识和互助精神；能主动作为，履职尽责，对自我和他人负责；能明辨是非，具有规则与法治意识，积极履行公民义务，理性行使公民权利；崇尚自由平等，能维护社会公平正义；热爱并尊重自然，具有绿色生活方式和可持续发展理念及行动等。

（2）国家认同：具有国家意识，了解国情历史，认同国民身份，能自觉捍卫国家主权、尊严和利益；具有文化自信，尊重中华民族的优秀文明成果，能传播弘扬中华优秀传统文化和社会主义先进文化；了解中国共产党的历史和光荣传统，具有热爱党、拥护党的意识和行动；理解、接受并自觉践行社会主义核心价值观，具有中国特色社会主义共同理想，有为实现中华民族伟大复兴中国梦而不懈奋斗的信念和行动。

（3）国际理解：具有全球意识和开放的心态，了解人类文明进程和世界发展动态；能尊重世界多元文化的多样性和差异性，积极参与跨文化交流；关注人类面临的全球性挑战，理解人类命运共同体的内涵与价值等。

2.实践创新

（1）劳动意识：尊重劳动，具有积极的劳动态度和良好的劳动习惯；具有动手操作能力，掌握一定的劳动技能；在主动参加的家务劳动、生产劳动、公益活动和社会实践中，具有改进和创新劳动方式、提高劳动效率的意识；具有通过诚实合法劳动创造成功生活的意识和行动等。

（2）问题解决：善于发现和提出问题，有解决问题的兴趣和热情；能依据特定情境和具体条件，选择制订合理的解决方案；具有在复杂环境中行动的能力等。

（3）技术运用：理解技术与人类文明的有机联系，具有学习掌握技术的兴趣和意愿；具有工程思维，能将创意和方案转化为有形物品或对已有物品进行改进与优化等。

第二节 教育部等 11 部门关于推进中小学生研学旅行的意见

教基一〔2016〕8 号

各省、自治区、直辖市教育厅（教委）、发展改革委、公安厅（局）、财政厅（局）、交通运输厅（局、委）、文化厅（局）、食品药品监督管理局、旅游委（局）、保监局、团委，新疆生产建设兵团教育局、发展改革委、公安局、财务局、交通局、文化广播电视局、食品药品监督管理局、旅游局、团委，各铁路局：

为贯彻落实党的十八大和十八届三中、四中、五中、六中全会精神，深入学习贯彻习近平总书记系列重要讲话精神，秉承"创新、协调、绿色、开放、共享"的发展理念，落实立德树人根本任务，帮助中小学生了解国情、热爱祖国、开阔眼界、增长知识，着力提高他们的社会责任感、创新精神和实践能力，现就推进中小学生研学旅行提出如下意见。

一、重要意义

中小学生研学旅行是由教育部门和学校有计划地组织安排，通过集体旅行、集中食宿方式开展的研究性学习和旅行体验相结合的校外教育活动，是学校教育和校外教育衔接的创新形式，是教育教学的重要内容，是综合实践育人的有效途径。开展研学旅行，有利于促进学生培育和践行社会主义核心价值观，激发学生对党、对国家、对人民的热爱之情；有利于推动全面实施素质教育，创新人才培养模式，引导学生主动适应社会，促进书本知识和生活经验的深度融合；有利于加快提高人民生活质量，满足学生日益增长的旅游需求，从小培养学生文明旅游意识，养成文明旅游行为习惯。

近年来，各地积极探索开展研学旅行，部分试点地区取得显著成效，在促进学生健康成长和全面发展等方面发挥了重要作用，积累了有益经验。但一些地区在推进研学旅行工作过程中，存在思想认识不到位、协调机制不完善、责任机制不健全、安全保障不规范等问题，制约了研学旅行有效开展。当前，我国已进入全面建成小康社会的决胜阶段，研学旅行正处在大有可为的发展机遇期，各地要把研学旅行摆在更加重要的位置，推动研学旅行健康快速发展。

二、工作目标

以立德树人、培养人才为根本目的，以预防为重、确保安全为基本前提，以深化改革、完善政策为着力点，以统筹协调、整合资源为突破口，因地制宜开展研学旅行。让广大中小学生在研学旅行中感受祖国大好河山，感受中华传统美德，感受革命光荣历史，感受改革开放伟大成就，增强对坚定"四个自信"的理解与认同；同时学会动手动脑，学会生存生活，学会做人做事，促进身心健康、体魄强健、意志坚强，促进形成正确的世界观、人生观、价值观，培养他们成为德智体美全面发展的社会主义建设者和接班人。

开发一批育人效果突出的研学旅行活动课程，建设一批具有良好示范带动作用的研学旅行基地，打造一批具有影响力的研学旅行精品线路，建立一套规范管理、责任清晰、多元筹资、保障安全的研学旅行工作机制，探索形成中小学生广泛参与、活动品质持续提升、组织管理规范有序、基础条件保障有力、安全责任落实到位、文化氛围健康向上的研学旅行发展体系。

三、基本原则

——教育性原则。研学旅行要结合学生身心特点、接受能力和实际需要，注重系统性、知识性、科学性和趣味性，为学生全面发展提供良好成长空间。

——实践性原则。研学旅行要因地制宜，呈现地域特色，引导学生走出校园，在与日常生活不同的环境中拓展视野、丰富知识、了解社会、亲近自然、参与体验。

——安全性原则。研学旅行要坚持安全第一，建立安全保障机制，明确安全保障责任，落实安全保障措施，确保学生安全。

——公益性原则。研学旅行不得开展以营利为目的的经营性创收，对贫困家庭学生要减免费用。

四、主要任务

1.纳入中小学教育教学计划。各地教育行政部门要加强对中小学开展研学旅行的指导和帮助。各中小学要结合当地实际，把研学旅行纳入学校教育教学计划，与综合实践活动课程统筹考虑，促进研学旅行和学校课程有机融合，要精心设计研学旅行活动课程，做到立意高远、目的明确、活动生动、学习有效，避免"只旅不学"或"只学不旅"现象。学校根据教育教学计划灵活安排研学旅行时间，一般安排在小学四到六年级、初中一到二年级、高中一到二年级，尽量错开旅游高峰期。学校根据学段特点和地域特色，逐步建立小学阶段以乡土乡情为主、初中阶段以县情市情为主、高中阶段以省情国情为主的研学旅行活动课程体系。

2.加强研学旅行基地建设。各地教育、文化、旅游、共青团等部门、组织密切合作，根据研学旅行育人目标，结合域情、校情、生情，依托自然和文化遗产资源、红色教育资源和综合实践基地、大型公共设施、知名院校、工矿企业、科研机构等，遴选建设一批安全适宜的中小学生研学旅行基地，探索建立基地的准入标准、退出机制和评价体系；要以基地为重要依托，积极推动资源共享和区域合作，打造一批示范性研学旅行精品线路，逐步形成布局合理、互联互通的研学旅行网络。各基地要将研学旅行作为理想信念教育、爱国主义教育、革命传统教育、国情教育的重要载体，突出祖国大好风光、民族悠久历史、优良革命传统和现代化建设成就，根据小学、初中、高中不同学段的研学旅行目标，有针对性地开发自然类、历史类、地理类、科技类、人文类、体验类等多种类型的活动课程。教育部将建设研学旅行网站，促进基地课程和学校师生间有效对接。

3.规范研学旅行组织管理。各地教育行政部门和中小学要探索制定中小学生研学旅行工作规程，做到"活动有方案，行前有备案，应急有预案"。学校组织开展研学旅行可采取自行开展或委托开展的形式，提前拟定活动计划并按管理权限报教育行政部门备案，通过家长委员会、致家长的一封信或召开家长会等形式告知家长活动意义、时间安排、出行线路、费用收支、注意事项等信息，加强学生和教师的研学旅行事前培训和事后考核。学校自行开展研学旅行，要根据需要配备一定比例的学校领导、教师和安全员，也可吸收少数家长作为志愿者，负责学生活动管理和安全保障，与家长签订协议书，明确学校、家长、学生的责任权利。学校委托开展研学旅行，要与有资质、信誉好的委托企业或机构签订协议书，明确委托企业或机构承担学生研学旅行安全责任。

4.健全经费筹措机制。各地可采取多种形式、多种渠道筹措中小学生研学旅行经费，探索建立政府、学校、社会、家庭共同承担的多元化经费筹措机制。交通部门对中小学生研学旅行公路和水路出行严格执行儿童票价优惠政策，铁路部门可根据研学旅行需求，在能力许可范围内积极安排好运力。文化、旅游等部门要对中小学生研学旅行实施减免场馆、景区、景点门票政策，提供优质旅游服务。保险监督管理机构会同教育行政部门推动将研学旅行纳入校方责任险范围，鼓励保险企业开发有针对性的产品，对投保费用实施优惠措施。鼓励通过社会捐赠、公益性活动等形式支持开展研学旅行。

5.建立安全责任体系。各地要制订科学有效的中小学生研学旅行安全保障方案，探索建立行之有效的安全责任落实、事故处理、责任界定及纠纷处理机制，实施分级备案制度，做到层层落实，责任到人。教育行政部门负责督促学校落实安全责任，审核学校报送的活动方案（含保单信息）和应急预案。学校要做好行前安全教育工作，负责确认出行师生购买意外险，必须投保校方责任险，与家长签订安全责任书，与委托开展研学旅行的企业或机构签订安全责任书，明确各方安全责任。旅游部门负责审核开展研学旅行的企业或机构的准入条件和服务标准。交通部门负责督促有关运输企业检查学生出行的车、船等交通工具。公安、食品药品监管等部门加强对研学旅行涉及的住宿、餐饮等公共经营场所的安全监督，依法查处运送学生车辆的交通违法行为。保险监督管理机构负责指导保险行业提供并优化校方责任险、旅行社责任险等相关产品。

五、组织保障

1.加强统筹协调。各地要成立由教育部门牵头，发改、公安、财政、交通、文化、食品药品监管、旅游、保监和共青团等相关部门、组织共同参加的中小学生研学旅行工作协调小组，办事机构可设在地方校外教育联席会议办公室，加大对研学旅行工作的统筹规划和管理指导，结合本地实际情况制订相应工作方案，将职责层层分解落实到相关部门和单位，定期检查工作推进情况，加强督查督办，切实将好事办好。

2.强化督查评价。各地要建立健全中小学生参加研学旅行的评价机制，把中小学组织学生参加研学旅行的情况和成效作为学校综合考评体系的重要内容。学校要在充分尊重个性差异、鼓励多元发展的前提下，对学生参加研学旅行的情况和成效进行科学评价，并将评价结果逐步纳入学生学分管理体系和学生综合素质评价体系。

3.加强宣传引导。各地要在中小学广泛开展研学旅行实验区和示范校创建工作，充分培育、挖掘和提炼先进典型经验，以点带面，整体推进。教育部将遴选确定部分地区为全国研学旅行实验区，积极宣传研学旅行的典型经验。各地要积极创新宣传内容和形式，向家长宣传研学旅行的重要意义，向学生宣传"读万卷书、行万里路"的重大作用，为研学旅行工作营造良好的社会环境和舆论氛围。

教育部 国家发展改革委 公安部 财政部 交通运输部 文化部 食品药品监管总局

国家旅游局 保监会 共青团中央 中国铁路总公司

2016 年 11 月 30 日

第三节　教育部关于印发

《中小学综合实践活动课程指导纲要》的通知

各省、自治区、直辖市教育厅（教委），新疆生产建设兵团教育局：

现将《中小学综合实践活动课程指导纲要》印发给你们，请认真贯彻执行。

各地要充分认识综合实践活动课程的重要意义，确保综合实践活动课程全面开设到位。要组织教师认真学习纲要，切实加强对综合实践活动课程的精心组织、整体设计和综合实施，不断提升课程实施水平。

教育部

2017 年 9 月 25 日

中小学综合实践活动课程指导纲要解读

各省、自治区、直辖市教育厅（教委）、发展改革委、公安厅（局）、财政厅（局）、交通运输厅（局、委）、文化厅（局）、食品药品监督管理局、旅游委（局）、保监局、团委，新疆生产建设兵团教育局、发展改革委、公安局、财务局、交通局、文化广播电视局、食品药品监督管理局、旅游局、团委，各铁路局：

为全面贯彻党的教育方针，坚持教育与生产劳动、社会实践相结合，引导学生深入理解和践行社会主义核心价值观，充分发挥中小学综合实践活动课程在立德树人中的重要作用，特制定本纲要。[1]

一、课程性质与基本理念

（一）课程性质

综合实践活动是从学生的真实生活和发展需要出发，从生活情境中发现问题，转化为活动主题，通过探究、服务、制作、体验等方式，培养学生综合素质的跨学科实践性课程。

综合实践活动是国家义务教育和普通高中课程方案规定的必修课程，与学科课程并列设置，是基础教育课程体系的重要组成部分。该课程由地方统筹管理和指导，具体内容以学校开发为主，自小学一年级至高中三年级全面实施。

（二）基本理念

1.课程目标以培养学生综合素质为导向

本课程强调学生综合运用各学科知识，认识、分析和解决现实问题，提升综合素质，着力发展核心素养，特别是社会责任感、创新精神和实践能力，以适应快速变化的社会生活、职业世界和个人自主发展的需要，迎接信息时代和知识社会的挑战。

2.课程开发面向学生的个体生活和社会生活

本课程面向学生完整的生活世界，引导学生从日常学习生活、社会生活或与大自然的接触中提出具有教育意义的活动主题，使学生获得关于自我、社会、自然的真实体验，建立学习与生活的有机联系。要避免仅从学科知识体系出发进行活动设计。

3.课程实施注重学生主动实践和开放生成

本课程鼓励学生从自身成长需要出发，选择活动主题，主动参与并亲身经历实践过程，体验并践行价值信念。在实施过程中，随着活动的不断展开，在教师指导下，学生可根据实际需要，对活动的目标与内容、组织与方法、过程与步骤等做出动态调整，使活动不断深化。

4.课程评价主张多元评价和综合考察

本课程要求突出评价对学生的发展价值，充分肯定学生活动方式和问题解决策略的多样性，鼓励学生自我评价与同伴间的合作交流和经验分享。提倡多采用质性评价方式，避免将评价简化为分数或等级。要将学生在综合实践活动中的各种表现和活动成果作为分析考察课程实施状况与学生发展状况的重要依据，对学生的活动过程和结果进行综合评价。

二、课程目标

（一）总目标

学生能从个体生活、社会生活及与大自然的接触中获得丰富的实践经验，形成并逐步提升对自然、社会和自我之内在联系的整体认识，具有价值体认、责任担当、问题解决、创意物化等方面的意识和能力。

（二）学段目标

1.小学阶段具体目标

（1）价值体认：通过亲历、参与少先队活动、场馆活动和主题教育活动，参观爱国主义教育基地等，获得有积极意义的价值体验。理解并遵守公共空间的基本行为规范，初步形成集体思想、组织观念，培养对中国共产党的朴素感情，为自己是中国人感到自豪。

（2）责任担当：围绕日常生活开展服务活动，能处理生活中的基本事务，初步养成自理能力、自立精神、热爱生活的态度，具有积极参与学校和社区生活的意愿。

（3）问题解决：能在教师的引导下，结合学校、家庭生活中的现象，发现并提出自己感兴趣的问题。能将问题转化为研究小课题，体验课题研究的过程与方法，提出自己的想法，形成对问题的初步解释。

（4）创意物化：通过动手操作实践，初步掌握手工设计与制作的基本技能；学会运用信息技术，设计并制作有一定创意的数字作品。运用常见、简单的信息技术解决实际问题，服务于学习和生活。

2.初中阶段具体目标

（1）价值体认：积极参加班团队活动、场馆体验、红色之旅等，亲历社会实践，加深有积极意义的价值体验。能主动分享体验和感受，与老师、同伴交流思想认识，形成国家认同，热爱中国共产党。通过职业体验活动，发展兴趣专长，形成积极的劳动观念和态度，具有初步的生涯规划意识和能力。

（2）责任担当：观察周围的生活环境，围绕家庭、学校、社区的需要开展服务活动，增强服务意识，养成独立的生活习惯；愿意参与学校服务活动，增强服务学校的行动能力；初步形成探究社区问题的意识，愿意参与社区服务，初步形成对自我、学校、社区负责任的态度和社会公德意识，初步具备法治观念。

（3）问题解决：能关注自然、社会、生活中的现象，深入思考并提出有价值的问题，将问题转化为有价值的研究课题，学会运用科学方法开展研究。能主动运用所学知识理解与解决问题，并做出基于证据的解释，形成基本符合规范的研究报告或其他形式的研究成果。

（4）创意物化：运用一定的操作技能解决生活中的问题，将一定的想法或创意付诸实践，通过设计、制作或装配等，制作和不断改进较为复杂的制品或用品，发展实践创新意识和审美意识，提高创意实现能力。通过信息技术的学习实践，提高利用信息技术进行分析和解决问题的能力以及数字化产品的设计与制作能力。

3.高中阶段具体目标

（1）价值体认：通过自觉参加班团活动、走访模范人物、研学旅行、职业体验活动，组织社团活动，深化社会规则体验、国家认同、文化自信，初步体悟个人成长与职业世界、社会进步、国家发展和人类命运共同体的关系，增强根据自身兴趣专长进行生涯规划和职业选择的能力，强化对中国共产党的认识和感情，具有中国特色社会主义共同理想和国际视野。

（2）责任担当：关心他人、社区和社会发展，能持续地参与社区服务与社会实践活动，关注社区及社会存在的主要问题，热心参与志愿者活动和公益活动，增强社会责任意识和法治观念，形成主动服务他人、服务社会的情怀，理解并践行社会公德，提高社会服务能力。

（3）问题解决：能对个人感兴趣的领域开展广泛的实践探索，提出具有一定新意和深度的问题，综合运用知识分析问题，用科学方法开展研究，增强解决实际问题的能力。能及时对研究过程及研究结果进行审视、反思并优化调整，建构基于证据的、具有说服力的解释，形成比较规范的研究报告或其他形式的研究成果。

（4）创意物化：积极参与动手操作实践，熟练掌握多种操作技能，综合运用技能解决生活中的复杂问题。增强创意设计、动手操作、技术应用和物化能力。形成在实践操作中学习的意识，提高综合解决问题的能力。

三、课程内容与活动方式

学校和教师要根据综合实践活动课程的目标，并基于学生发展的实际需求，设计活动主题和具体内容，并选择相应的活动方式。

（一）内容选择与组织原则

综合实践活动课程的内容选择与组织应遵循如下原则：

1. 自主性

在主题开发与活动内容选择时，要重视学生自身发展需求，尊重学生的自主选择。教师要善于引导学生围绕活动主题，从特定的角度切入，选择具体的活动内容，并自定活动目标任务，提升自主规划和管理能力。同时，要善于捕捉和利用课程实施过程中生成的有价值的问题，指导学生深化活动主题，不断完善活动内容。

2. 实践性

综合实践活动课程强调学生亲身经历各项活动，在"动手做""实验""探究""设计""创作""反思"的过程中进行"体验""体悟""体认"，在全身心参与的活动中，发现、分析和解决问题，体验和感受生活，发展实践创新能力。

3. 开放性

综合实践活动课程面向学生的整个生活世界，具体活动内容具有开放性。教师要基于学生已有经验和兴趣专长，打破学科界限，选择综合性活动内容，鼓励学生跨领域、跨学科学习，为学生自主活动留出余地。要引导学生把自己成长的环境作为学习场所，在与家庭、学校、社区的持续互动中，不断拓展活动时空和活动内容，使自己的个性特长、实践能力、服务精神和社会责任感不断获得发展。

4. 整合性

综合实践活动课程的内容组织，要结合学生发展的年龄特点和个性特征，以促进学生的综合素质发展为核心，均衡考虑学生与自然的关系、学生与他人和社会的关系、学生与自我的关系这三个方面的内容。对活动主题的探究和体验，要体现个人、社会、自然的内在联系，强化科技、艺术、道德等方面的内在整合。

5. 连续性

综合实践活动课程的内容设计应基于学生可持续发展的要求，设计长短期相结合的主题活动，使活动内容具有递进性。要促使活动内容由简单走向复杂，使活动主题向纵深发展，不断丰富活动内容、拓展活动范围，促进学生综合素质的持续发展。要处理好学期之间、学年之间、学段之间活动内容的有机衔接与联系，构建科学合理的活动主题序列。

（二）活动方式

综合实践活动的主要方式及其关键要素为：

1.考察探究

考察探究是学生基于自身兴趣，在教师的指导下，从自然、社会和学生自身生活中选择和确定研究主题，开展研究性学习，在观察、记录和思考中，主动获取知识，分析并解决问题的过程，如野外考察、社会调查、研学旅行等，它注重运用实地观察、访谈、实验等方法，获取材料，形成理性思维、批判质疑和勇于探究的精神。考察探究的关键要素包括：发现并提出问题；提出假设，选择方法，研制工具；获取证据；提出解释或观念；交流、评价探究成果；反思和改进。

2.社会服务

社会服务指学生在教师的指导下，走出教室，参与社会活动，以自己的劳动满足社会组织或他人的需要，如公益活动、志愿服务、勤工俭学等，它强调学生在满足被服务者需要的过程中，获得自身发展，促进相关知识技能的学习，提升实践能力，成为履职尽责、敢于担当的人。社会服务的关键要素包括：明确服务对象与需要；制订服务活动计划；开展服务行动；反思服务经历，分享活动经验。

3.设计制作

设计制作指学生运用各种工具、工艺（包括信息技术）进行设计，并动手操作，将自己的创意、方案付诸现实，转化为物品或作品的过程，如动漫制作、编程、陶艺创作等，它注重提高学生的技术意识、工程思维、动手操作能力等。在活动过程中，鼓励学生手脑并用，灵活掌握、融会贯通各类知识和技巧，提高学生的技术操作水平、知识迁移水平，体验工匠精神等。设计制作的关键要素包括：创意设计；选择活动材料或工具；动手制作；交流展示物品或作品，反思与改进。

4.职业体验

职业体验指学生在实际工作岗位上或模拟情境中见习、实习，体认职业角色的过程，如军训、学工、学农等，它注重让学生获得对职业生活的真切理解，发现自己的专长，培养职业兴趣，形成正确的劳动观念和人生志向，提升生涯规划能力。职业体验的关键要素包括：选择或设计职业情境；实际岗位演练；总结、反思和交流经历过程；概括提炼经验，行动应用。

综合实践活动除了以上活动方式外，还有党团队教育活动、博物馆参观等。综合实践活动方式的划分是相对的。在活动设计时可以有所侧重，以某种方式为主，兼顾其他方式；也可以整合方式实施，使不同活动要素彼此渗透、融合贯通。要充分发挥信息技术对于各类活动的支持作用，有效促进问题解决、交流协作、成果展示与分享等。

四、学校对综合实践活动课程的规划与实施

（一）课程规划

中小学校是综合实践活动课程规划的主体，应在地方指导下，对综合实践活动课程进行整体设计，将办学理念、办学特色、培养目标、教育内容等融入其中。要依据学生发展状况、学校特色、可利用的社区资源（如各级各类青少年校外活动场所、综合实践基地和研学旅行基地等）对综合实践活动课程进行统筹考虑，形成综合实践活动课程总体实施方案；还要基于学生的年段特征、阶段性发展要求，制定具体的"学校学年（或学期）活动计划与实施方案"，对学年、学期活动做出规划。要使总体实施方案和学年（或学期）活动计划相互配套、衔接，形成促进学生持续发展的课程实施方案。

学校在课程规划时要注意处理好以下关系：

1.综合实践活动课程的预设与生成

学校要统筹安排各年级、各班级学生的综合实践活动课时、主题、指导教师、场地设施等，加强与校外活动场所的沟通协调，为每一个学生参与活动创造必要条件，提供发展机遇，但不得以单一、僵化、固定的模式去约束所有班级、社团的具体活动过程，剥夺学生自主选择的空间。要允许和鼓励师生从生活中选择有价值的活动主题，选择适当的活动方式创造性地开展活动。要关注学生活动的生成性目标与生成性主题并引导其发展，为学生创造性的发展开辟广阔空间。

2.综合实践活动课程与学科课程

在设计与实施综合实践活动课程中，要引导学生主动运用各门学科知识分析解决实际问题，使学科知识在综合实践活动中得到延伸、综合、重组与提升。学生在综合实践活动中所发现的问题要在相关学科教学中分析解决，所获得的知识要在相关学科教学中拓展加深。防止用学科实践活动取代综合实践活动。

3.综合实践活动课程与专题教育

可将有关专题教育，如优秀传统文化教育、革命传统教育、国家安全教育、心理健康教育、环境教育、法治教育、知识产权教育等，转化为学生感兴趣的综合实践活动主题，让学生通过亲历感悟、实践体验、行动反思等方式实现专题教育的目标，防止将专题教育简单等同于综合实践活动课程。要在国家宪法日、国家安全教育日、全民国防教育日等重要时间节点，组织学生开展相关主题教育活动。

（二）课程实施

作为综合实践活动课程实施的主体，学校要明确实施机构及人员、组织方式等，加强过程指导和管理，确保课程实施到位。

1.课时安排

小学1-2年级，平均每周不少于1课时；小学3-6年级和初中，平均每周不少于2课时；高中执行课程方案相关要求，完成规定学分。各学校要切实保证综合实践活动时间，在开足规定课时总数的前提下，根据具体活动需要，把课时的集中使用与分散使用有机结合起来。要根据学生活动主题的特点和需要，灵活安排、有效使用综合实践活动时间。学校要给予学生广阔的探究时空环境，保证学生活动的连续性和长期性。要处理好课内与课外的关系，合理安排时间并拓展学生的活动空间与学习场域。

2.实施机构与人员

学校要成立综合实践活动课程领导小组，结合实际情况设置专门的综合实践活动课程中心或教研组，或由教科室、教务处、学生处等职能部门，承担起学校课程实施规划、组织、协调与管理等方面的责任，负责制定并落实学校综合实践活动课程实施方案，整合校内外教育资源，统筹协调校内外相关部门的关系，联合各方面的力量，特别是加强与校外活动场所的沟通协调，保证综合实践活动课程的有效实施。要充分发挥少先队、共青团以及学生社团组织的作用。

要建立专兼职相结合、相对稳定的指导教师队伍。学校教职工要全员参与，分工合作。原则上每所学校至少配备1名专任教师，主要负责指导学生开展综合实践活动，组织其他学科教师开展校本教研活动。各学科教师要发挥专业优势，主动承担指导任务。积极争取家长、校外活动场所指导教师、社区人才资源等有关社会力量成为综合实践活动课程的兼职指导教师，协同指导学生综合实践活动的开展。

3.组织方式

综合实践活动以小组合作方式为主，也可以个人单独进行。小组合作范围可以从班级内部，逐步走向跨班级、跨年级、跨学校和跨区域等。要根据实际情况灵活运用各种组织方式。要引导学生根据兴趣、能力、特长、活动需要，明确分工，做到人尽其责，合理高效。既要让学生有独立思考的时间和空间，又要充分发挥合作学习的优势，重视培养学生的自主参与意识与合作沟通能力。鼓励学生利用信息技术手段突破时空界限，进行广泛的交流与密切合作。

4. 教师指导

在综合实践活动实施过程中，要处理好学生自主实践与教师有效指导的关系。教师既不能"教"综合实践活动，也不能推卸指导的责任，而应当成为学生活动的组织者、参与者和促进者。教师的指导应贯穿于综合实践活动实施的全过程。

在活动准备阶段，教师要充分结合学生经验，为学生提供活动主题选择以及提出问题的机会，引导学生构思选题，鼓励学生提出感兴趣的问题，并及时捕捉活动中学生动态生成的问题，组织学生就问题展开讨论，确立活动目标内容。要让学生积极参与活动方案的制定过程，通过合理的时间安排、责任分工、实施方法和路径选择，对活动可利用的资源及活动的可行性进行评估等，增强活动的计划性，提高学生的活动规划能力。同时，引导学生对活动方案进行组内及组间讨论，吸纳合理化建议，不断优化完善方案。

在活动实施阶段，教师要创设真实的情境，为学生提供亲身经历与现场体验的机会，让学生经历多样化的活动方式，促进学生积极参与活动过程，在现场考察、设计制作、实验探究、社会服务等活动中发现和解决问题，体验和感受学习与生活之间的联系。要加强对学生活动方式与方法的指导，帮助学生找到适合自己的学习方式和实践方式。教师指导重在激励、启迪、点拨、引导，不能对学生的活动过程包办代替。还要指导学生做好活动过程的记录和活动资料的整理。

在活动总结阶段，教师要指导学生选择合适的结果呈现方式，鼓励多种形式的结果呈现与交流，如绘画、摄影、戏剧与表演等，对活动过程和活动结果进行系统梳理和总结，促进学生自我反思与表达、同伴交流与对话。要指导学生学会通过撰写活动报告、反思日志、心得笔记等方式，反思成败得失，提升个体经验，促进知识建构，并根据同伴及教师提出的反馈意见和建议查漏补缺，明确进一步的探究方向，深化主题探究和体验。

5. 活动评价

综合实践活动情况是学生综合素质评价的重要内容。各学校和教师要以促进学生综合素质持续发展为目的设计与实施综合实践活动评价。要坚持评价的方向性、指导性、客观性、公正性等原则。

突出发展导向。坚持学生成长导向，通过对学生成长过程的观察、记录、分析，促进学校及教师把握学生的成长规律，了解学生的个性与特长，不断激发学生的潜能，为更好地促进学生成长提供依据。评价的首要功能是让学生及时获得关于学习过程的反馈，改进后续活动。要避免评价过程中只重结果、不重过程的现象。要对学生作品进行深入分析和研究，挖掘其背后蕴藏的学生的思想、创意和体验，杜绝对学生的作品随意打分和简单排名等功利主义做法。

做好写实记录。教师要指导学生客观记录参与活动的具体情况，包括活动主题、持续时间、所承担的角色、任务分工及完成情况等，及时填写活动记录单，并收集相关事实材料，如活动现场照片、作品、研究报告、实践单位证明等。活动记录、事实材料要真实、有据可查，为综合实践活动评价提供必要基础。

建立档案袋。在活动过程中，教师要指导学生分类整理、遴选具有代表性的重要活动记录、典型事实材料以及其他有关资料，编排、汇总、归档，形成每一个学生的综合实践活动档案袋，并纳入学生综合素质档案。档案袋是学生自我评价、同伴互评、教师评价学生的重要依据，也是招生录取中综合评价的重要参考。

开展科学评价。原则上每学期末，教师要依据课程目标和档案袋，结合平时对学生活动情况的观察，对学生综合素质发展水平进行科学分析，写出有关综合实践活动情况的评语，引导学生扬长避短，明确努力方向。高中学校要结合实际情况，研究制定学生综合实践活动评价标准和学分认定办法，对学生综合实践活动课程学分进行认定。

五、课程管理与保障

（一）教师培训与教研指导

地方教育行政部门和学校要加强调研，了解综合实践活动指导教师专业发展的需求，搭建多样化的交流平台，强化培训和教研，推动教师的持续发展。

1. 建立指导教师培训制度

要开展对综合实践活动课程专兼职教师的全员培训，明确培训目标，努力提升教师的跨学科知识整合能力，观察、研究学生的能力，指导学生规划、设计与实施活动的能力，课程资源的开发和利用能力等。要根据教师的实际需求，开发相应的培训课程，组织教师按照课程要求进行系统学习。要不断探索和改进培训方式方法，倡导参与式培训、案例培训和项目研究等，不断激发教师内在的学习动力。

2. 建立健全日常教研制度

各学校要通过专引领、同伴互助、合作研究，积极开展以校为本的教研活动，及时分析、解决课程实施中遇到的问题，提高课程实施的有效性。各级教研机构要配备综合实践活动专职教研员，加强对校本教研的指导，并组织开展专题教研、区域教研、网络教研等，通过协同创新、校际联动、区域推进，提高中小学综合实践活动整体实施水平。

（二）支持体系建设与保障

1. 网络资源开发

地方教育行政部门、教研机构和学校要开发优质网络资源，遴选相关影视作品等充实资源内容，为课程实施提供资源保障。要充分发挥师生在课程资源开发中的主体性与创造性，及时总结、梳理来自教学一线的典型案例和鲜活经验，动态生成分年级、分专题的综合实践活动课程资源包。各地要探索和建立优质资源的共享与利用机制，打造省、市、县、校多级联动的共建共享平台，为课程实施提供高质量、常态化的资源支撑。

2. 硬件配套与利用

学校要为综合实践活动的实施提供配套硬件资源与耗材，并积极争取校外活动场所支持，建立课程资源的协调与共享机制，充分发挥实验室、专用教室及各类教学设施在综合实践活动课程实施过程中的作用，提高使用效益，避免资源闲置与浪费。有条件的学校可以建设专用活动室或实践基地，如创客空间等。

地方教育行政部门要加强实践基地建设，强化资源统筹管理，建立健全校内外综合实践活动课程资源的利用与相互转换机制，强化公共资源间的相互联系和硬件资源的共享，为学校利用校外图书馆、博物馆、展览馆、科技馆、实践基地等各种社会资源及丰富的自然资源提供政策支持。

3. 经费保障

地方和学校要确保开展综合实践活动所需经费，支持综合实践活动课程资源和实践基地建设、专题研究等。

4. 安全保障

地方教育行政部门要与有关部门统筹协调，建立安全管控机制，分级落实安全责任。学校要设立安全风险预警机制，建立规范化的安全管理制度及管理措施。教师要增强安全意识，加强对学生的安全教育，提升学生安全防范能力，制定安全守则，落实安全措施。

（三）考核与激励机制

1. 建立健全指导教师考核激励机制

各地和学校明确综合实践活动课程教师考核要求和办法，科学合理地计算教师工作量，将指导学生综合实践活动的工作业绩作为教师职称晋升和岗位聘任的重要依据，对取得显著成效的指导教师给予表彰奖励。

2. 加强对课程实施情况的督查

将综合实践活动课程实施情况，包括课程开设情况及实施效果，纳入中小学课程实施监测，建立关于中小学综合实践活动课程的反馈改进机制。地方教育行政部门和教育督导部门要将综合实践活动实施情况作为检查督导的重要内容。

3. 开展优秀成果交流评选

依托有关专业组织、教科研机构、基础教育课程中心等，开展中小学生综合实践活动课程展示交流活动，激发广大中小学生实践创新的潜能和动力。将中小学综合实践活动课程探索成果纳入基础教育教学成果评选范围，对优秀成果予以奖励，发挥优秀成果的示范引领作用，激励广大中小学教师和专职研究人员持续性从事中小学综合实践活动课程研究和实践探索。

第四节　研学实践教育师能力培训标准

前言

本标准依据 GB/T 1.1－2009《标准化工作导则第 1 部分：标准的结构和编写》规则进行编写。

本标准由企鹅旅业（北京）教育科技发展有限公司提出。

本标准由中国成人教育协会成人教育培训机构工作委员会归口。

本标准起草单位：企鹅旅业（北京）教育科技发展有限公司。

本标准主要起草人：赵洪贵、刘玉发、李志轩、王茜、赵龙、张玉旺、王清、曾山、易礼生、葛荣东、赵光武、汤新凡、冯彦军、陈干贤、郝爱敏、谭建雄、赵尚建、陈秋红、李金梅、尹若庆

本标准主要起草单位：北京行知立德文化交流有限公司，企鹅旅业（北京）教育科技发展有限公司，北京神舟国际旅游集团有限公司,湖南省教育科学研究工作者协会研学实践与研学旅行分会,云南省校园安全协会，青葱汇（北京）教育科技股份有限公司，河北趣玩研学教育科技有限公司，北京人人游国际旅行社有限公司，湖南易游研学教育科技有限公司，淮安市天马国际旅行社有限公司，湖南志远树人素质教育有限公司，黄山人人游国际旅行社有限公司，北京鸿德教育科学研究院，新疆乌鲁木齐新旅开元国际旅行社有限公司等单位。

引言

随着研学实践教育的全面开展，研学实践教育已经成为研学旅行服务行业市场的热点。2017 年，研学实践教育课程列入了《中小学综合实践活动课程指导纲要》，成为学生课外教育的必修课和学校提高学生综合素质的重要抓手，而且也吸引了中老年学习者的关注和参与。为支持研学实践教育，教育部会同相关部门利用中央彩票公益金在全国各地建设并命名了一批研学实践教育基（营）地，为研学实践教育提供了必要条件。

建立专兼职相结合、相对稳定的研学实践教育师资队伍，规范、提升研学实践教育工作者的服务能力，保证研学实践教育质量，是确保研学实践教育健康发展的重要保障。中国成人教育协会成人教育培训机构工作委员会，从行业自律的要求出发，特组织理事单位企鹅旅业（北京）教育科技发展有限公司，根据《中华人民共和国教育法》和《中华人民共和国旅游法》及文化和旅游部、教育部文件精神，依照成人教育培训服务国家标准（GB/T 28914－2012、GB/T 28915－2012），编制了《研学实践教育师能力培训标准》，以规范研学实践教育师的服务行为，规范从事研学实践教育服务的机构及从业者的教育行为，以促进研学旅行市场规范发展。

研学实践教育师能力培训标准

1．范围

本标准规定了研学实践教育师的分级、职业要求、能力要求和培训内容、证书与培训质量控制等。

本标准适用于研学实践教育机构和旅行社的研学实践教育服务人员。

2．规范性引用文件

下列文件对于本标准的应用是必不可少的。凡是注日期的引用文件，仅注日期的版本适用于本标准；凡是不注日期的引用文件，其最新版本（包括所有的修改单）适用于本标准。

GB/T 10001 标志用公共信息图形符号

GB/T 15971 导游服务规范

GB/T 16890 水路客运服务质量要求

GB/T 28914-2012 成人教育培训工作者服务能力评价

GB/T 28915－2012 成人教育培训组织服务通则

GB/T 31380 旅行社等级的划分与评定

GB/T 31710 休闲露营地建设与服务规范

LB/T 004 旅行社国内旅游服务规范

LB/T 008 旅行社服务通则

LB/T 054－2016 研学旅行服务规范

3．术语与定义

下列术语和定义适用于本标准。

3.1 术语

3.1.1 研学实践

是学习者以集体旅行生活及其他生活方式为学习载体，以提升个人综合素质为目的所进行的体验式的研究性学习活动。

3.1.2 研学实践教育

是对研学实践活动中学习者所实施的教育服务行为。

3.1.3 基本职业要求

研学实践教育师在履行本职工作中所遵循的行为准则和规范的总和。

3.1.4 教育服务原则

研学实践教育师在组织研学实践教育服务活动中应遵循的基本原则。

3.1.5 教育服务能力

研学实践教育师在研学实践教育领域内应具备的专业性能力。

3.1.6 教育服务能力培训

培养研学实践教育师在道德价值、专业知识、专业能力与技能上能满足其服务行为的过程。

3.2 定义

研学实践教育师是指在研学实践教育活动过程中，具体引导学习者参与课程活动，并在课程活动中指导学习者开展各类体验性和研究性学习的教育服务人员。

4．教育服务原则

4.1 安全第一。

4.2 寓教于乐。

4.3 公平公正。

4.4 学习者自主选择学习内容。

5．基本职业要求

5.1 遵纪守法，尊重学习者，依法履行教育者职责。

5.2 以德立身、言行雅正、严慈相济。

5.3 知行合一，因材施教，做先进思想文化的传播者。

6．研学实践教育师分级

6.1 能力等级

6.1.1 研学实践教育师分为初级、中级、高级等三个级别。

6.1.2 取得初、中级岗位证书者，连续从事本岗位工作 1~3 年以上，经高一级能力标准化培训后可晋级。

6.2 基础条件

6.2.1 初级研学实践教育师应具备以下条件：

a）大专及以上学历或具有研学实践教育师资格证书，或具有两年以上服役经历的退役军人证书。

b）从事教育、旅游、文化等社会实践活动及相关继续教育活动一年以上。

c）经过初级培训，并考核合格。

6.2.2 中级研学实践教育师应具备以下条件：

a）大专及以上学历或具有研学实践教育师资格证书。

b）取得初级研学实践教育师证书一年以上，或从事教育、旅游、文化等社会实践活动及相关继续教育活动三年以上。

c）曾独立策划并设计实施 5 个主题研学实践教育活动。

d）经过中级培训，并考核合格。

6.2.3 高级研学实践教育师应具备以下条件：

a）大专及以上学历或具有研学实践教育师资格证书。

b）取得中级研学实践教育师证书两年以上，或从事教育、旅游、文化等社会实践活动及相关继续教育活动五年以上。

c）曾独立策划并设计实施 10 个主题研学实践教育活动。

d）经过高级培训，并考核合格。

7．教育服务能力

7.1 通用能力

7.1.1 服务对象学习需求分析。

7.1.2 指导服务对象正确选择课程活动与教材。

7.1.3 保证课程质量与学习效果。

7.1.4 制定课程活动实施方案。

7.1.5 课程活动的有效组织与管理。

7.1.6 正确配备和使用辅助学习设施和教具。

7.1.7 评价教育服务效果，持续改进教育服务质量。

7.2 专业能力

7.2.1 初级研学实践教育师应具备以下能力：

a）准确把握课程内涵。

b）制订课程活动计划。

c）制定课程活动的安全防控措施。

d）完成课程活动计划。

e）正确使用营员手册。

7.2.2 中级研学实践教育师应具备以下能力：

a）根据主题设计课程。

b）制作课程活动方案及说明书。

c）指导初级研学实践教育师制订课程活动计划。

d）掌握正确教学方法，实现教育服务目的。

e）针对学习需求，制定研学实践教育项目。

f）识别常见风险并能采取适当避险措施，遇突发事故能应急处理，掌握报警、求救方法。

7.2.3 高级研学实践教育师应具备以下能力：

a）结合资源特点，引导服务对象创新研学内容。

b）根据研学实践教育活动要素制定研学实践教育活动评价方法。

c）不断优化研学课程设计，完善教育服务要素，制定持续改进教育服务质量方法。

e）培训初、中级研学实践教育师。

7.3 专业能力特征

能力	初级研学实践教育师	中级研学实践教育师	高级研学实践教育师
项目实施能力	+++	++	+
项目设计能力	++	+++	++
项目开发能力	+	++	+++
项目评价能力	+	+	+++
岗位培训能力	+	+	+++
备注："+"代表重要，"++"代表很重要，"+++"代表极其重要。			

8．专业能力培训

8.1 培训内容

培训内容分为通用能力及实践技能培训。

8.1.1 国内研学实践教育发展现状与趋势；

8.1.2 国际研学内容与我国研学内容对比分析；

8.1.3 研学政策解读；

8.1.4 在研学教育服务中如何落实研学实践教育服务规范；

8.1.5 研学实践活动实施的组织与管理；

8.1.6 研学课程策划设计与营员手册编写方法；

8.1.7 研学实践教育内涵、宗旨的贯彻，教学方法与教学重点的把握；

8.1.8 研学实践教育活动的安全保障与规范；

8.1.9 研学实践的评价方法。

8.2 培训教材

8.2.1《中国青少儿成长教育体系》；

8.2.2《研学实践主题课程》；

8.2.3《研学实践营地活动课程》；

8.2.4《校本课程体系》；

8.2.5《基地运营管理体系》；

8.2.6《安全管理与保障体系》；

8.2.7《旅行元素在研学实践中的应用》；

8.2.8《研学实践心理学》；

8.2.9《少数民族特色研学课程》；

8.2.10《研学旅行安全指南》。

8.3 培训考核

8.3.1 现场学习、体验与岗位技能笔试考试 40 分；

8.3.2 课程设计、营员手册策划 45 分；

8.3.3 研学实践主题课程与营地活动课程相结合的实战教学演练考核 15 分。

8.4 证书

培训考核合格者，颁发中国成人教育协会成人教育培训机构工作委员会监制的研学实践教育师培训证书。

8.5 培训课程与学时

模块	培训内容	学时	形式
通用能力	项目服务对象分类与特征	1	教学+体验+研讨
	项目类型特征及产品设计内涵重点	1.5	教学+体验+研讨
	项目活动过程具体实施计划制订	3	教学+体验+研讨
	项目活动过程安全措施要点	1	教学+体验+研讨
	项目活动组织原则	1	教学+体验+研讨
	项目课程设计要素	2	教学+体验+研讨
	有关教育服务设施与教局的使用	1	教学+体验+研讨
	项目活动中的有效协调与配合	1	教学+体验+研讨
	项目活动评价与质量保证	1	教学+体验+研讨
专业技能	项目设计能力	2	教学+实践+研讨
	项目计划能力	2	教学+实践+研讨
	项目实施能力	5.5	基地实战教学路演
	项目开发能力	2	教学+实践+研讨
	项目评价能力	2	教学+实践+研讨
	岗位培训能力	2	教学+实践+研讨
考核	通用能力考核	2	学习体验与笔试
	专业技能评价	2	课程设计与实战演练相结合测试
合计		32	

8.6 培训质量控制

8.6.1 培训师资应具备以下条件：

a）身体健康，品行端正；

b）具有高级《研学实践教育师证书》。

8.6.2 培训场地设备

具有满足培训需要的场地及设备、设施。

8.6.3 受训人质量审核

受训人必须达到研学实践教育师能力培训标准要求。中级研学实践教育师完成一个预期项目实施方案的审核。高级研学实践教育师完成一个项目开发方案的审核。

8.6.4 达到高级研学实践教育师的研学实践教育师，能够独立编制教案并经过评定合格后，可自动升为研学实践教育师培训授课老师。

9．发布与实施

本标准自 2018 年 11 月 12 日发布，并从 2018 年 12 月 1 日起实施。

参考文献

[1]《成人教育培训服务三项国家标准培训读本》编写组：《成人教育培训服务三项国家标准培训读本（适用）》，中国质检出版社、中国标准出版社，2014 年 1 月。

[2]LB/T 054－2016《研学旅行管理与服务规范》。

[3]教育部、国家旅游局等 11 部门：《关于推进中小学生研学旅行的意见》，2016 年 12 月。

[4]国家教育部：《中小学综合实践活动课程指导纲要》，2017 年 9 月 25 日。

[5]《教育部办公厅关于开展"全国中小学生研学实践教育基（营）地"推荐工作的通知》，http://www.moe.gov.cn。

[6]教育部、国家旅游局第 11 部门：《关于推进中小学生研学旅行的意见》，2016 年 12 月 19 日。

[7]国家教育部：《中小学研学实践活动课程指导纲要》，2017 年 9 月 25 日。

第五节　研学旅行管理和服务规范

前言

本标准依据 GB/T 1.1—2009《标准化工作导则第 1 部分：标准的结构和编写》规则进行编写。

本标准由成教（济宁）技术研究院提出。

本标准由中国成人教育协会成人教育培训机构工作委员会归口。

本标准起草单位：成教（济宁）技术研究院标准建设工作组委会。

本标准共同发起单位：河南省终身教育协会、云南省校园安全协会、济南培学技术研究院、企鹅旅业（北京）教育科技发展有限公司、北京趣悦教育科技有限公司、青葱汇（北京）教育科技发展有限公司、河北趣玩研学教育科技有限公司、企鹅国际旅行社（北京）有限公司、北京行知立德文化交流有限公司、北京宏德教育科技研究院。

本标准的主要起草人：赵洪贵、刘玉发、李志轩、王茜、吴军生、赵龙、张玉旺、李金梅、王清、赵尚建、赵光武、汤新凡、陈秋红、董庆、闫君健、任庆奇。

研学旅行管理与服务规范

1. 范围

本标准规定了研学实践教育师资人才的术语和定义、总则、服务提供方基本要求、相关人员配置协作、研学实践教育产品、研学实践教育服务项目、安全管理与责任担当、服务改进和投诉处理。

本标准适用于中华人民共和国境内组织开展继续教育实践活动的教育机构和旅行社。

2. 规范性引用文件

下列文件对于本标准的应用是必不可少的。凡是注日期的引用文件，仅所注日期的版本适用于本标准；凡是不注日期的引用文件，其最新版本（包括所有的修改单）适用于本标准。

GB/T 10001 标志用公共信息图形符号

GB/T 15971 导游服务规范

GB/T 16890 水路客运服务质量要求

GB/T 31380 旅行社等级的划分与评定

GB/T 31710 休闲露营地建设与服务规范

LB/T 004 旅行社国内旅游服务规范

LB/T 008 旅行社服务通则

3. 术语与定义

下列术语与定义适用于本标准。

3.1 研学实践教育师

在研学实践教育活动过程中，具体引导学员（生）制订课程，并负责研学实践教育课程教育活动方案的实施，指导学生开展各类体验活动和研究性学习的专业人员。

3.2 研学实践教育

研学实践教育活动是继续教育的一种表现形式，而研学实践教育必须以研学实践教育活动为基础。针对中小学校的研学实践教育是以中小学生为主体对象，以集体旅行和现实生活为载体，紧密结合校本课程提升学生综合素质为教学目的；针对非学生人员的研学实践教育活动是以成人为主体对象，以现实生活为载体，以提升人们的综合素质为教学目的；依托教育、文化、科技、旅行、自然、职业、国情等社会资源吸引物，进行体验式教育和研究性学习的一种实践教育活动。

3.3 研学营地

研学实践教育活动过程中受众学习与生活的场所。

3.4 主办方

有明确研学实践教育主题和教育目的的研学实践教育活动组织方。

3.5 承办方

与研学实践教育活动主办方签订合同，担当主办方的责任和义务（其中学校的安全责任全部由承办方承担，承办方接到政府或法院关于安全的责任定性处理结果后，并承诺不进行申诉），同时具备研学实践教育职能，提供研学实践教育服务的教育机构、旅行社等法人资质的企事业单位。

3.6 供应方

与研学实践教育活动承办方签订合同，提供研学实践教育接待、交通、住宿、餐饮等服务的机构。

3.7 安全员

在研学实践教育过程中，具体负责研学实践主题课程教育活动全过程中的安全工作，制订应急安全预案和课程实践教育活动的安全守则，协助研学实践教育师指导学生开展各类体验活动和研究性学习的专业人员。

3.8 管理师

在研学实践教育过程中，具体负责研学实践主题课程教育活动全过程的组织管理、协调指挥工作的专业人员。

4．总则

4.1 研学实践教育师、安全员、管理师及活动的主办方、承办方、供应方和营地（基地）应遵循安全第一的原则，全程进行安全防控工作，确保活动安全进行。

4.2 研学实践教育活动应寓教于乐，着力培养受众人员的核心素养和综合素质能力。

4.3 研学实践教育活动面向以中小学生为主体的全体学生时，应保障每个学生都能享有均等的参与机会。

5．研学实践教育师、安全员、管理师及各提供方基本要求

5.1 研学实践教育师、安全员、管理师

5.1.1 研学实践教育师按等级划分，可以分为初级、中级、高级三个级别。研学实践教育师等级考试采取的是培训加逐级晋升考核制度，即首次参加研学实践教育师考试所取得的研学实践教育师证书为初级"研学实践教育师"专业人才岗位能力证书。

研学实践教育师是研学实践教育老师或研学实践教育师的简称，它的范畴包括：研学导师、研学旅行导师、研学规划师、研学旅行规划师、研学指导师等。

5.1.1.1 初级研学实践教育师专业人才岗位能力

初级研学实践教育师专业人才应具有以下岗位能力：

a）学历要求：需具备高等职业教育学历或取得研学实践教育师资格证书及部队工作二年以上退役证书。

b）必须经过专业培训，并通过中国成人教育协会指定的建标单位组织的考核，具体考核内容和方式由成人教育培训机构工作委员会确定，合格者才能获得研学实践教育师证书。

c）职业经历：从事教育、旅游、文化、培训、景区及热爱社会实践活动和继续教育的人员，均可以参加研学实践教育师的初级认证书。

d）业绩表现：在职人员近一年内无违反国家法律法规的现象。

e）考试科目：①研学实践教育师基础知识占成绩的 30%；②研学实践教育课程设计占成绩的 50%；③现场研学实践教育师实战演练占成绩的 20%。

5.1.1.2 中级研学实践教育师专业人才岗位能力

中级研学实践教育师专业人才应具有以下岗位能力：

a）中级研学实践教育师专业人才岗位能力等级要在取得初级研学实践教育师证一年以上，业绩明显，通过中国成人教育协会指定的建标单位组织的考核、考试（笔试、口试）合格者才能晋升到中级研学实践教育师队伍。

b）学历要求：需具备大专以上学历或取得研学实践教育师资格证书。

c）必须经过专业培训，并通过中国成人教育协会指定的建标单位组织的考核，具体考核内容和方式由成人教育培训机构工作委员会确定，合格者才能获得研学实践教育师证书。

d）职业经历：从事教育、旅游、文化、培训、景区及热爱社会实践活动和继续教育的人员、经理人，均可以参加研学实践教育师的中级认证。

e）取得初级研学实践教育师证一年以上，没有发生过投诉，均可考取中级研学实践教育师专业人才岗位能力等级证书。

f）业绩表现：在职人员近二年内无违反国家法律法规的现象。

g）独立策划设计并具备 5 个主题课程的专业特长教学。

h）考试科目①研学实践教育师基础知识占成绩的 10%；②研学实践教育课程设计占成绩的 60%；③现场研学实践教育师实战演练占成绩的 30%。

5.1.1.3 高级研学实践教育师专业人才岗位能力

高级研学实践教育师专业人才应具有以下岗位能力：

a）高级研学实践教育师专业人才岗位能力等级要在取得中级研学实践教育师证二年以上，业绩明显，通过中国成人教育协会指定的建标单位组织的考核、考试（笔试、口试）合格者才能晋升到高级研学实践教育师队伍。

b）学历要求：本科及以上学历或取得研学实践教育师资格证书。

c）必须经过专业培训，并通过中国成人教育协会指定的建标单位组织的考核，具体考核内容和方式由成人教育培训机构工作委员会确定，合格者才能获得研学实践教育师证书。

d）职业经历：从事教育、旅游、文化、培训、景区及热爱社会实践活动和继续教育的人员、职业经理人，均可以参加研学实践教育师的高级认证。

e）取得中级研学实践教育师证二年以上，没有发生过投诉，均可考取高级研学实践教育师专业人才能力等级证书。

f）独立策划设计并具备 5 个主题课程的专业特长教学。

g）业绩表现：在职人员近三年内无违反国家法律法规的现象。

h）考试科目：①研学实践教育课程设计占成绩的 60%；②现场研学实践教育师实战演练占成绩的 40%。

5．1．2 研学实践安全员必须经过安全专业培训和考核，才能获得研学实践安全员专业人才岗位能力证书。

（1）必须具备一年以上的工作经验。

（2）学历要求：需具备高等职业教育学历或取得研学实践教育师资格证书及部队工作二年以上退役证书。

（3）必须经过专业培训，通过中国成人教育协会指定的建标单位组织的考核、考试（笔试、口试），具体考核内容和方式由成人教育培训机构工作委员会确定，合格者才能获得研学实践安全员证书。

（4）职业经历：从事教育、旅游、文化、培训、景区及热爱社会实践活动和继续教育的人员、经理人，均可以参加研学实践安全员认证。

（5）业绩表现：在职人员近一年内无违反国家法律法规的现象。

（6）能独立策划设计研学安全应急预案和主题课程的安全守则。

（7）考试科目：①研学实践安全员基础知识占成绩的 20%；②研学实践教育安全策划设计占成绩的 40%；③现场研学实践教育师实战演练占成绩的 40%。

5.1.3 研学实践管理师必须经过研学经营管理专业培训和考核，才能获得研学实践教育师专业人才岗位能力证书。

（1）必须具备一年以上的工作经验。

（2）学历要求：需具备大专本科教育学历或取得研学实践教育师资格证书。

（3）必须经过专业培训，通过中国成人教育协会指定的建标单位组织的考核、考试（笔试、口试），具体考核内容和方式由成人教育培训机构工作委员会确定，合格者才能获得研学实践管理师证书。

（4）职业经历：从事教育、旅游、文化、培训、景区及热爱社会实践活动和继续教育的人员、经理人，均可以参加研学实践管理师认证。

（5）业绩表现：在职人员近二年内无违反国家法律法规的现象。

（6）能独立策划研学实施的组织与管理方案。

（7）考试科目：①研学实践安全员基础知识占成绩的 20%；②研学实践教育组织与管理策划设计占成绩的 40%；③现场研学实践教育师实战演练占成绩的 40%。

5.1.4 研学实践教育师、安全员、管理师为主办方、承办方、供应方或营地（基地）的工作人员，必须签订长（短）期劳动合同和民事责任合同的人员。

5.1.5 研学实践教育师、安全员、管理师必须经过国内、外教育或旅游教育协会组织的研学实践教育活动专业培训和考核并获得岗位技能的认证。

5.1.6 应具备法人或民事责任资质。

5.1.7 凡通过成人教育培训服务三项国家标准和《研学实践教育师》能力培训标准、《研学实践教育安全员》能力培训标准、《研学实践教育管理师》能力培训标准培训，经考评合格者，均可获得并持有岗位技能"研学实践教育师、安全员、管理师"专业人才岗位技能合格证书，研学实践教育师、安全员、管理师均可以在全国范围内提供继续教育的研学实践教育服务。

5.2 主办方

5.2.1 应具备法人资质。

5.2.2 应对研学实践教育服务项目提出明确要求。

5.2.3 应有明确的安全防控措施、教育培训计划。

5.2.4 应与承办方签订委托合同，按照合同约定履行义务。

5.3 承办方

5.3.1 应具备法人资质。

5.3.2 必须具备研学实践教育职能。

5.3.3 依法注册的旅行社、旅行社分社必须有专业的独立部门。

5.3.4 旅行社必须符合 LB/T 004 和 LB/T 008 的要求，宜具有 AA 及以上等级，并符合 GB/T 31380 的要求。

5.3.5 连续三年内无重大质量投诉、不良诚信记录、经济纠纷及重大安全责任事故。

5.3.6 负责研学实践教育的部门宜有 5 名以上专职研学实践教育师、5 名以上专职研学实践安全员、1 名以上专职研学实践管理师，宜有承接 100 人以上研学实践教育团队的经验。

5.3.7 应具备接待 100 人以上研学实践教育团队的师资人才队伍、安全员和管理人员，其担负研学实践教育活动的人员，必须依照教育领域标准获得归口监管和监制的岗位能力培训合格证书，通过竞标才能担负学校的研学实践教育活动。

5.3.8 应与主办方签订委托合同，并承担主办方的责任和义务，按照合同约定履行义务。

5.3.9 应与供应方签订研学实践教育服务合同，按照合同约定履行义务。

5.4 供应方

5.4.1 应具备法人资质。

5.4.2 应具备相应经营资质和服务能力。

5.4.3 应与承办方签订研学实践教育服务合同，按照合同约定履行义务。

5.5 研学营地（基地）

5.5.1 应具备法人资质。

5.5.2 应具备相应经营资质和服务能力。

5.5.3 研学营地必须具备研学实践教育综合体验式教育的设施、装备或自然条件。

5.5.4 应与承办方签订研学实践教育服务合同，按照合同约定履行义务。

5.5.5 研学实践教育营地（基地）均可以储备研学实践教育师人才并开发研学实践教育主题课程，为承办方提供综合性的服务。

5.5.6 具备研学实践教育承办资质的研学实践教育营地（基地）均可以直接与主办方签订研学实践教育协议；负责研学实践教育的部门宜有 5 名以上专职研学实践教育师、5 名以上专职研学实践安全员、1 名以上专职研学实践管理师，宜有承接 100 人以上研学实践教育团队的经验。

5.5.7 研学实践教育能力培训营地（基地）实行认证授牌制。中国成人教育协会成人教育标准培训专业委员会开展符合继续教育研学实践教育能力培训活动的营地（基地）认证和授牌。

6．人员配置

6.1 主办方人员配置

6.1.1 必须派出 1 人以上作为主办方代表，负责督导研学实践教育活动按计划开展。

6.1.2 每 20 名学生为 1 个研学实践教育团队，宜配置 1 名带队老师，带队老师全程带领学生参与研学实践教育各项活动。

6.1.3 非学生的研学实践教育必须选出 1 名班长负责研学实践教育活动的督导工作。

6.2 承办方人员配置

6.2.1 应为研学实践教育活动配置 1 名主题课程组长，主题课程组长全程随团活动，负责统筹协调研学实践教育各项工作。

6.2.2 应至少为每个研学实践教育团队配置 1 名安全员，安全员在研学实践教育过程中随团开展安全教育和防控工作。

6.2.3 应至少为每个研学实践教育团队配置 1 名研学实践教育师，研学实践教育师负责制订研学实践教育主题课程和教育工作计划，在带队老师、导游员等工作人员的配合下提供研学实践教育教学服务。

6.2.4 根据课程情况为每个研学实践教育团队配置 1 名导游人员，导游人员负责提供导游服务，并配合相关工作人员提供研学实践教育服务和生活保障服务。

6.2.5 研学实践教育师和导游人员可以由 1 人担任，但导游必须经过专业培训和考核晋升为教育师。

7．研学实践教育主题课程

7.1 课程设计要求

承办方应根据主办方需求，针对不同受众特点和教育目标，设计研学实践教育主题课程产品。

a）承办方应根据主办方需求，针对不同受众特点和教育目标，设计研学实践教育主题课程产品；

b）针对小学一至三年级参与研学实践教育时，宜设计以知识科普型和文化康乐型资源为主的产品，并以乡土乡情研学为主；

c）针对小学四至六年级参与研学实践教育时，宜设计以知识科普型、自然观赏型和励志拓展型资源为主的产品，并以县情市情研学为主；

d）针对初中阶段参与研学实践教育时，宜设计以知识科普型、体验考察型和励志拓展型资源为主的产品，并以县情市情省情研学为主；

e）针对高中阶段参与研学实践教育时，宜设计以体验考察型和励志拓展型资源为主的产品，并以省情国情研学为主；

f）针对非学生参与研学实践教育时，以国家政策为牵引，宜设计定制研学实践教育活动产品，以受众人员的商业、健康、娱乐、修身养性等为主。

7.2 课程分类

研学实践教育主题课程产品按照资源类型分为知识科普型、自然观赏型、体验考察型、励志拓展型、文化康乐型。

a）知识科普型，主要包括各种类型的博物馆、科技馆、主题展览、动物园、植物园、历史文化遗产、工业项目、科研场所等资源；

b）自然观赏型，主要包括山川、江、湖、海、草原、沙漠等资源；

c）体验考察型，主要包括农庄、实践基地、夏令营营地或团队拓展基地等资源；

d）励志拓展型，主要包括红色教育基地、大学校园、国防教育基地、军营等资源；

e）文化康乐型，主要包括各类主题公园、演艺影视城等资源。

7.3 课程内涵围绕的重点

课程设计策划必须结合自身资源特点，不同学段（小学、初中、高中）的课程必须与学校教育内容相衔接、与家庭相结合、与现实社会相对应。各地各行业现有的属于下列主题板块之一的优质资源为研学的重点内涵：

a）优秀传统文化板块。传承中华优秀传统文化核心思想理念、中华传统美德、中华人文精神，坚定学生的文化自觉和文化自信。

b）革命传统教育板块。引导学生了解革命历史，增长革命斗争知识，学习革命斗争精神，培育新的时代精神。

c）国情教育板块。引导学生了解基本国情及中国特色社会主义建设成就，激发学生爱党爱国之情

d）国防科工板块。引导学生学习科学知识，培养科学兴趣，掌握科学方法，增强科学精神，树立总体国家安全观，树立国家安全意识和国防意识。

e）自然生态板块。引导学生感受祖国大好河山，树立爱护自然、保护生态的意识。

7.4 课程说明书

主办方应制作并提供研学实践教育主题课程说明书，课程说明书应符合《中华人民共和国教育法》和成人教育培训服务三项国家标准及教育领域的有关规定外，还应包括以下内容：

a）研学实践教育服务项目；

b）研学实践教育主题课程要达到的目的和效果；

c）研学实践教育安全防控措施；

d）研学实践教育评价方法；

e）未成年人监护办法；

f）老年人护理和免责办法。

8．研学实践教育服务项目

8.1 教育服务

8.1.1 教育服务计划

承办方和主办方应围绕研学实践教育相关教育目标，共同制订研学实践教育服务计划，明确教育活动目标和内容，针对不同受众年龄段人员提出相应学时要求，其中每天体验教育课程项目或活动时间应不少于45min。

8.1.2 教育服务项目

教育服务项目可分为：

a）健身项目：以培养受众人员生存能力和适应能力为主要目的的服务项目，如徒步、挑战、露营、拓展、生存与自救训练等。

b）健手项目：以培养受众人员自理能力和动手能力为主要目的的服务项目，如研学实践、生活体验训练、内务整理、手工制作等项目。

c）健脑项目：以培养受众人员观察能力和学习能力为主要目的的服务项目，如各类参观、游览、讲座、诵读、阅读等。

d）健心项目：以培养学生的情感能力和践行能力为主要目的的服务项目，如思想品德养成教育活动以及团队游戏、情感互动、文化艺术、才艺展示等。

8.1.3 教育服务流程

教育服务流程包括：

a）在出行前，指导受众人员做好准备工作，如阅读相关书籍、查阅相关资料、制订学习计划等；

b）在旅行过程中，组织受众人员参与教育活动项目，指导受众人员撰写研学日记或调查报告；

c）在旅行结束后，组织受众人员分享心得体会，如组织征文展示、分享交流会等。

8.1.4 教育服务设施及教材

教育服务设施及教材要求如下：

a）应设计不同受众人员年龄段使用的研学实践教育教材，如研学实践教育知识读本；

b）应根据研学实践教育服务计划，配备相应的辅助设施，如电脑、多媒体、各类体验教育设施或教具等；

d）中国成人教育协会成人教育标准培训专业委员会负责开展研学实践教育主题课程认证制度，将具有研学实践教育参考意义的主题课程出版作为全国研学实践教育的参考教材。

8.1.5 研学实践教育服务

由研学实践教育师主导实施，由导游员和带队老师等共同配合完成。

8.1.6 教育服务评价机制

应建立教育服务评价机制，对教育服务效果进行评价，持续改进教育服务。

8.2 交通服务

8.2.1 应按照以下要求选择交通方式：

a）单次路程在 400km 以上的，不宜选择汽车，应优先选择铁路、航空等交通方式；

b）选择水运交通方式的，水运交通工具应符合 GB/T 16890 的要求，不宜选择木船、划艇、快艇；

c）选择汽车客运交通方式的，行驶道路不宜低于省级公路等级，驾驶人连续驾车不得超过 2h，停车休息时间不得少于 20min。

8.2.2 应提前告知受众人员及受众人员监护人相关交通信息，以便其掌握乘坐交通工具的类型、时间、地点以及需准备的有关证件。

8.2.3 宜提前与相应交通部门取得工作联系，组织绿色通道或开辟专门的候乘区域。

8.2.4 应加强交通服务环节的安全防范，向受众人员宣讲交通安全知识和紧急疏散要求，组织受众人员安全有序乘坐交通工具。

8.2.5 应在承运全程随机开展安全巡查工作，并在受众人员上、下交通工具时清点人数，防范出现滞留或走失。

8.2.6 遭遇恶劣天气时，应认真研判安全风险，及时调整研学实践教育活动计划和交通方式。

8.3 住宿服务

8.3.1 应以安全、卫生和舒适为基本要求，提前对住宿营地进行实地考察，主要要求如下：

a）应便于集中管理；

b）应方便承运汽车安全进出、停靠；

c）应有健全的公共信息导向标识，并符合 GB/T 10001 的要求；

d）应有安全逃生通道。

8.3.2 应提前将住宿营地相关信息告知受众人员及受众人员监护人，以便做好相关准备工作。

8.3.3 应详细告知受众人员入住注意事项，宣讲住宿安全知识，带领受众人员熟悉逃生通道。

8.3.4 应在受众人员入住后及时进行首次查房，帮助受众人员熟悉房间设施，解决相关问题。

8.3.5 宜安排男、女受众人员分区（片）住宿，女生片区管理员应为女性。

8.3.6 应制订住宿安全管理制度，开展巡查、夜查工作。

8.3.7 选择在露营地住宿时还应达到以下要求：

a）露营地应符合 GB/T 31710 的要求；

b）应在实地考察的基础上，对露营地进行安全评估，并充分评价露营接待条件、周边环境和可能发生的自然灾害对学生造成的影响；

c）应制订露营安全防控专项措施，加强值班、巡查和夜查工作。

8.4 餐饮服务

8.4.1 应以食品卫生安全为前提，选择餐饮服务提供方。

8.4.2 应提前制订就餐座次表，组织受众人员有序进餐。

8.4.3 应督促餐饮服务提供方按照有关规定，做好食品留样工作。

8.4.4 应在受众人员用餐时做好巡查工作，确保餐饮服务质量。

8.5 导游讲解服务

8.5.1 导游讲解服务应符合 GB/T 15971 的要求。

8.5.2 应将安全知识、文明礼仪作为导游讲解服务的重要内容，随时提醒引导受众人员安全旅游、文明旅游。

8.5.3 应结合教育服务要求，提供有针对性、互动性、趣味性、启发性和引导性的讲解服务。

8.6 医疗及救助服务

8.6.1 应提前调研和掌握研学营地周边的医疗及救助资源状况。

8.6.2 受众人员生病或受伤，应及时送往医院或急救中心治疗，妥善保管就诊医疗记录。返程后，应将就诊医疗记录复印并转交监护人或带队老师。

8.6.3 宜聘请具有职业资格的医护人员随团提供医疗及救助服务。

9. 安全管理

9.1 安全管理制度

主办方、承办方及供应方应针对研学实践教育活动，分别制定安全管理制度，构建完善有效的安全防控机制。研学实践教育安全管理制度体系包括但不限于以下内容：

a）研学实践教育安全管理工作方案；

b）研学实践教育应急预案及操作手册；

c）研学实践教育产品安全评估制度；

d）研学实践教育安全教育培训制度。

9.2 安全管理人员

承办方和主办方应根据各项安全管理制度的要求，明确安全管理责任人员及其工作职责，在研学实践教育活动过程中安排安全管理人员随团开展安全管理工作。

9.3 安全教育

9.3.1 工作人员安全教育

应制订安全教育和安全培训专项工作计划，定期对参与研学实践教育活动的工作人员进行培训。培训内容包括：安全管理工作制度、工作职责与要求、应急处置规范与流程等。

9.3.2 研学实践教育中的学生安全教育

研学实践教育中的学生安全教育要求如下：

a）应对参加研学实践教育活动的学生进行多种形式的安全教育；

b）应提供安全防控教育知识读本；

c）应召开行前说明会，对学生进行行前安全教育；

d）应在研学实践教育过程中对学生进行安全知识教育，根据行程安排及具体情况及时进行安全提示与警示，强化学生安全防范意识。

9.4 应急预案

主办方、承办方及供应方应制订和完善包括交通、地震、火灾、食品卫生、治安事件、设施设备突发故障等在内的各项突发事件应急预案，并定期组织演练。

10．服务改进

承办方应对各方面反馈的质量信息及时进行汇总分析，明确课程产品中的主要缺陷，找准发生质量问题的具体原因，通过健全制度、加强培训、调整供应方、优化产品设计、完善服务要素和运行环节等措施，持续改进研学实践教育服务质量。

11．学生研学实践教育课程目标

11.1 总目标

学生能从个体生活、社会生活及与大自然的接触中获得丰富的实践经验，形成并逐步提升对自然、社会和自我之内在联系的整体认识，具有价值体认、责任担当、问题解决、创意物化等方面的意识和能力。

11.2 学段目标

11.2.1 小学阶段具体目标

11.2.1.1 价值体认

通过亲历、参与少先队活动、场馆活动和主题教育活动，参观爱国主义教育基地等，获得有积极意义的价值体验；理解并遵守公共空间的基本行为规范，初步形成集体思想、组织观念，培养对中国共产党的朴素感情，为自己是中国人感到自豪。

11.2.1.2 责任担当

围绕日常生活开展服务活动，能处理生活中的基本事务，初步养成自理能力、自立精神、热爱生活的态度，具有积极参与学校和社区生活的意愿。

11.2.1.3 问题解决

能在研学实践教育师的引导下，结合学校、家庭生活中的现象，发现并提出自己感兴趣的问题；能将问题转化为研究小课题，体验课题研究的过程与方法，提出自己的想法，形成对问题的初步解释。

11.2.1.4 创意物化

通过动手操作实践，初步掌握手工设计与制作的基本技能；学会运用信息技术，设计并制作有一定创意的数字作品；运用常见、简单的信息技术解决实际问题，服务于学习和生活。

11.2.2 初中阶段具体目标

11.2.2.1 价值体认

积极参加班团队活动、场馆体验、红色之旅等，亲历社会实践，加深有积极意义的价值体验；能主动分享体验和感受，与老师、同伴交流思想认识，形成国家认同，热爱中国共产党；通过职业体验活动，发展兴趣专长，形成积极的劳动观念和态度，具有初步的生涯规划意识和能力。

11.2.2.2 责任担当

观察周围的生活环境，围绕家庭、学校、社区的需要开展服务活动，增强服务意识，养成独立的生活习惯；愿意参与学校服务活动，增强服务学校的行动能力；初步形成探究社区问题的意识，愿意参与社区服务，初步形成对自我、学校、社区负责任的态度和社会公德意识，初步具备法治观念。

11.2.2.3 问题解决

能关注自然、社会、生活中的现象，深入思考并提出有价值的问题，将问题转化为有价值的研究课题，学会运用科学方法开展研究；能主动运用所学知识理解与解决问题，并做出基于证据的解释，形成基本符合规范的研究报告或其他形式的研究成果。

11.2.2.4 创意物化

运用一定的操作技能解决生活中的问题，将一定的想法或创意付诸实践，通过设计、制作或装配等，制作和不断改进较为复杂的制品或用品，发展实践创新意识和审美意识，提高创意实现能力；通过信息技术的学习实践，提高利用信息技术进行分析和解决问题的能力以及数字化产品的设计与制作能力。

11.2.3 高中阶段具体目标

11.2.3.1 价值体认

通过自觉参加班团活动、走访模范人物、研学实践教育、职业体验活动，组织社团活动，深化社会规则体验、国家认同、文化自信，初步体悟个人成长与职业世界、社会进步、国家发展和人类命运共同体的关系，增强根据自身兴趣专长进行生涯规划和职业选择的能力，强化对中国共产党的认识和感情，具有中国特色社会主义共同理想和国际视野。

11.2.3.2 责任担当

关心他人、社区和社会发展，能持续地参与社区服务与社会实践活动，关注社区及社会存在的主要问题，热心参与志愿者活动和公益活动，增强社会责任意识和法治观念，形成主动服务他人、服务社会的情怀，理解并践行社会公德，提高社会服务能力。

11.2.3.3 问题解决

能对个人感兴趣的领域开展广泛的实践探索，提出具有一定新意和深度的问题，综合运用知识分析问题，用科学方法开展研究，增强解决实际问题的能力；能及时对研究过程及研究结果进行审视、反思并优化调整，建构基于证据的、具有说服力的解释，形成比较规范的研究报告或其他形式的研究成果。

11.2.3.4 创意物化

积极参与动手操作实践，熟练掌握多种操作技能，综合运用技能解决生活中的复杂问题；增强创意设计、动手操作、技术应用和物化能力；形成在实践操作中学习的意识，提高综合解决问题的能力。

12．研学实践教育课程内容原则与活动方式

学校和研学实践教育师要根据研学实践活动课程的目标，并基于学生发展的实际需求，设计活动主题和具体内容，选择相应的活动方式。

12.1 内容选择与组织原则

研学实践活动课程的内容选择与组织应遵循如下原则。

12.1.1 自主性

在主题开发与活动内容选择时，要重视学生自身发展需求，尊重学生的自主选择。研学实践教育师要善于引导学生围绕活动主题，从特定的角度切入，选择具体的活动内容，并制定活动目标任务，提升自主规划和管理能力。同时，要善于捕捉和利用课程实施过程中生成的有价值的问题，指导学生深化活动主题，不断完善活动内容。

12.1.2 实践性

研学实践活动课程强调学生亲身经历各项活动，在"动手做""实验""探究""设计""创作""反思"的过程中进行"体验""体悟""体认"，在全身心参与的活动中，发现、分析和解决问题，体验和感受生活，发展实践创新能力。

12.1.3 开放性

研学实践活动课程面向学生的整个生活世界，具体活动内容具有开放性。研学实践教育师要基于学生已有经验和兴趣专长，打破学科界限，选择综合性活动内容，鼓励学生跨领域、跨学科学习，为学生自主活动留出余地。要引导学生把自己成长的环境作为学习场所，在与家庭、学校、社区的持续互动中，不断拓展活动时空和活动内容，使自己的个性特长、实践能力、服务精神和社会责任感不断获得发展。

12.1.4 整合性

研学实践活动课程的内容组织，要结合学生发展的年龄特点和个性特征，以促进学生的综合素质发展为核心，均衡考虑学生与自然的关系、学生与他人和社会的关系、学生与自我的关系这三个方面的内容。对活动主题的探究和体验，要体现个人、社会、自然的内在联系，强化科技、艺术、道德等方面的内在整合。

12.1.5 连续性

研学实践活动课程的内容设计应基于学生可持续发展的要求，设计长短期相结合的主题活动，使活动内容具有递进性。要促使活动内容由简单走向复杂，使活动主题向纵深发展，不断丰富活动内容、拓展活动范围，促进学生综合素质的持续发展。要处理好学期之间、学年之间、学段之间活动内容的有机衔接与联系，构建科学合理的活动主题序列。

12.2 活动方式

学生研学实践活动的主要方式及其关键要素有以下几个。

12.2.1 考察探究

考察探究是学生基于自身兴趣，在研学实践教育师的指导下，从自然、社会和学生自身生活中选择和确定

研究主题，开展研究性学习，在观察、记录和思考中，主动获取知识，分析并解决问题的过程，如野外考察、社会调查、研学实践教育等，它注重运用实地观察、访谈、实验等方法，获取材料，形成理性思维、批判质疑和勇于探究的精神。考察探究的关键要素包括：发现并提出问题；提出假设，选择方法，研制工具；获取证据；提出解释或观念；交流、评价探究成果；反思和改进。

12.2.2 社会服务

社会服务指学生在研学实践教育师的指导下，走出教室，参与社会活动，以自己的劳动满足社会组织或他人的需要，如公益活动、志愿服务、勤工俭学等，它强调学生在满足被服务者需要的过程中，获得自身发展，促进相关知识技能的学习，提升实践能力，成为履职尽责、敢于担当的人。社会服务的关键要素包括：明确服务对象与需要；制订服务活动计划；开展服务行动；反思服务经历，分享活动经验。

12.2.3 设计制作

设计制作指学生运用各种工具、工艺（包括信息技术）进行设计，并动手操作，将自己的创意、方案付诸现实，转化为物品或作品的过程，如动漫制作、编程、陶艺创作等，它注重提高学生的技术意识、工程思维、动手操作能力等。在活动过程中，鼓励学生手脑并用，灵活掌握、融会贯通各类知识和技巧，提高学生的技术操作水平、知识迁移水平，体验工匠精神等。设计制作的关键要素包括：创意设计；选择活动材料或工具；动手制作；交流展示物品或作品，反思与改进。

12.2.4 职业体验

职业体验指学生在实际工作岗位上或模拟情境中见习、实习，体认职业角色的过程，如军训、学工、学农等，它注重让学生获得对职业生活的真切理解，发现自己的专长，培养职业兴趣，形成正确的劳动观念和人生志向，提升生涯规划能力。职业体验的关键要素包括：选择或设计职业情境；实际岗位演练；总结、反思和交流经历过程；概括提炼经验，行动应用。

研学实践活动除了以上活动方式外，还有党团队教育活动、博物馆参观等。研学实践活动方式的划分是相对的，在活动设计时可以有所侧重，以某种方式为主，兼顾其他方式；也可以整合方式实施，使不同活动要素彼此渗透、融合贯通。要充分发挥信息技术对于各类活动的支持作用，有效促进问题解决、交流协作、成果展示与分享等。

13. 学校对研学实践教育活动课程的规划与实施

13.1 课程规划

中小学校是研学实践活动课程规划的主体，应在地方指导下，对研学实践活动课程进行整体设计，将办学理念、办学特色、培养目标、教育内容等融入其中。要依据学生发展状况、学校特色、可利用的社区资源（如各级各类青少年校外活动场所、研学实践基地和研学实践教育基地等）对研学实践活动课程进行统筹考虑，形成研学实践活动课程总体实施方案；还要基于学生的年段特征、阶段性发展要求，制订具体的"学校学年（或学期）活动计划与实施方案"，对学年、学期活动做出规划。要使总体实施方案和学年（或学期）活动计划相互配套、衔接，形成促进学生持续发展的课程实施方案。

学校在课程规划时要注意处理好以下关系。

13.1.1 研学实践活动课程的预设与生成

学校要统筹安排各年级、各班级学生的研学实践活动课时、主题、指导研学实践教育师、场地设施等，加强与校外活动场所的沟通协调，为每一个学生参与活动创造必要条件，提供发展机遇，但不得以单一、僵化、固定的模式去约束所有班级、社团的具体活动过程，剥夺学生自主选择的空间。要允许和鼓励师生从生活中选择有价值的活动主题，选择适当的活动方式创造性地开展活动。要关注学生活动的生成性目标与生成性主题并引导其发展，为学生创造性的发展开辟广阔空间。

13.1.2 研学实践活动课程与学科课程

在设计与实施研学实践活动课程中，要引导学生主动运用各门学科知识分析解决实际问题，使学科知识在研学实践活动中得到延伸、综合、重组与提升。学生在研学实践活动中所发现的问题要在相关学科教学中分析解决，所获得的知识要在相关学科教学中拓展加深。防止用学科实践活动取代研学实践活动。

13.1.3 研学实践活动课程与专题教育

可将有关专题教育，如优秀传统文化教育、革命传统教育、国家安全教育、心理健康教育、环境教育、法治教育、知识产权教育等，转化为学生感兴趣的研学实践活动主题，让学生通过亲历感悟、实践体验、行动反思等方式实现专题教育的目标，防止将专题教育简单等同于研学实践活动课程。要在国家宪法日、国家安全教育日、全民国防教育日等重要时间节点，组织学生开展相关主题教育活动。

13.2 课程实施

作为研学实践活动课程实施的主体，学校要明确实施机构及人员、组织方式等，加强过程指导和管理，确保课程实施到位。

13.2.1 课时安排

小学1～2年级，平均每周不少于1课时；小学3～6年级和初中，平均每周不少于2课时；高中执行课程方案相关要求，完成规定学分。各学校要切实保证研学实践活动时间，在开足规定课时总数的前提下，根据具体活动需要，把课时的集中使用与分散使用有机结合起来。要根据学生活动主题的特点和需要，灵活安排、有效使用研学实践活动时间。学校要给予学生广阔的探究时空环境，保证学生活动的连续性和长期性。要处理好课内与课外的关系，合理安排时间并拓展学生的活动空间与学习场域。

13.2.2 实施机构与人员

学校要成立研学实践活动课程领导小组，结合实际情况设置专门的研学实践活动课程中心或教研组，或由教科室、教务处、学生处等职能部门，承担起学校课程实施规划、组织、协调与管理等方面的责任，负责制订并落实学校研学实践活动课程实施方案，整合校内外教育资源，统筹协调校内外相关部门的关系，联合各方面的力量，特别是加强与校外活动场所的沟通协调，保证研学实践活动课程的有效实施。要充分发挥少先队、共青团以及学生社团组织的作用。

要建立专兼职相结合、相对稳定的指导研学实践教育师队伍。学校教职工要全员参与，分工合作。原则上每所学校至少配备1名专任研学实践教育师，主要负责指导学生开展研学实践活动，组织其他学科研学实践教育师开展校本教研活动。各学科研学实践教育师要发挥专业优势，主动承担指导任务。积极争取家长、校外活动场所指导研学实践教育师、社区人才资源等有关社会力量成为研学实践活动课程的兼职指导研学实践教育师，协同指导学生研学实践活动的开展。

13.2.3 组织方式

研学实践活动以小组合作方式为主，也可以个人单独进行。小组合作范围可以从班级内部，逐步走向跨班级、跨年级、跨学校和跨区域等。要根据实际情况灵活运用各种组织方式。要引导学生根据兴趣、能力、特长、活动需要，明确分工，做到人尽其责，合理高效。既要让学生有独立思考的时间和空间，又要充分发挥合作学习的优势，重视培养学生的自主参与意识与合作沟通能力。鼓励学生利用信息技术手段突破时空界限，进行广泛的交流与密切合作。

13.2.4 研学实践教育师指导

在研学实践活动实施过程中，要处理好学生自主实践与研学实践教育师有效指导的关系。研学实践教育师既不能"教"研学实践活动，也不能推卸指导的责任，而应当成为学生活动的组织者、参与者和促进者。研学实践教育师的指导应贯穿于研学实践活动实施的全过程。

在活动准备阶段，研学实践教育师要充分结合学生经验，为学生提供活动主题选择以及提出问题的机会，引导学生构思选题，鼓励学生提出感兴趣的问题，并及时捕捉活动中学生动态生成的问题，组织学生就问题展开讨论，确立活动目标内容。要让学生积极参与活动方案的制订过程，通过合理的时间安排、责任分工、实施方法和路径选择，对活动可利用的资源及活动的可行性进行评估等，增强活动的计划性，提高学生的活动规划能力。同时，引导学生对活动方案进行组内及组间讨论，吸纳合理化建议，不断优化完善方案。

在活动实施阶段，研学实践教育师要创设真实的情境，为学生提供亲身经历与现场体验的机会，让学生经历多样化的活动方式，促进学生积极参与活动过程，在现场考察、设计制作、实验探究、社会服务等活动中发现和解决问题，体验和感受学习与生活之间的联系。要加强对学生活动方式与方法的指导，帮助学生找到适合自己的学习方式和实践方式。研学实践教育师指导重在激励、启迪、点拨、引导，不能对学生的活动过程包办代替。还要指导学生做好活动过程的记录和活动资料的整理。

在活动总结阶段，研学实践教育师要指导学生选择合适的结果呈现方式，鼓励多种形式的结果呈现与交流，如绘画、摄影、戏剧与表演等，对活动过程和活动结果进行系统梳理和总结，促进学生自我反思与表达、同伴交流与对话。要指导学生学会通过撰写活动报告、反思日志、心得笔记等方式，反思成败得失，提升个体经验，促进知识建构，并根据同伴及研学实践教育师提出的反馈意见和建议查漏补缺，明确进一步的探究方向，深化主题探究和体验。

13.2.5 活动评价

研学实践活动情况是学生综合素质评价的重要内容。各学校和研学实践教育师要以促进学生综合素质持续发展为目的设计与实施研学实践活动评价。要坚持评价的方向性、指导性、客观性、公正性等原则。

13.2.5.1 突出发展导向

坚持学生成长导向，通过对学生成长过程的观察、记录、分析，促进学校及研学实践教育师把握学生的成长规律，了解学生的个性与特长，不断激发学生的潜能，为更好地促进学生成长提供依据。评价的首要功能是让学生及时获得关于学习过程的反馈，改进后续活动。要避免评价过程中只重结果、不重过程的现象。要对学生作品进行深入分析和研究，挖掘其背后蕴藏的学生的思想、创意和体验，杜绝对学生的作品随意打分和简单排名等功利主义做法。

13.2.5.2 做好写实记录

研学实践教育师要指导学生客观记录参与活动的具体情况，包括活动主题、持续时间、所承担的角色、任务分工及完成情况等，及时填写活动记录单，并收集相关事实材料，如活动现场照片、作品、研究报告、实践单位证明等。活动记录、事实材料要真实、有据可查，为研学实践活动评价提供必要基础。

13.2.5.3 建立档案袋

在活动过程中，研学实践教育师要指导学生分类整理、遴选具有代表性的重要活动记录、典型事实材料以及其他有关资料，编排、汇总、归档，形成每一个学生的研学实践活动档案袋，并纳入学生综合素质档案。档案袋是学生自我评价、同伴互评、研学实践教育师评价学生的重要依据，也是招生录取中综合评价的重要参考。

13.2.5.4 开展科学评价

原则上每学期末，研学实践教育师要依据课程目标和档案袋，结合平时对学生活动情况的观察，对学生综合素质发展水平进行科学分析，写出有关研学实践活动情况的评语，引导学生扬长避短，明确努力方向。高中学校要结合实际情况，研究制订学生研学实践活动评价标准和学分认定办法，对学生研学实践活动课程学分进行认定。

14．学校研究研学课程管理与保障

14.1 研学实践教育师培训与教研指导

地方教育行政部门和学校要加强调研，了解研学实践活动指导研学实践教育师专业发展的需求，搭建多样化的交流平台，强化培训和教研，推动研学实践教育师的持续发展。

14.1.1 建立指导研学实践教育师培训制度

要开展对研学实践活动课程专兼职研学实践教育师的全员培训，明确培训目标，努力提升研学实践教育师的跨学科知识整合能力，观察、研究学生的能力，指导学生规划、设计与实施活动的能力，课程资源的开发和利用能力等。要根据研学实践教育师的实际需求，开发相应的培训课程，组织研学实践教育师按照课程要求进行系统学习。要不断探索和改进培训方式方法，倡导参与式培训、案例培训和项目研究等，不断激发研学实践教育师内在的学习动力。

14.1.2 建立健全日常教研制度

各学校要通过专业引领、同伴互助、合作研究，积极开展以校为本的教研活动，及时分析、解决课程实施中遇到的问题，提高课程实施的有效性。各级教研机构要配备研学实践活动专职教研员，加强对校本教研的指导，并组织开展专题教研、区域教研、网络教研等，通过协同创新、校际联动、区域推进，提高中小学研学实践活动整体实施水平。

14.2 支持体系建设与保障

14.2.1 网络资源开发

地方教育行政部门、教研机构和学校要开发优质网络资源，遴选相关影视作品等充实资源内容，为课程实施提供资源保障。要充分发挥师生在课程资源开发中的主体性与创造性，及时总结、梳理来自教学一线的典型案例和鲜活经验，动态生成分年级、分专题的研学实践活动课程资源包。各地要探索和建立优质资源的共享与利用机制，打造省、市、县、校多级联动的共建共享平台，为课程实施提供高质量、常态化的资源支撑。

14.2.2 硬件配套与利用

学校要为研学实践活动的实施提供配套硬件资源与耗材，并积极争取校外活动场所支持，建立课程资源的协调与共享机制，充分发挥实验室、专用教室及各类教学设施在研学实践活动课程实施过程中的作用，提高使用效益，避免资源闲置与浪费。有条件的学校可以建设专用活动室或实践基地，如创客空间等。

地方教育行政部门要加强实践基地建设，强化资源统筹管理，建立健全校内外研学实践活动课程资源的利用与相互转换机制，强化公共资源间的相互联系和硬件资源的共享，为学校利用校外图书馆、博物馆、展览馆、科技馆、实践基地等各种社会资源及丰富的自然资源提供政策支持。

14.2.3 经费保障

地方和学校要确保开展研学实践活动所需经费,支持研学实践活动课程资源和实践基地建设、专题研究等。

14.2.4 安全保障

地方教育行政部门要与有关部门统筹协调,建立安全管控机制,分级落实安全责任。学校要设立安全风险预警机制,建立规范化的安全管理制度及管理措施。研学实践教育师要增强安全意识,加强对学生的安全教育,提升学生安全防范能力,制订安全守则,落实安全措施。

14.3 考核与激励机制

14.3.1 建立健全指导研学实践教育师考核激励机制

各地和学校明确研学实践活动课程研学实践教育师考核要求和办法,科学合理地计算研学实践教育师工作量,将指导学生研学实践活动的工作业绩作为研学实践教育师职称晋升和岗位聘任的重要依据,对取得显著成效的指导研学实践教育师给予表彰奖励。

14.3.2 加强对课程实施情况的督查

将研学实践活动课程实施情况,包括课程开设情况及实施效果,纳入中小学课程实施监测,建立关于中小学研学实践活动课程的反馈改进机制。地方教育行政部门和教育督导部门要将研学实践活动实施情况作为检查督导的重要内容。

14.3.3 开展优秀成果交流评选

依托有关专业组织、教科研机构、基础教育课程中心等,开展中小学生研学实践活动课程展示交流活动,激发广大中小学生实践创新的潜能和动力。将中小学研学实践活动课程探索成果纳入基础教育教学成果评选范围,对优秀成果予以奖励,发挥优秀成果的示范引领作用,激励广大中小学研学实践教育师和专职研究人员持续性从事中小学研学实践活动课程研究和实践探索。

15. 投诉处理

15.1 承办方应建立投诉处理制度,并确定专职人员处理相关事宜。

15.2 承办方应公布投诉电话、投诉处理程序和时限等信息。

15.3 承办方应及时建立投诉信息档案和回访制度。

16. 发布与实施

本规范自 2019 年 12 月 6 日发布,并从 2020 年 1 月 1 日起实施。

第二部分 研学实践教育能力培训营地（基地）建设和创建标准（试行）

第一章　总则

第一条　研学实践（旅行）教育能力培训营地（基地）

研学实践（旅行）教育过程中受众学习与生活的场所。

第二条　研学实践（旅行）教育能力培训营地（基地）必须具备以下条件：

（一）应具备法人资质。

（二）应具备相应经营资质和服务能力。

（三）研学营地必须具备研学实践（旅行）教育综合体验式教育的设施、装备或自然条件。

（四）应与承办方签订研学实践（旅行）教育服务合同，按照合同约定履行义务。

（五）研学实践（旅行）教育营地（基地）均可以储备研学实践（旅行）教育师人才并开发研学实践（旅行）教育主题课程，为承办方提供综合性的服务。

（六）研学实践（旅行）教育能力培训基地或研学实践（旅行）教育示范基地负责运营服务的部门工作人员5名以上。

（七）具备研学实践（旅行）教育承办资质的研学实践（旅行）教育营地（基地）均可以直接与主办方签订研学实践（旅行）教育协议；负责研学实践（旅行）教育的部门宜有5名以上专职研学实践（旅行）教育师、5名以上专职研学实践（旅行）安全员、1名以上专职研学实践（旅行）管理师，宜有承接100人以上研学实践（旅行）教育团队的经验。

（八）研学实践（旅行）教育能力培训营地（基地）实行认证授牌制。中国成人教育协会成人教育标准培训专业委员会或中国职业技术教育学会相关单位开展符合继续教育研学实践（旅行）教育能力培训活动的营地（基地）能力培训认证和授牌。

第三条　为加强研学实践（旅行）教育能力培训营地建设，不断拓展研学实践（旅行）社会综合活动的空间，促进全省研学实践（旅行）活动的开展，结合各地研学实践（旅行）活动营地（基地）建设和青少年户外体育活动营地建设等内容，特制订研学实践（旅行）教育能力培训营地建设和创建标准，供研学实践（旅行）参与方实施以教育为核心、以旅行元素做支撑的社会研学实践活动的教学和建设之用。

第四条　本办法适用于研学实践（旅行）教育能力培训营地的建设、创建、申报、审批、资助、管理等。

第五条　凡通过开展研学实践（旅行）教育能力培训营地建设和创建活动，具备组织开展研学实践（旅行）的条件和能力，并经区、县教育、文化和旅游行政主管部门审查认可的单位均可向成人教育培训服务三项国家标准办公室或中国成人教育协会成人教育培训机构工作委员会申报研学实践（旅行）教育能力培训营地。

第六条　各地区、县教育行政主管部门会同文化和旅游行政主管部门对本区、县研学实践（旅行）教育能力培训营地进行业务指导，县级以上（含县级）地方各级人民政府教育行政部门共同负责对本行政区域内研学实践（旅行）教育能力培训营地进行管理。

第七条 各单位符合研学实践（旅行）教育能力培训营地建设和创建标准的研学实践（旅行）教育能力培训营地均可以向成人教育培训服务三项国家标准办公室或中国成人教育协会成人教育培训机构工作委员会申报研学实践（旅行）教育能力培训营地。

第二章 基本原则

第八条 基本原则

（一）教育性原则。研学实践（旅行）要结合学生身心特点、接受能力和实际需要，注重系统性、知识性、科学性、娱乐性和趣味性，为学生全面发展提供良好成长空间。

（二）实践性原则。研学实践（旅行）要因地制宜，呈现地域特色，引导学生走出校园，在与日常生活不同的环境中拓宽视野、丰富知识、了解社会、亲近自然、参与体验。

（三）安全性原则。研学实践（旅行）教育能力培训营地在组织开展研学实践（旅行）社会研学实践活动时，要遵循安全第一的原则，建立安全保障机制，明确安全保障责任，确保场地设施安全可靠，活动安排科学得当，工作组织严谨有序，坚决杜绝伤害事故的发生，确保学生安全。

（四）"量力而行"原则。各地在申报中要深入调查研究，从实际出发，量力而行，选择推荐本地区最有特点和最具备条件的，并经本地教育、文化和旅游行政主管部门审查认可的单位进行申报。

（五）"逐级申报"原则。各地要积极推动研学实践（旅行）教育能力培训营地的建设和创建工作，推进研学实践（旅行）公共服务体系建设。在创建县、区（市）级研学实践（旅行）教育能力培训营地的基础上，方可择优推荐市级研学实践（旅行）教育能力培训营地申报省级研学实践（旅行）教育能力培训营地，再从省级研学实践（旅行）教育能力培训营地中选拔优秀单位推荐申报国家级研学实践（旅行）教育能力培训营地，从而形成从市级、省级、国家级的逐级申报制度。

（六）"注重质量，均衡发展"原则。研学实践（旅行）教育能力培训营地的建设、创建、申报、审批、资助，必须坚持质量第一、宁缺毋滥的原则，只有具备了教育能力培训的条件，才能有资格进行申报。同时，根据区域均衡建设发展需求和创建研学实践（旅行）社会综合活动营地的需要，由中国成人教育协会成人教育培训机构工作委员会实施"研学实践（旅行）教育能力培训基地"或"研学实践（旅行）教育示范基地"的认证和授牌工作。

（七）"优胜劣汰"原则。坚持开展建设和创建成效检查评估，对于检查建设评估优秀和创建成效显著的将继续给予认证和地方资助，对于检查评估不合格的将予以淘汰。

（八）"专款专用"原则。获得资助的研学实践（旅行）教育能力培训营地须严格遵守各项财务管理规定，单独核算，专款专用，不得截留、挤占和挪用，并主动配合检查审计。

第三章 研学实践（旅行）教育能力培训营地（基地）的意义

第九条 意义

研学实践（旅行）通过集体旅行、集中食宿方式开展的研究性学习和旅行体验相结合的校外教育活动，是学校教育和校外教育衔接的创新形式，是教育教学的重要内容，是研学实践育人的有效途径。开展研学实践（旅行），有利于促进学生培育和践行社会主义核心价值观，激发学生对党、对国家、对人民的热爱之情；有利于推动全面实施素质教育，创新人才培养模式，引导学生主动适应社会，促进书本知识和生活经验的深度融合；有利于加快提高人民生活质量，满足学生日益增长的旅游需求，从小培养学生文明旅游意识，养成文明旅游行为习惯。因此，研学实践（旅行）教育能力培训营地必须符合教育的目的。

第四章　研学实践（旅行）教育能力培训营地（基地）的工作

第十条　工作目标

（一）研学实践（旅行）教育能力培训营地（基地）的建设必须以立德树人、培养人才为根本目的，以预防为重、确保安全为基本前提，以深化改革、完善政策为着力点，以统筹协调、整合资源为突破口，因地制宜开展研学实践（旅行）。让广大中小学生在研学实践（旅行）中感受祖国大好河山，感受中华传统美德，感受革命光荣历史，感受改革开放伟大成就，增强对坚定"四个自信"的理解与认同；同时学会动手动脑，学会生存生活，学会做人做事，促进身心健康、体魄强健、意志坚强，促进形成正确的世界观、人生观、价值观，培养他们成为德智体美全面发展的社会主义建设者和接班人。

（二）研学实践（旅行）教育能力培训营地（基地）建设要根据研学实践（旅行）育人目标，结合域情、校情、生情，依托自然和文化遗产资源、红色教育资源和研学实践基地、大型公共设施、知名院校、工矿企业、科研机构、研学小记者工作站等，遴选建设一批安全适宜的中小学生研学实践（旅行）教育能力培训营地（基地），探索建立营地（基地）的准入标准、退出机制和评价体系；要以营地（基地）为重要依托，积极推动资源共享和区域合作，逐步形成布局合理、互联互通的研学实践（旅行）网络。各营地（基地）要将研学实践（旅行）作为理想信念教育、爱国主义教育、革命传统教育、国情教育的重要载体，突出祖国大好风光、民族悠久历史、优良革命传统和现代化建设成就，根据小学、初中、高中不同学段的研学实践（旅行）实践目标，有针对性地开发自然类、历史类、地理类、科技类、人文类、体验类等多种类型的活动课程，促进基地课程和学校师生间有效对接。

第五章　研学实践（旅行）教育能力培训营（基）地的建设条件

第十一条　营地条件

（一）营地条件

1. 地域条件

（1）用地选址的要领

自然条件：土地规划符合国家政策，依托当地资源、景观、环境、气象，可因地制宜设置生态农业园、生态科普园、农事体验、科普教育、自然认知、环保教育、历史、文化、体育等主题课程的综合社会实践活动教学。

社会条件：附属设施、通信、生活基础设施、规划符合研学需求。

（2）地域条件

在高速路的出入口附近；在国道、省级道路沿线附近；可开发为观光地的、知名度高的地区；场所显而易见；从人口100万以上的都市到营地行车约2小时以内较理想；全年开放（气候温暖，城市近郊）或季节性开放（积雪地，人口稀少地区）。

（3）地域环境条件

自然条件：靠近开阔的大自然，有绿树、河流，日照充沛；靠近海边，或湖畔、河畔等，可以海水浴、钓鱼、游泳；多雾等特殊气候的区域不易建设营地；要靠近名胜古迹等观光资源。

社会原因：配备排水、电器、通信等与生活相关的基础设施，或是比较容易配备的场所；要适当远离商店、医院、防等设施；应选没有被列为建设开发的土地；周围靠近游泳池、网球场等体育设施或娱乐设施；营地周边靠近公共交通设施（汽车、火车）。

（4）用地环境条件

要选择平坦，通风良好及排水良好的土地，不平坦但起伏平缓的土地也可；选择排水良好的土质，可保持衣服、帐篷的清洁；选择远离滑坡、巨浪、洪水的安全场所；选择远离有害动植物的场所；不选择周围被山、丘陵或高大树木环绕，视线不佳的盆地；在选择植被时，杂木林比松杉林理想，落叶林比长绿林理想；选择适当远离住宅和工厂的场所；海拔高度适应本地研学实践（旅行）的需求；从主干道到营地要修整好足够宽度的道路；选择夜晚能够保证安静睡眠的场所；营地整体必须干净、采光好、舒适。

2．具有一定数量的研学实践（旅行）经营管理人才、导师、安全员和主题课程。1人以上持有经中国成人教育协会成人教育培训机构工作委员会指定的研究院培训的"研学实践（旅行）管理师"岗位技能人才证书，营（基）地必须储备研学实践教育师5名以上，研学实践安全员5名以上，适用于研学实践（旅行）能力培训的主题课程不少于6个。

3．营（基）地在坚持公益性的原则下，通过适当收取研学实践（旅行）社会研学实践活动教育培训费、室内（外）场地费、教学用具租赁费等资金，实行自我运行和生存发展。

4．营地设施构成。

营（基）地教学区：研学实践（旅行）教育能力培训基地的总面积一般在20000平方米以上，能同时接纳1000名以上研学人员的需求。基地和室内研学的场地面积根据研学课程的设置而定，能同时接纳100名以上研学人员的需求。室外教育活动面积亦在5000平方米以上。

营地住宿区：符合建设用地的楼、堂、馆所及临时性、流动性的帐篷区、木屋区等设施

管理设施：管理中心，大门（栏杆），标识、告示牌，行车道与步行道，照明设施，广播设施、电话，布告栏，垃圾处理站，停车场，灭火器等。

营地（基地）教具：团队训练场地宽阔，实施教育灵活多变，教具数量适合研学实践（旅行）人数的需求。如：

（1）室外场地类：毕业墙，信任背摔，模拟电网，有轨电车，自救求生，相互依存，定向越野，钻木取火等。

（2）高空类：空中单杠，独木桥，天使之手，高空相依，软梯，速降，空中踏桩等。

（3）综合类：雷震，人生棋盘，无轨电车，交通阻塞，连体足球，建筑结构师，排雷，生死时速比拼等。

（4）障碍训练类：梅花桩，荡板，翻山越岭，躲闪轮胎、匍匐前进，移花接木，摇摆平台，软桥等。

（5）室内场地类：手工坊，机器人，书画艺术，领导力与执行力，管理与执行，神秘拼图，模拟排雷等。

（6）技能类：生活技能，工作技能，传统技艺等。

（7）应急类：通过多媒体演示、情景体验、游戏互动等形式，掌握自然灾害、交通安全、提升安全应急综合素质，更好地保护自身生命安全。

（8）国防教育类：军事训练应至少包括内务整理、队列训练、400米障碍、武装越野、野战运动、国防知识普及等六个项目；队列训练场地长度不宜小于100米，宽度不宜小于10米，场地坡度应小于2度；400米障碍场地长度100米左右、宽度6米左右，为土质平整场地，坡度小于2度，场地分为两道，一道为宽1.5米左右的无障碍冲刺跑道，另一道为包含7组的障碍道，障碍道分别为：梅花桩、壕沟、矮墙、独木桥、高板跳台、高墙、低柱网等；越野训练应设置碉堡、战壕、掩体等设施，配备野战运动装备50套（含）以上，对抗项目主题课程可以根据场地灵活设置。

道路交通：营区内应有完善的道路系统，应遵循人行、车行相分离的原则，交通标识醒目规范；停车场应位置合理、管理完善，容量与营地接待规模相适。

卫生设施：公共厨房，淋浴，厕所，化粪池等。

服务设施：商店，出租用品中心等。

体育及其他设备：篮球或羽毛球场，儿童游乐场，场内步行道，防火通道等。

5．营地和地基建设

（1）平整、排水良好；

（2）铺设暗渠等排水设施；

（3）无裸露的树根和尖石等杂物，；

（4）营区内铺设草坪。

6．卫生设施

（1）卫生设施建设的重点：淋浴、厕所等系统。

（2）按照营地面积建设一定数量的卫生设施（蹲位数：女生厕所不高于 15:1，男生厕所不高于 30:1，每 40 人要 1 米长的小便槽，同时配有洗手冲洗设施）；

（3）保护环境，做好污水处理；

（4）卫生间必须是冲水式的，要做到男女分别，门闩完整；

（5）要配备夜间照明和换气设施；

（6）卫生间要宽敞舒适；

（7）设置残疾人专用卫生间；

（8）马桶数量根据营地容纳总人数的 20:1 的比例分配，男卫生间半数应为小便池，同时设置儿童专用设施；

（9）污水处理根据当地实际情况适当安排；

（10）淋浴间必须配备男女分开的热水淋浴或洗漱间，淋浴喷头数量应按不少于 1:20 设置，男女各占一半；淋浴间要配备更衣室；淋浴间应不收费；

（11）洗漱室数量应满足要求，洗漱台及水龙头至少应按 1:30 设置，并防止日晒雨淋；洗漱池要按比例配备 60 厘米高的儿童专用池。

7．木屋条件

简易型木屋：就寝设备（自带或租用寝具均可以）；配置桌椅、照明暖气设备。

8．无障碍营地

在整体规划露营营地时，要考虑建设残疾人专用设施等；营地最低限度要建设方便坐轮椅的残疾人使用的卫生间及木屋。

9．出租用品

用品租借：租借中心和商店一样是为露营者提供服务的设施，所以需要普及设置。

租借用品包括：露营用品（帐篷、应急灯、桌椅板凳、睡袋棉被等）；炊事用品（小炉子、锅、锅灶、烧烤炉等用具）；体育休闲用品（羽毛球、钓具等用品）。

10．运动项目的设置

（1）篮球、羽毛球、排球等运动场地不可少于一个。

（2）自行车道可利用营地交通道路，或者开辟专用车道，或与健身徒步道路合用；自行车道 15 度以下的缓坡地段和 30 度以上的急坡地段占车道总长度分别为 30% 和 10%，道路全长 5～10 公里，道路宽度为 1 米以上，急坡、缓坡、树干路、岩壁等多种道路状况交错。

11．特色课程

营地可结合独特的地理气候和社会文化背景设置特色课程活动项目，如房车宿营、水上运动、沙地运动、冰雪运动、民族传统体育、航空运动等；特色课程的设置必须以保障健康安全为前提条件，参考国家相关标准进行运营。

（二）营地活动要求

1．营地吸纳所在地及周边的研学实践（旅行）人员，组织丰富多彩、科学文明、具有文化内涵、与家庭（学校、社会）相关联的研学实践（旅行）社会研学实践活动，保证每天都能举办不同类型的主题课程研学等。

2．寒暑假期间可以积极开展多种多样的冬夏令营研学实践（旅行）社会研学实践活动，吸引更多的研学实践（旅行）人员参加社会研学实践活动。

3．营地之间积极开展交流活动，相互学习，相互促进，不同形式的营地吸引其他地区的研学实践（旅行）人员体验不同的营地生活。

（三）安全保障要求

1．遵循预防为主，防控管结合的原则。

2．安全制度健全，安全责任落实到人。

3．应制订安全管理预案，每月至少进行一次以上（含一次）安全预案演练。

4．有专职保安人员，进行 24 小时巡视。

5．与辖区公安机关之间的报警系统快捷有效，能处理突发性治安事件。

6．所有参加营地活动的营员，应办理相关保险。

7．隔离设施设备应符合国家相关安全标准，并按时检修。

8．主要建筑及室内外空旷场所应设置防雷设施，并符合国家要求。

9．应设置视频安全防控监控数字录像设备。

10．应结合场地环境类型配备救生员和救生设备。

11．应提供基本的医疗和急救服务，并与附近医院建立稳定合作关系，能及时运送患者、伤者就近治疗。

第六章　申报

第十二条　申报条件。

（一）地方教育等行政部门重视和支持研学实践（旅行）教育能力培训营地的建设和创建工作。

（二）申报单位必须符合市级研学实践（旅行）教育能力培训营地标准；无市级标准的参照市级标准执行。

（三）地域条件：

1．交通便利的景区、场馆、自然山川、湖畔海滨等，距离中心城市不超过 2 小时车程，可全年开发或具有明显独特的季节性特征的地域。

2．具备必要的水、电等基本生活设施，周边有可供参观学习的历史文化景观或工农业生产基地等。

3．拥有可同时安扎 200 个左右露营帐篷的开阔地带；露营场地坡度不超过 20%并具备排水设施功能，露营区附近需要有足够的水量供给（自来水、泉水或地下水）并建有公共卫生间。

4．远离滑坡、巨浪、山洪等自然灾害的安全区域。

（四）营地构成

1．活动区：可根据营地自然环境、地域特点，能够同时开展如远足、团队拓展、定向越野、野外生存等多个研学实践（旅行）主题课程的社会研学实践活动项目（开展的活动项目保险公司能够承保；同时凡设置有游泳、攀岩等国家体育总局公布的高危险性项目的营地，应依法向县级以上地方人民政府体育主管部门申请行政许可）。

2．帐篷露营区：可同时满足 100～400 人左右（安扎 50～200 个双人帐篷）露营：

（1）主要设施包括高架帐篷床、露营帐篷、集合场、营火设施、野炊设置等。

（2）高架帐篷床场地应有一定的坡度，地质条件稳定，植被覆盖率高，卫生条件好，每个高架帐篷床最小面积 16 平方米。

（3）露营帐篷应位于坡度 4%以内平坦场地，与营地其他区域分隔，能满足 100 人以上的露营要求。

（4）集合场面积不小于 400 平方米，并适合各类无固定设施的研学实践（旅行）主题活动项目的开展。

（5）研学实践（旅行）活动营火场的场地平整，无裸露的树根、石块标明严禁架营，能容纳 100 人单圈而坐。

（6）研学实践（旅行）营火圈的半径不小于 5 米，活动时的半径不小于 10 米，营火时 200 米范围内应有消防设施。

（7）野炊区应设置于相对独立的避风处，搭建避雨炊事棚，设置用水点，配置足够的垃圾箱。

3．服务区：提供研学实践（旅行）社会研学实践活动必须物品的租赁及相关服务等。

（1）应具备住宿、餐饮、购物、器材保障、室内活动、管理服务等多种功能。

（2）应配备宿舍、商店、餐厅、淋浴房、厕所、器材库、活动室、实验室、办公室等设施，总建筑面积不宜小于 2000 平方米。

（3）应尽量使用当地原材料，或可再生材料建设与景观环境协调，如木屋景观。

（4）住宿设施应至少能同时容纳 200 人的住宿，其营地能同时保证 1000 人的住宿，可按每间 8～12 人设置有照明、通风、消防、扩音设施。

（5）宿舍用品要求统一，应满足国防教育和体育训练，开展内务整理活动的要求。

（6）活动室建筑面积不宜少于 400 平方米，配备多媒体展示教学设备两套（含）以上。

（7）活动室应满足营员积极开展各类室内学习、训练活动的需要。

（8）实验室应配备标本，包括岩石、土壤、动植物等各种标本，望远镜、人体模型、多媒体影像、绳索等教学实验教具能满足开展自然教育技能训练、国防知识普及等各类培训教育项目的需要，建筑面积不少于 200 平方米。

（9）餐厅规模适宜，格局符合团队餐饮要求，饮品类型丰富，卫生符合国家标准，能体现地方特色。

（10）商店供应日常用品、冷热饮料及地方特色产品。

（五）至少有 5 名具有专业岗位技能的研学实践教育师；同时突出公益性，能够吸引广大研学实践（旅行）人员参与社会研学实践活动，每年参加活动人数达 1 万人次以上。

（六）申报单位必须建立完善的安全生产工作责任制，责任到人，认真做好各项安全工作的预防和管理，做好参加活动人员的意外伤害等相关保险，没有出现重大安全责任事故。

第十三条　申报程序。

（一）各单位的研学实践教育能力培训营（基）地一般于每年 4 月 20 日之前申报或继续申报，并报送相关材料。对于完全符合研学实践教育能力培训营（基）地条件的单位，可以随时报送相关材料。

（二）符合申报条件的单位在自我评估基础上，组织填写申报书和整理装订申报材料，并在规定期限内将申报书和申报材料（各一式四份）报送所在地教育行政主管部门（一份）、省教育行政主管部门（一份）、中国成人教育协会成人教育培训机构工作委员会（一份）、国家教育行政主管部门（一份），并且报送电子版材料。报送材料包括：

1．《申报书》及建设和创建单位承诺书。

2．建设和创建工作计划方案。内容包括：（1）单位概况；（2）申报理由；（3）可行性分析；（4）实施步骤；（5）效益预测；（6）保障措施。

3．营地建设所需土地的使用协议（证明）及场地设施清单。

4．专、兼职人员基本情况和证明材料。

5．各种规章制度及管理办法。

6．经费预测（须分列各项目的支出预算）。

（三）各地教育行政主管部门根据本办法精神部署本地建设或创建工作，依据本办法规定的条件，对申报材料进行审查和实地检查，并择优在规定期限内以正式文件形式逐级上报，随文报送申报材料以及电子版材料。

（四）各地教育部门对申报或继续申报的单位进行实地考察，合格的按照区域负责制给予区域级命名。对于完全符合研学实践（旅行）教育能力培训营地条件的单位，可以随时向中国成人教育协会成人教育培训机构工作委员会报送相关材料，以获得省级认证和授牌。

第十四条　《申报书》填写的内容，必须提交有效证明材料，提交的各类材料均不予退回，请申报者自行备份。

第七章　审核与命名

第十五条　审核程序。

（一）受理。各地教育部门按照受理标准（同申报条件）查验申报材料。对符合受理标准且提交的材料齐全、真实、规范、有效的，填写受理意见，将申报材料转交评审人员；对申报材料不符合受理标准的，不予受理，并告知理由。

（二）评审。审查通过的申报材料，将由各地教育部门组织专家进行综合评议，并形成专家评审意见；

（三）审定。各地教育部门根据实际情况，综合专家评审意见择优确定国家、省、地级研学实践（旅行）教育能力培训营地名单，并给予一定经费资助。

（四）公布。各级教育部门对批准单位名单予以公布。

第十六条　市级研学实践（旅行）教育能力培训营地由各市教育行政部门审核和命名，并报成人教育培训服务三项国家标准办公室或中国成人教育协会成人教育培训机构工作委员会备案。各级研学实践（旅行）教育能力培训营地具体创建办法由各级教育行政部门参照中国成人教育协会成人教育培训机构工作委员会研学实践（旅行）教育能力培训营地建设和创建办法自行制定。

第八章　评估与资助、奖励

在建设和创建各地研学实践（旅行）教育能力培训营地的基础上，为加强对国家及省级研学实践（旅行）教育能力培训营地的管理，每年在评估基础上评选年度优秀国家及省级研学实践（旅行）教育能力培训营地。年度优秀国家及省级研学实践（旅行）教育能力培训营地应具备以下基本条件。

（一）申报单位为已经获得命名国家和省级研学实践（旅行）教育能力培训营地一年以上。

（二）具有示范、引领作用，包括机构健全，管理规范，具有良好信誉。至少分别有10名具有专业岗位技能的研学实践教育师及安全员，懂经营管理领导1人；场地设施和教育器材充足、安全；同时突出公益性，能够吸引广大研学实践（旅行）人员参与社会研学实践活动，每年参加活动人数达2万人次以上。

（三）积极承办省级及以上研学实践（旅行）教育能力培训营地（基地）展示活动，或者代表国家参加世界性研学实践（旅行）等活动。

（四）积极组队参加中国成人教育协会成人教育培训机构工作委员会组织的研学实践（旅行）社会研学实践活动。

（五）申报单位必须建立完善的安全生产工作责任制，责任到人，认真做好各项安全工作的预防和管理，做好参加活动人员的意外伤害等相关保险，没有出现重大安全责任事故。

以上均需提供相关证明材料。

第十七条　资助、奖励措施。

（一）对被命名为省级研学实践（旅行）教育能力培训基地的按照地方标准给予一定的经费资助；对被评选为年度优秀省级研学实践（旅行）教育能力培训基地的按照地方标准给予一定的经费奖励。

（二）经评估命名为各地级教育研学实践（旅行）教育能力培训基地和评选产生的年度优秀各地级研学实践（旅行）教育能力培训营地的牌匾由各地级教育系统单位统一制作。

（三）年度优秀省级研学实践（旅行）教育能力培训营地优先推荐申报国家级研学实践（旅行）教育能力培训营地。

（四）经评估命名为国家级教育"研学实践（旅行）教育能力培训营地（基地）"和评选产生的年度优秀国家级"研学实践（旅行）教育能力培训营地（基地）"的牌匾由中国成人教育协会成人教育培训机构工作委员会统一制作。

第九章　资助

第十八条　省、市两级教育行政部门应在本级财政预算中列支研学实践（旅行）教育能力培训营地的工作经费，用于安排研学实践（旅行）教育能力培训营地专项经费。

第十九条　资助标准：建议省级研学实践（旅行）教育能力培训营地（基地）一次性资助10万元，年度优秀省级研学实践（旅行）教育能力培训营地（基地）一次性奖励5万元。具体资助标准由各区、县教育部门制定并实施。

第二十条　鼓励市、县（区）给予相应的配套经费扶持。市级由各市自行制定资助奖励标准。

第二十一条　各地用于营（基）地建设的资金，必须严格按照国家教育部门的《监督管理的意见》，专款专用，不得截留和挪作他用。

第二十二条　每个营地建设的资金开支范围，包括组织开展活动、培训、竞赛等，购置器械设备、维修场地设施，资料费、广告费和宣传材料的印制费等，所有开支必须符合国家和地方有关规定。

第二十三条　凡利用资助经费组织的活动均冠以"中国成人教育协会成人教育培训机构工作委员会研学实践（旅行）"字样。

第二十四条　各级教育行政部门应不定期对资助经费使用情况进行检查，研学实践（旅行）教育能力培训营地（基地）有义务配合并提供真实情况。

如发现有下列情况之一的，将暂缓拨款或撤销资助：

（一）资助奖励经费主要用于发放劳务费和日常公用支出；

（二）无正当理由，擅自改变支出项目内容的；

（三）未按要求单独核算实行专款专用的；

（四）财会制度不健全，会计核算不规范的；

（五）提供的资金使用信息资料严重失真的；

（六）资助奖励资金尚未启用，不作为的。

第十章 管理

第二十五条 中国成人教育协会成人教育培训机构工作委员会实施对研学实践（旅行）教育能力培训营地（基地）进行业务指导和认证授牌等工作；各区、市、县教育系统负责本地研学实践（旅行）教育能力培训营地建设的选址、业务指导和监督管理工作。

第二十六条 研学实践（旅行）教育能力培训营地（基地）可由依托单位（如团属青少年活动基地、风景名胜区管委会等）代为运营管理。

第二十七条 省级研学实践（旅行）教育能力培训营（基）地必须配备专（兼）职相关研学实践教育师，逐步建立资格认证准入制度，依法指导研学实践（旅行）人员开展社会研学实践活动，并确保各研学主题课程实施活动的安全性。

第二十八条 为保证省级研学实践（旅行）教育能力培训营地（基地）建设或创建工作的持久性，必须在坚持公益性原则的前提下，积极探索企业化运营的模式，通过适当收取活动培训费、场地使用费以及教具租赁费等资金的情况下，保证研学实践（旅行）教育能力培训营地的自我运行和生存发展。

第二十九条 研学实践（旅行）教育能力培训营地（基地）建设或创建工作是一项长期的系统工程，各地要积极探索建设或创建工作的长效机制，把实施研学实践（旅行）教育能力培训营（基）地建设或创建工作与当地旅游资源、文化资源、农牧业资源、历史文物等资源有机结合起来。

第三十条 各市、区、县教育行政部门都应重视对研学实践（旅行）教育能力培训营（基）地设施建设和器材配备工作，在研学实践（旅行）工作规划中予以安排，在财力、物力上予以保证，并进行有效监督。

第三十一条 开展研学实践（旅行）教育能力培训营（基）地建设或创建工作，要主动加强与共青团、旅游、园林、景区等部门的联系与合作，要充分发挥现有活动场所的资源优势，积极整合资源，不提倡新建。对符合研学实践（旅行）教育能力培训营（基）地建设条件的活动基地等要给予充分考虑。

第十一章 监督与检查

第三十二条 加强对研学实践（旅行）教育能力培训营地（基地）的监督与检查，对建设或创建工作成效显著的省、市级研学实践（旅行）教育能力培训营地（基地）给予一定奖励。对违反法律法规，或财务管理制度，或发生重大安全责任事故等，造成不良社会影响的研学实践（旅行）教育能力培训营（基）地，将直接撤销其命名。对活动开展不正常、作用发挥不明显的研学实践（旅行）教育能力培训营（基）地，责令限期整改，整改后经重新评估仍无改进的，撤销其命名。省级研学实践（旅行）教育能力培训营地（基地）的撤销，由省级教育行政主管部门核准后，由省级教育厅下属协会负责撤销其命名；市级研学实践（旅行）教育能力培训营（基）地由县（市、区）教育行政主管部门报上级行政主管部门核准，由市级教育主管部门撤销其命名。

第十二章 附则

第三十三条 各省、市教育行政部门可以依照本办法制订实施细则或相应的规章制度。

第三十四条 本办法自 2018 年 10 月 1 日起施行。

第三部分　研学实践教育课程分类

第一节　考察探究活动推荐主题及其说明

学段	活动主题	简要说明
1~2年级	1.神奇的影子	体验踩影子游戏、手影游戏的乐趣，了解影子在生活中的应用；创作、交流简单的手影游戏、故事、舞蹈，初步体验科学探究的乐趣
	2.寻找生活中的标志	通过访问、观察、实地考察收集生活中的各种标志，如安全标志、交通标志、社会团体类标志、汽车标志等，理解其含义。提高收集、整理、分析和利用信息的能力，初步树立规则意识
	3.学习习惯调查	了解和观察本班（年级）同学在读写姿势、文具的使用、阅读与写字等方面的习惯，讨论、总结不良学习习惯的表现、危害，研究和分析养成良好学习习惯的方法；开展主题班队会，增强对学习习惯重要性的了解和重视。持续开展学习习惯宣传与纠错活动，相互帮助，自觉养成良好的学习和行为习惯
	4.我与蔬菜交朋友	通过访问、交流了解同学们对吃蔬菜的态度；到菜市场或菜田考察蔬菜的形状、种类，了解蔬菜的营养对学生成长的重要性；选择种植一种芽苗菜，体会种植的快乐与辛苦，增进对蔬菜的情感
3~6年级	1.节约调查与行动	通过访问、调查、实地考察等多种方式，了解家庭（或学校、社区某些场所）用水（或电、粮食等资源、一次性生活用品等）的浪费情况，设计有针对性的节约方案；开展节约（合理用电、光盘行动、减少一次性用品使用）倡议与行动，并记录、分析效果，提高实践能力，增强节约资源的意识
	2.跟着节气去探究	结合二十四节气，观察身边的植物、动物、天气等物候变化；长期坚持，认真做好记录，并尝试编制当地的自然日历，理解农业生产与物候变化的关系。关注自然现象，探索自然变化，初步树立严谨求实、一丝不苟的科学态度
	3.我也能发明	观察、分析、讨论日常生活中各种用品、物件使用过程中的问题；学习和运用发明创造的多种方法，针对发明创造对象进行功能改进或重新设计，并在实际生活中加以应用和检验，提高动手能力，培养创新精神

续表

学段	活动主题	简要说明
3～6年级	4.关爱身边的动植物	观察身边常见的动植物，如校园植物、家庭（社区）宠物、大自然中的各种昆虫、农田中的动植物等；选择其中一种或多种进行小实验、分析与研究，了解其自然特征（习性）并自觉加以保护，增强关注自然、热爱自然的情感，提高科学探索能力
	5.生活垃圾的研究	收集资料、了解国内外垃圾分类和处理的有关内容，调查、了解身边各种生活垃圾的处理方法；分析针对现状问题可采取的措施，设计家庭（学校、社区）垃圾箱和垃圾有效分类回收的方案，增强环境保护意识
	6.我们的传统节日	结合时令，选择端午节、中秋节、重阳节、春节等一个或几个传统节日，利用收集资料、访问、实地考察等方法，了解节日的来历、习俗、故事等；参与体验该节日的1~2种习俗，并进行交流分享，增强对传统文化的探究意识和认同感
	7.我是"非遗"小传人	了解非物质文化遗产的种类、特点、保护现状（如"二十四节气"等），访问本地非物质文化遗产传承人；讨论传承和保护非物质文化的方法、措施和建议，开展非物质文化遗产的传承活动。理解、认同家乡传统文化，并乐于传承
	8.生活中的小窍门	通过资料收集、调查、实地考察等方式了解各种生活小窍门，通过动手实验加以验证，设计宣传方案。丰富生活经验，锻炼动手实践能力
	9.零食（或饮料）与健康	调查、交流同学们吃（喝）零食（饮料）的现状；通过查阅资料、访谈了解其对健康的影响，了解科学选择零食（饮料）的方法；动手制作1~2种健康零食（饮料），并召开班级展示分享会，增强健康的饮食意识
	10.我看家乡新变化	通过调查、访问、参观等多种方式，了解和感受家乡在经济、文化、建筑、交通、生活方式等方面的变化与发展，用摄影、绘画、手抄报、作文、故事等多种形式，展示家乡的新变化。增进知家乡、爱家乡的情感，增进建设家乡和祖国的责任感、使命感
	11.我是校园小主人	通过观察、访问、实地考察等方式，了解和分析校园的自然环境、规划布局、设施设备、文化景观、文化活动以及安全保障等方面的状况，提出校园建设和发展建议，增进知学校、爱学校的责任感
	12.合理安排课余生活	通过调查和了解同学们在学校课间、家庭、假期等时间的生活安排情况（如学习培训、健身、业余爱好等）；分析合理安排课余生活的方法与要求，制订合理利用课余生活的计划，开展有意义的课余活动，体验并记录活动感受，养成健康的生活习惯，增强自我管理意识

续表

学段	活动主题	简要说明
3~6年级	13.家乡特产的调查与推介	通过资料收集、访问、实地考察等多种方式，了解和调查家乡的特产；设计与策划推介方案，增进热爱家乡、关心家乡、建设家乡的感情
	14.学校和社会中遵守规则情况调查	收集信息了解学校和社会中的各种规则，如校规校纪、交通规则、公共文明行为准则等，增强遵规守纪意识；观察同学和社会公民在遵守规则方面的实际表现；通过访谈或问卷调查了解人们遵守规则的情况；针对观察、调查中发现的实际问题，提出提高人们规则意识的建议
	15.带着问题去春游（秋游）	在春游（秋游）外出考察前，利用网络、书籍等多种途径，了解所去场所的基本情况、资源内容与特点，能够提出研究问题，设计考察方案；通过任务驱动的方式，有效地开展实践活动，获得研究结论。培养项目设计的意识和能力，积极参与校园生活，增强团队合作意识
7~9年级	1.身边环境污染问题研究	通过调查了解身边水污染、空气污染、噪声污染、土壤污染、固体废弃物污染等任一环境污染的来源、现状及对身体健康的影响，提出合理的防治污染措施，减少环境污染，培养环境保护的意识
	2.秸秆和落叶的有效处理	调查当地秸秆和落叶处理过程中存在的问题，分析焚烧秸秆和落叶的危害；走访能够有效处理秸秆或落叶的机构，了解处理秸秆和落叶的常用方法；开展实验，探索更加有效地处理秸秆和落叶的方法或措施，提高科学探索能力和社会责任感
	3.家乡生物资源调查及多样性保护	收集资料，了解家乡主要动植物资源，实地考察这些动植物资源的生长、开发与利用的情况；针对在考察中发现的问题，提出保护当地生物多样性、合理开发利用生物资源的建议，增强关注自然、保护自然的意识，增进知家乡、爱家乡的情感
	4.社区（村镇）安全问题及防范	实地考察社区（村镇）设施设备、人与车辆分流管理等方面的安全状况，寻找安全隐患；与管理部门沟通，提出防火、防盗等安全防范建议，并在社区中进行相关宣传，增强安全意识，提高社会责任感
	5.家乡的传统文化研究	收集家乡历史文化典故，考察著名历史建筑，制作传统美食；了解当地服装服饰文化和传统庆典节日文化等方面的传统文化。理解和尊重家乡的传统文化，积极参与探究学习，对传承传统文化具有历史责任感
	6.当地老年人生活状况调查	考察当地社会养老机构，如敬老院、老年公寓等；分别调查选择社会养老和居家养老的老年人生活状况，并对两类养老方式进行对比分析；主动为身边的老年人服务。弘扬尊老敬老的美德，加强关心老年人、积极为老年人服务的意识

续表

学段	活动主题	简要说明
7~9年级	7.种植、养殖什么收益高	对当地自然、地理条件进行分析，了解适合的种植和养殖项目；从市场、技术、经济、工程等角度，对项目进行调查研究和分析比较，并对项目可能取得的经济效益及社会环境影响进行预测，为家庭选择合适的种植养殖项目提供参考，增强社会参与和责任意识，提高运用知识解决实际问题的能力
	8.中学生体质健康状况调查	收集有关视力、身体形态、身体机能、身体素质等方面的资料；统计分析体质健康状况及运动、生活习惯的数据；访问医务人员和体育研学实践教育师等专业人员；提出改善体质健康的方案并长期坚持，检验效果。关注自身体质健康，养成健康合理的生活习惯
	9.中学生使用电子设备的现状调查	调查了解中学生使用手机、平板电脑、笔记本电脑等电子设备的主要目的；了解电子设备与数字生活的关系，知道过度使用电子设备对身心健康的影响；积极采取措施避免过度使用电子设备。培养较高的信息意识，提高数字化生存能力，主动适应"互联网+"等社会信息化趋势
	10.寻访家乡能人（名人）	收集相关材料，进行人物专访，了解家乡某个领域能人（名人）的经历与成功故事，分析其成功的原因及对家乡的影响，进行宣传。增强热爱家乡的情感，积极为家乡做贡献
	11.带着课题去旅行	围绕寻访红色足迹、中华文化寻根、自然生态考察等主题，收集研学旅行目的地的资料，寻找自己感兴趣的问题作为研究课题；带着课题参加研学旅行，通过实地考察和调查，完成课题研究和旅行活动。在活动中激发爱国热情，培育民族精神，增强保护自然的意识
10~12年级	1.清洁能源发展现状调查及推广	收集信息了解清洁能源的特点，考察当地风能、太阳能等清洁能源设施或生产企业；设计在学校或社区中使用清洁能源的方案；调查新能源汽车发展前景和推广使用中存在的问题，在社区中宣传推广清洁能源。关注清洁能源的发展，主动选择清洁能源和相关产品，减少环境污染
	2.家乡生态环境考察及生态旅游设计	设计方案实地考察家乡的湿地、森林、草原等自然生态环境；对当地生物多样性及保护情况进行研究，采访当地居民了解自然生态环境变化，提出保护建议；结合当地独特的自然生态条件，设计开展生态旅游的方案，在一些景点进行生态旅游的导览和讲解服务，增强热爱家乡、保护家乡自然生态环境的意识
	3.食品安全状况调查	收集有关食品安全的信息，分析典型食品安全事故；考察当地食品制造企业或走访食品监督部门，调查当地食品安全状况和人们的食品安全意识；提出确保食品安全的方案，尝试用简单的实验方法对常见食品进行检测，编制食品安全手册，在社区中做食品安全科普宣传。增强食品安全意识，学会选购健康、安全的食品

续表

学段	活动主题	简要说明
10～12年级	4.家乡交通问题研究	收集资料，走访当地交通管理部门，了解交通拥堵的原因和减少拥堵的措施；到本地区比较拥堵的路口进行实地考察，记录不同时段交通拥堵的状况，对改善本地区交通拥堵问题提出建议；在学校周边做交通疏导，维护交通秩序。关注家乡交通问题，为缓解家乡交通拥堵做出自己的贡献，提高社会责任感
	5.关注知识产权保护	访问当地知识产权部门，了解知识产权的相关知识；对身边公众的知识产权意识和行为进行调查，提出增强公众知识产权意识的建议；在参与各种创新活动中，尊重他人知识产权，并维护自身知识产权，增强尊重知识产权的意识，提高依法维权的能力
	6.农业机械的发展变化与改进	收集资料，实地考察，了解从传统农具到现代化农业机械设备的发展变化过程；分析比较各种农业机械的使用效果及成本，对农业机械的合理、充分使用提出改进建议。感受科学技术对农业发展的重大影响，激发创新意识
	7.家乡土地污染状况及防治	收集资料、调查、实地考察、实验、走访相关部门，了解家乡土地污染状况及主要危害；分析造成土地污染的主要原因；提出防治家乡土地污染的合理措施及建议，为家乡环境保护做出自己的贡献，增强环境保护意识及社会责任意识
	8.高中生考试焦虑问题研究	收集与考试焦虑相关的信息资料；通过问卷调查了解高中生考试焦虑状况；与心理医生或心理研学实践教育师面谈，进行考试焦虑心理测试；采取措施，减轻自身考试焦虑，策划实施团队心理减压活动。学会调控考试带来的心理压力，促进身心健康发展
	9.社区管理问题调查及改进	考察当前社区，分析社区在停车、清洁、安全、养宠物等方面存在的管理问题；调查居民对社区管理的看法，考察周边管理比较好的社区；走访小区管理处，提出改进意见，主动参与社区管理，维护社区环境，增强社会责任意识和积极为他人服务的意识
	10.中学生网络交友的利与弊	通过资料收集、案例分析、访谈、调查等多种途径，了解中学生网络交友的相关信息；对网络交友的利与弊进行全面分析或展开辩论。提高信息安全意识，主动适应社会信息化趋势
	11.研学旅行方案设计与实施	收集研学旅行目的地信息，设计研学旅行路线及行程，设计研学旅行参观考察内容，确定自己的研究课题；设计研学旅行成果的展现形式，在研学旅行活动后对设计方案进行反思和评估，提高规划、设计与实施的能力
	12.考察当地公共设施	选择身边文化娱乐设施、无障碍设施、公共交通设施等进行考察；调查了解公共设施的状况及公众的满意程度，与管理人员沟通，提出改进建议；利用节假日引导公众更好地使用公共设施等活动，增强公共安全意识和社会责任意识

第二节 社会服务活动推荐主题及其说明

学段	活动主题	简要说明
1～2年级	1.生活自理我能行	清洁个人生活用品：会洗袜子、红领巾，会刷鞋，清洗水杯、脸盆等。学习用品分类整理：按学习需要准备学习用品，归类收纳学习用品，及时整理书包。清洁居室卫生：用完的物品放回原处，扫地，垃圾分类入箱，整理床铺，衣服分类摆放等。从力所能及的自我服务劳动做起，学会料理自己的生活，养成自己的事情自己做的好习惯
	2.争当集体劳动小能手	集体服务劳动包括班级劳动、校园劳动、家务劳动、公益活动、社区服务等。例如：搞好（班级）公共卫生，整理红领巾队务阵地，会扫地、拖地、擦黑板、摆放桌椅等；帮助老师、家长等做力所能及的事；给校园花草树木浇水等。养成自己的事自己做、他人的事帮着做、公益（集体）的事争着做的劳动习惯和优良品质
3～6年级	1.家务劳动我能行	帮助家长做力所能及的家务劳动（择菜、洗菜、洗水果、整理饭桌、洗碗筷等），学会简单手工缝纫技术，学会一般衣物的洗涤（包括机洗）、晾晒和折叠方法；知道家庭安全用电、用火、用煤气等的方法，初步学会家庭触电、火灾的预防、急救与逃生等方法。养成良好的劳动习惯，端正劳动态度，提高家庭责任感
	2.我是校园志愿者	通过考察、访问了解校园志愿服务需求，了解不同岗位的职责和要求；学习开展服务的方法，了解相关注意事项；开展持续、有效、多样的校园志愿服务活动。利用班级、少先队活动等多种形式进行校园志愿活动的展示交流。积极参与校园志愿活动，具有团队合作意识，热心志愿服务活动
	3.学习身边的小雷锋	寻访身边的"小雷锋"，总结分析他们的事迹；根据自身情况，设计自己（小组）的学雷锋行动计划，并开展实际行动，初步树立热心公益劳动、乐于助人的道德品质
	4.红领巾爱心义卖行动	收集闲置的书籍、学习用品、玩具、手工艺品等物品；策划与组织爱心义卖活动，并在研学实践教育师建议下合理使用义卖收入；提高爱心助人、团结合作的思想和意识，增强活动策划与设计能力，初步树立"循环经济""绿色生活"的环保意识
	5.社区公益服务我参与	在社区或村委会参与如卫生打扫、环境维护、小广告清理等各种力所能及的便民利民性质的社区公益劳动；在班级交流分享参与过程与感悟体验，增强服务他人、社会的意识
	6.我做环保宣传员	调查和发现身边存在的环境问题，分析可以采取的措施和解决办法，开展环境保护宣传活动，体验绿色生活方式，树立保护环境、节约资源的观念和生态意识
	7.我是尊老敬老好少年	积极主动与身边的老年人沟通和交流，了解老年人的实际生活困难和需求；为身边的老年人做一些力所能及的事，并长期坚持。初步树立尊老敬老、主动为老年人提供服务的意识，增强社会责任感

续表

学段	活动主题	简要说明
7~9年级	1.走进敬老院、福利院	走进学校周边的敬老院、福利院、医院及社会救助机构，利用自己掌握的知识和技能，开展力所能及的志愿服务活动并长期坚持。培养关心他人、热心公益、积极为需要帮助的人提供帮助和服务的意识，增强社会责任感
	2.我为社区做贡献	针对社区管理和社区居民的实际需求，利用自己的知识和技能为社区提供力所能及的服务，如生活援助、公共卫生、困难帮扶、敬老爱老、亲情陪伴、科普宣传等，增强社会责任意识和热心公益、志愿服务的意识
	3.做个养绿护绿小能手	积极参与对社区、学校、村庄、街道等处的绿地的养护和保护，如清除杂草、拣拾垃圾，劝阻他人破坏绿地的行为等，参与各种义务植树种草和认养绿地等活动，增强劳动意识和社会责任感
	4.农事季节我帮忙	在农村播种、收割等农忙季节主动参与各种农事活动；体验生产劳动的艰辛与快乐，掌握一定的劳动技能。热爱劳动，勤于动手，积极主动参与劳动
	5.参与禁毒宣传活动	收集文献、访谈专家、观看展览，获得有关毒品预防的知识；承诺自己能够拒绝毒品；制作宣传手册，在社区中进行"远离毒品，珍爱生命"的宣传活动，树立珍惜生命、远离毒品的意识和社会责任意识
	6.交通秩序我维护	实地考察了解学校或家庭周边交通拥堵的原因；在容易出现交通拥堵的路口协助交警进行交通管理，劝阻不文明过马路的行为，提示行人注意交通安全，维护交通秩序，增强交通安全意识和社会责任意识
10~12年级	1.赛会服务我参与	积极参与在当地举办的各种赛会活动，在赛会活动中进行语言服务、会议服务、接待服务等多方面的志愿服务活动，并及时总结参与赛会服务的经验和感受，增强热心公益、积极为他人服务的意识
	2.扶助身边的弱势群体	对身边的孤寡老人、残障人士等弱势群体进行调查，了解他们在生活中的实际困难，对他们进行力所能及的帮助并长期坚持，增强关心并尊重他人、主动提供服务的意识
	3.做个环保志愿者	收集环境污染及监测的资料，学习环境污染检测的方法；实地考察了解当地环境特点，现场取样，进行实验检测，作为志愿者，长期监测并为相应部门提供数据；开展保护环境、减少污染的宣传活动，发现破坏环境的行为及时劝阻，增强热爱并尊重自然、保护环境的意识和积极参与环境保护的社会责任感

学段	活动主题	简要说明
10～12年级	4.做农业科技宣传员	主动学习有关农业科技的知识；积极参加所在社区、乡镇开展的农业科技宣传活动；向周围的农民进行农作物施肥技术要点、合理使用农药的技术、现代农业种植养殖技术、合理购买农用物资的方法等农业科技知识的宣传和推广，用自身掌握的科学知识为家乡的农业科技普及做出贡献，增强社会责任感和热爱家乡的情感
	5.参与公共文化服务	走进图书馆、博物馆、公园等社会文化机构，进行志愿讲解、文化传播、图书整理、公园导览、维持秩序、图书导读等志愿服务活动，积极参与社会公共文化服务，增强人文素养和加强利用自身文化积淀服务公众的意识
	6.做普法志愿者	自主学习法律常识，了解《宪法》《国家安全法》《消费者权益保护法》《治安管理处罚法》和《道路交通安全法》等法律法规的基本内容；结合国家宪法日、国家安全教育日、消费者权益日、世界环境日等走进社区，开展形式多样的普法宣传活动。增强法治意识，提高尊崇法治、依法行事、依法维权、热心公益和志愿服务的意识

第三节　设计制作活动（劳动技术）推荐主题及其说明

学段	活动主题	简要说明
1～2年级	1.我有一双小巧手——手工纸艺、陶艺	学习简单的手工制作，通过动手制作折纸、纸贴画、纸编，玩泥巴（手捏陶泥、轻黏土、软陶）等，掌握纸工、陶泥制作的简单技法，初步体验动手操作的乐趣
	2.我有一双小巧手——制作不倒翁、降落伞、陀螺等	选择日常生活中的多种材料，制作不倒翁、降落伞、陀螺等玩具；探究、交流制作方法，提高动手操作能力及探究兴趣
3～6年级	1.学做简单的家常餐	掌握几种简单的烹饪技能，学会洗菜、切菜、拌凉菜、炒家常菜和炖菜等；学会煮面条、包馄饨和包水饺等。了解健康饮食的重要性，感受劳动和生活的乐趣，形成积极的劳动态度
	2.巧手工艺坊	利用纸质、布质等多种材料学习传统手工艺制作技术，包括纸艺、布艺、编织、刺绣、珠艺、插花艺术等。初步树立技术意识，培养实践创新精神、动手能力和审美情趣
	3.魅力陶艺世界	学习陶土材料（软陶、轻黏土等）的捏塑、盘筑、镶接等基本技能；有条件的可尝试自制个性化的陶艺手工作品。学习陶艺基本技艺，自主探究创作，激发好奇心和想象力
	4.创意木艺坊	使用手工锯、曲线锯、木板、KT板、乳胶、砂纸等工具和材料，初步掌握木工直线锯割和曲线锯割技术，运用插接、钉接、粘接等连接方法制作小木工创意作品。在学习木工基本技艺过程中，学习创意表达，提高动手实践能力，体验工匠精神
	5.安全使用与维护家用电器	了解家用电器的种类并建立家用电器档案；了解1~2种家用电器的发展过程，理解创造发明对社会发展的作用；会阅读简单的家用电器说明书，并在家长指导下学习正确使用及安全维护的方法。感受技术对社会进步的影响，进一步增强技术意识，养成自主学习的良好习惯
	6.奇妙的绳结	了解绳结种类、符号，学习绳结的编织技法，初步掌握编织工具的使用方法，学会中国结、救生结等装饰结和实用结的设计与制作。感受中国民间艺术的魅力，理解生命意义和人生价值，提高安全意识和自我保护能力
	7.生活中的工具	观察五金店或调查家庭中的常用工具和简单机械；设计《生活中工具和简单机械的调查表》，将身边的常用工具（筷子、开瓶器、起子、扳手等）以及课堂教学活动中使用的工具和简单机械（剪刀、美工刀、尖嘴钳、木工小机床等）的名称、作用、用途等列出来；认识其作用、原理、用途，并学会使用常用工具和简单机械。学会根据需要来选择合适工具和机械，培养科学探究精神和技术意识及能力

学段	活动主题	简要说明
3～6年级	8.设计制作建筑模型	了解房屋的一般结构；知道本地民居、校园的基本建筑式样与材料、基本特征与功能。用木板、纸板、KT 板、陶泥等多种材料制作民居、校园等建筑模型。初步学习识读图纸，会表达设计思想，初步形成技术设计能力，增强环保意识、人文情怀和审美情趣
	9.创意设计与制作（玩具、小车、书包、垃圾箱等）	在生活中收集各种材料和用具，特别是一些废旧物品，根据一定的科学原理，尝试进行创意设计，制作简单的玩具、小车、书包、垃圾箱、水火箭等，激发创新精神，提高动手实践能力
7～9年级	1.探究营养与烹饪	了解本地传统美食及其营养价值，分享美食文化，学做几种家常菜肴；调查了解家庭成员营养需求和饮食习惯，提出合理的食谱，撰写健康饮食倡议书，提高健康饮食的意识，养成良好的饮食习惯
	2.多彩布艺世界	学习手工缝纫基本针法，掌握简单机缝技术，完成有实用价值的布艺创意作品的设计与制作，用缝制抱枕、印制创意 T 恤、改造衣服等方式，美化生活。充分发挥想象力和创造力，增强环保意识，养成节约资源的习惯，提高实践创新能力
	3.我是服装设计师——纸模服装设计与制作	通过简易纸模服装作品的设计与制作，学会画设计简图；根据简图裁剪制作，知道简易服装制作的一般流程，度量、设计、打样、裁剪、缝制；设计并制作一件创意纸模服装。在技术学习过程中，提高图样表达能力，进一步提升想象力、实践创新能力和审美情趣
	4.创作神奇的金属材料作品	认识生活中常用的金属材料，初步掌握金工工具的使用方法，学习易加工金属材料（金属丝、金属片等）的加工技能和金属作品设计的一般方法，完成金属作品的创意设计与制作，如金蝉脱壳、九连环等。激发技术学习兴趣，使个体主观表现和创造发挥相结合，提高实践创新能力
	5.设计制作个性化电子作品	学习电子相关知识，了解电路原理，初步掌握电子制作的基本技术和方法，能阅读简单电子线路图，运用相关工具和材料，照线路图进行连接。在此基础上，设计制作各类创意电子作品。亲历电子作品的制作过程，提高对电子产品的认识，增强学习电子知识的兴趣，提升电子制作的能力
	6.智能大脑——走进单片机的世界	认识生活中无处不在的单片机控制系统（如红绿灯、电梯、自动门等），了解单片机的功能，学会简单的图形化编程方法，能够实现传感器、控制电路、执行器的简单电路搭建，如模拟红绿灯、车库抬杆控制器等，激发创新精神，锻炼动手能力。有条件的学校可以开展基于单片机的智能控制学习，搭建寻迹小车、温控风扇等智能控制产品

续表

学段	活动主题	简要说明
7～9年级	7.模型类项目的设计与制作	学习设计、制作"三模"（航模、海模、车模）等，掌握相关工具、设备的使用方法，初步认识常见的具有动力源的机械，可尝试通过改变某些条件来提高运动能力，以此增强对不同动力的再认识并取得实际操作经验。亲历模型的设计、制作过程，理解简单机械的组装、传动方式及制作流程，弘扬勤于实践、敢于质疑、勇于创新的精神，养成科学严谨的制作态度
	8.摄影技术与电子相册制作	掌握摄影技术以及与电子相册制作的有关知识和基本技术。通过查阅资料、课堂交流讨论及研学实践教育师指导，获得小型数码相机及单镜头反光式数码相机的有关知识和摄影技术，初步学会使用数码相机；学会利用相关的图像编辑工具修饰照片和制作电子相册。拍摄兼具技术与艺术的照片，增强发现美的意识，并通过展示美——制作电子相册，提高信息技术应用能力
	9.3D 设计与打印技术的初步应用	了解 3D 打印技术原理，学习三维建模的方法和使用 3D 打印机的方法，了解 3D 打印的限制条件，学习产品设计应考虑的基本原则以及设计中的人机关系；运用 3D 打印技术进行创新设计，打印简单模型。认识与掌握先进技术，提高创新设计能力。有条件的学校可以配备多种打印方式与打印材料的 3D 打印机
	10.现代简单金、木、电工具和设备的认识与使用	学习几种现代简单的金、木、电加工工具和设备的使用方法，并能安全、规范地使用工具和设备，运用不同材质来设计制作创意作品和建筑、桥梁等模型。学习掌握应用技术，培养精益求精的技术意识以及安全使用工具、设备的意识，弘扬做事认真、敬业、执着的态度以及勇于创新的精神
	11.基于激光切割与雕刻的创意设计	了解激光切割的技术原理，会操作激光切割机，学习使用计算机辅助设计类软件，设计模型构件并进行激光切割，组装成立体模型；了解激光雕刻的技术原理，会进行构件表面的雕刻设计与操作。了解与认识先进技术，激发创新意识，搭建创意设计的快速展现平台
	12.立体纸艺的设计与制作	知道利用纸质材料进行立体构成的技术原理，学习几种简单的操作方法，设计并制作简单的纸立体构成作品。亲历纸立体构成的设计与制作过程，了解纸工艺的应用
	13."创客"空间	大胆想象，提出符合设计原则且具有一定创造性的构思方案，主动参与创新实践，自主确定创新作品主题并进行设计，完成制作，实现奇思妙想。注意传统手工技术与现代技艺结合，在技术创新实践过程中，提升技术并交流创意，提高批判质疑和问题解决能力，弘扬"创客"精神

学段	活动主题	简要说明
7～9年级	14.生活中的仿生设计	通过调查了解生物仿生的常识，如参观博物馆仿生展览、实地考察仿生建筑，了解仿生学在生活中的应用；根据仿生原理进行仿生设计，关注生物多样性，利用各种生物的特性进行仿生设计，提高创新精神和解决问题的能力
	15.生活中工具的变化与创新	观察生活中灯具、清洁工具、学具、教具、灶具等各种工具存在的问题，通过参观博物馆、访谈等方式收集各种生活工具发展与变化的资料，进行创新设计或改进，制作出一个新型工具。关注生活中工具的发展带来的生活变化，体验科技的进步，激发创新精神，提高动手实践能力

第四节　设计制作活动（信息技术）推荐主题及其说明

学段	活动主题	简要说明
3～6年级	1.我是信息社会的"原住民"	认识计算机的外部组件，学习鼠标操作，用计算机听音乐、看电影、学习课件等。了解信息和信息处理工具，初步掌握计算机的基础知识和基本操作，认识信息、信息技术在社会生活中的重要性，建立初步的信息意识
	2."打字小能手"挑战赛	掌握键盘知识和基本指法，学会用键盘输入的方法，为今后的信息技术学习打好基础，体验数字化学习带来的乐趣
	3.我是电脑小画家	学习使用画图类的软件，利用鼠标作画来描绘身边的美好生活，熟练掌握鼠标操作的技巧，为今后的信息技术学习打好基础，同时形成相互协作、共同完成任务的意识
	4.网络信息辨真伪	启动浏览器，浏览网站，利用搜索引擎搜索并获取自己需要的信息，在此基础上，学习保存需要的网页。掌握在网络上搜索信息的能力，提高判断真实信息和虚假信息的能力
	5.电脑文件的有效管理	掌握查看文件的基本操作方法；新建文件夹，以及复制、移动、删除文件等；建立共享文件夹，在局域网中共享文件，了解文件在信息管理中的重要性
	6.演示文稿展成果	了解演示文稿的结构，学习在文稿中插入幻灯片，复制、删除、移动演示文稿中的幻灯片，在幻灯片中输入文字以及插入艺术字和图像；设置简单的动画效果，为演示文稿设置超链接和动作，保存、预览、打印文稿等。增强信息意识，培养利用数字化工具完成作品设计与创作的能力
	7.信息交流与安全	申请电子信箱并收发电子邮件，按需求管理电子信箱中的电子邮件，了解垃圾邮件的危害；学会使用一种即时通信工具；申请网络博客，并发表个人博客；了解计算机病毒，学习查杀计算机病毒的操作方法。养成规范、文明的交流习惯，树立安全意识
	8.我的电子报刊	录入文字并保存，设置段落对齐的方式、文字格式和间距，制作艺术字标题，在文档中插入图片，使用在线素材库，给文本框添加边框、背景、阴影等效果，绘制形状图，给文章添加页眉、页码、脚注，利用插入的表格进行求和、计算平均数、求最大数等，发布与交流电子报刊作品。了解文字处理软件的用途及使用方法，感受用表格展示信息的特点，初步形成数据处理的基本能力和意识
	9.镜头下的美丽世界	使用数字拍照设备拍摄图像、视频，用图像管理软件浏览图像，设置图像管理软件的参数，学习批量操作图像文件，调整图像的明暗、色调，裁剪图像，为图像添加边框，生成电子相册等；学习用视频编辑软件截取视频片段、合并视频、转换视频文件的格式等。体验数字化图像、视频为人们生活、学习带来的便利，并初步接触知识产权、肖像权等知识，增强信息意识与信息社会责任

学段	活动主题	简要说明
3~6年级	10.数字声音与生活	录制声音，保存声音，了解声音文件的基本格式，连接、混合声音，剪切声音片段，设置淡入淡出的效果，转换声音文件的格式等。体验数字化声频为人们生活、学习带来的便利，提高数字化学习与创新的信息素养，进一步加深对知识产权的理解，增强信息社会责任
	11.三维趣味设计	了解三维设计的基本思路，理解三维设计的应用，用三维建模软件设计一些与学习、生活相关的物品，亲历在综合情境下运用多种技术实现个性化、定制化产品研发的过程。学会利用技术解决真实问题，并初步感受文化创意产品的传播规律
	12.趣味编程入门	了解所学语言编程的基本思路，理解所学编程语言中程序设计的基本结构，掌握编程的方法和步骤，编写出简单的程序。通过学习简单的编程语言，初步树立计算思维的信息素养，为中高年级程序语言的学习打好基础
	13.程序世界中的多彩花园	利用建模的思想，使用程序编写的方式绘制各种图案，结合其他工具制作出明信片或者填色书，让不同的学生进行手工填色，完成各种各样的精彩图画。体会程序设计在美术制作领域中的作用，体会技术和艺术之间取长补短的关系，提升审美素养
	14.简易互动媒体作品设计	使用常见的外部设备，结合常见的编程语言，设计出通过多样化的信息输入方式呈现出各种有趣效果的互动作品。培养将新奇创意变为现实的意识，掌握人机互动的原理，感受跨学科学习的魅力，提高动手实践能力
	15.手工制作与数字加工	将电路知识和艺术设计结合起来，制作一个手绘图案的盒子，将各种电子元器件连接在盒子内部，使之成为发光的盒子。然后利用计算机将手绘的图案变成可以复制的、大规模印刷的电子文档，制作一排"发光墙"。初步了解大工业生产模式和手工模式的区别和联系，亲历单元设计以及单元联结成大型装置的过程，理解模块的概念在艺术设计中的应用
7~9年级	1.组装我的计算机	熟悉计算机硬件的基本构成，掌握进制与编码，了解计算机的特点，认识常见的智能终端；了解计算机软件的基本构成、开源软件的发展等。认识计算机这类智能终端给人们日常生活带来的影响，提高数字化学习与创新素养，增强信息意识。
	2.组建家庭局域网	了解因特网的发展历史以及在我国的应用现状，了解因特网对社会的影响；熟悉 IP 地址和域名的组成、类型以及发展趋势，理解 IP 地址、网址和域名三者的对应关系；认识常见的网络类型，熟悉常用的网络设备，利用无线路由器组建无线局域网。增强安全使用网络的意识，进一步提高网络应用能力，增强信息意识与信息社会责任

续表

学段	活动主题	简要说明
7～9年级	3.数据的分析与处理	学习电子表格软件管理数据和分析数据的思路和方法，根据主题开展数据调查，了解电子表格的基本功能，编辑加工和处理调查数据，建立统计图表，分析数据反映的现象和事实，编写数据分析报告。认识数据对人们日常生活的影响，进一步提高计算思维能力、数字化学习与创新素养，增强信息意识
	4.我是平面设计师	了解数字图形图像的分类和特点，认识图像分辨率与输入、显示、输出分辨率的关系以及图像颜色深度、色彩与图像文件大小的关系，掌握图像的常用存储格式及其格式转换，图像压缩的必要性及其主要压缩方法，图层、通道、滤镜、路径、蒙版的综合应用。形成二维平面设计的能力和意识，提高数字化学习与创新素养，增强信息意识和信息社会责任
	5.二维三维的任意变换	使用纸模型软件将三维建模软件生成的立体图案，转化成为二维的平面打印机可以打印的平面图纸，并且通过折纸粘贴等方式制作立体模型。了解三维和二维之间的关系，通过比较三维打印和纸模型粘接这两种构建三维形体的方式，体会不同工艺之间的区别和联系，并且能根据需要选择不同的工艺
	6.制作我的动画片	认识视频和动画文件的格式，了解视频的含义以及动画的基本原理，了解视频和动画的主要应用领域，掌握动画的制作流程，能根据主题制作简单的视频和动画作品。了解动画的应用及发展前景，学习简单的动画软件，体验动画在日常生活中的广泛应用，提高数字化学习与创新素养，增强信息意识和信息社会责任
	7.走进程序世界	了解程序设计的基本过程和方法；熟悉程序设计语言的用法，掌握常量、变量、函数等基本概念，理解程序的三种基本结构，知道人与计算机解决问题方法的异同，尝试编写、调试程序。激发编程的兴趣，培养逻辑思维能力，进一步理解计算思维的内涵，提高数字化学习与创新素养，增强信息意识和信息社会责任
	8.用计算机做科学实验	通过计算机程序获取传感器实时采集的信息，并把这些信息记录在数据库中；对这些数据进行二次分析，验证之前的假设，甚至发现新的规律，初步感受大数据时代的研究方法，提高探究真实问题、发现新规律的能力
	9.体验物联网	通过常见的开源硬件和电子模块，利用免费的物联网云服务，搭建各种物联网作品，如校内气象站、小鸡孵化箱等项目，体验物联网的应用。理解物联网的原理，熟悉常见的传感器编程方法，掌握物联网信息传输的常见方法，培养参与科学研究的兴趣，提升综合素质
	10.开源机器人初体验	通过常见的电子模块，用3D打印或者激光切割等方式自制各种结构件，结合开源硬件，设计有行动能力的机器人。初步了解仿生学，分析生物的过程和结构，并把得到的分析结果用于机器人的设计，体验跨学科学习

第五节　职业体验及其他活动推荐主题及其说明

学段	活动主题	简要说明
1～2年级	1.队前准备	知道少先队组织含义和入队标准，有强烈的入队意愿，通过实际行动掌握队前教育知识和技能，用行动志愿加入光荣的少先队组织，成为一名合格的少先队员
	2.入队仪式	通过庄严的入队仪式，帮助队员明确身份和责任，为队员的组织成长留下痕迹
	3.少代会	了解或参与少代会，产生向往和体验队组织生活的情感
	4.红领巾心向党	了解、区分党、团、队旗的特点，了解共性，达到认识组织标志、简单了解组织间领导和发展关系的目的
3～6年级	1.今天我当家	通过记录家庭一日支出、制订购物计划、合理支配个人零花钱、了解购物小常识、自购学习用品、尝试当家一天、学习正确选购简单安全的食材等活动，初步树立理财意识，养成勤俭节约的生活习惯，培养对父母的感恩之心
	2.校园文化活动我参与	通过访问、考察等方式调查与了解本校各种校园文化活动（如值周活动，各种社团活动，各种重要节日活动，校园体育、阅读、艺术、科技节等）的实施要求，选择自己感兴趣的活动参与其中，从中发现问题，提出改进措施，增强参与服务意识，提高发现问题的能力
	3.走进博物馆、纪念馆、名人故居、农业基地	在外出考察前，利用网络、书籍等多种途径，了解社会资源单位的基本情况、资源内容与特点；提出研究问题，设计考察方案；通过任务驱动的方式，有效地开展实践活动，获得研究结论。增加对本地自然和社会生活的了解，增长生活经验，增强社会适应能力
	4.我是小小养殖员	在研学实践教育师的指导和组织下，亲手饲养 1~2 种常见小动物（如小金鱼、小乌龟、小白兔等），农村地区的学生可以帮助家人养家禽等，记录饲养过程，完成它们成长过程的观察记录，懂得饲养的正确方法；学会用数据、照片、视频、语言描述等方法交流自己的观察结果和饲养体验。初步了解并掌握若干种小动物饲养的简单方法，增强关爱小动物以及人与动物和谐相处的生态意识
	5.创建我们自己的"银行"（如阅读、道德、环保）	讨论和分析如何通过创建"银行"来解决各种日常（班级）生活中的问题（如阅读问题、道德意识、环保意识培养等）；开展规则制订、任务分工、运用实验及效果分析等活动，提高活动策划与组织实施能力
	6.找个岗位去体验	联系学生家长单位或学校周边商场、图书馆、派出所、环保局等单位，体验理货、整理图书、打扫卫生、协警等岗位；初步体验职业，感受不同职业的劳动，体会各种职业劳动的艰辛。初步树立尊重别人劳动成果的意识，体会劳动创造幸福生活的内涵

续表

学段	活动主题	简要说明
3～6年级	7.走进爱国主义教育基地、国防教育场所	利用网络、书籍等多种途径，了解要参观考察的爱国主义教育基地（禁毒教育基地、安全教育基地、红色旅游区）、国防教育场所的基本情况、资源内容与特点；提出自己想研究的问题，在参观和考察过程中尝试解决问题，增强爱国主义情感和国家认同感
	8.过我们10岁的生日	一起过10岁集体生日，凝结友情，增强集体凝聚力；梳理自己和集体的成长足迹，避免攀比等负面现象，确定自己和集体新的成长目标，关注个人与集体共同的成长、收获，感恩父母、师长、同伴
	9.红领巾相约中国梦	从少先队员的视角采访亲朋好友及社会各行业的人，了解个人成长、发展与实现中国梦之间的关系，激励自身努力增长本领和才干，为实现中国梦做出自己的贡献
	10.来之不易的粮食	调查和实地考察农民，了解当地主要粮食作物的种类，认识各种粮食作物，观察农作物生长，体验作物栽培管理（如除草、间苗、浇水、施肥等），感受粮食的来之不易，初步树立爱惜粮食、尊重他人劳动成果的意识和行为习惯
	11.走进立法、司法机关	收集信息了解人民代表大会、法院、检察院等的职能；走进当地人民代表大会、法院、检察院等；与立法、司法机关工作人员进行座谈；旁听法院庭审；组织开展"模拟审议""模拟法庭"等活动；交流分享对法律尊严的理解和认识，尊崇法治，敬畏法律，具有规则与法治意识
	12.我喜爱的植物栽培技术	在研学实践教育师的指导和组织下，亲手种植1~2种常见农作物或花卉，观察记录它们的生长过程，掌握栽培的基本方法；学会用数据、图画、语言描述等方法交流自己的观察结果和种植体验。学会使用简单的种植小工具，初步掌握种植的一般方法，增强与自然和谐相处的生态意识
7～9年级	1.举行大队建队仪式	成立初一少先队大队，集体参观爱国主义教育基地，学习和了解抗战和祖国发展历史，增强民族自尊心、自信心、自豪感，增强少先队员的责任意识和爱国意识
	2.策划校园文化活动	调查同学们对校园文化活动的想法，结合需求策划一次校园文化活动，如科技节、艺术节、读书节、体育节等；在学校或班级中实际开展校园文化活动；在校园文化活动中承担各种志愿服务工作，树立主动参与学校管理、积极为同学服务的意识
	3.举办我们的315晚会	收集身边侵害消费者权益的事件和案例；走访当地消费者协会；参与消费者维权活动；在此基础上设计并举办一场315晚会，展示同学们参与消费维权活动的成果，提高依法维权的意识和能力
	4.民族节日联欢会	通过文献检索和对身边不同民族的人进行访谈，获得相关民族节日的资料；调查同学们对不同民族节日的了解程度；举办联欢会，进行民族服装展示、美食制作，或各种民族节日庆典、习俗表演，展示不同民族的习俗与风情。加深对各民族文化的理解和尊重，促进民族和谐

学段	活动主题	简要说明
7～9年级	5.中西方餐饮文化对比	查阅文献，到中、西餐馆考察、采访，收集相关资料，比较中西方文化差异，通过讨论、辩论、表演中西方用餐礼仪等多种方式，加深对中西方多元文化的理解和尊重，能够包容文化的多样性和差异性
	6.少年团校	学习党团发展历史、共青团员权利义务、团的基本常识，了解入团的程序和团员标准，在高年级团员同学带领下学习共青团的性质、任务，激发向上向善的决心
	7.举行建团仪式（14岁生日）	告别少先队，迎接共青团；举行新团员集体宣誓仪式；参观爱国主义教育基地。通过离队建团仪式，做好团队衔接，树立初步理想信仰，争当"中国梦"的筑梦者
	8.职业调查与体验	了解或亲身体验父母、亲戚所从事的职业，大致了解职业分类；选择某个职业进行体验，感受职业生活的辛苦与快乐，初步尝试制订自己职业生涯规划，增强自我规划意识，为自己将来选择和规划职业生涯奠定基础
	9.毕业年级感恩活动	通过参观等活动了解国情党史，感受社会温暖，理解体会父母恩、老师情；开展为父母和母校制作毕业礼物等活动，重温历史，懂得感恩，立志艰苦奋斗，培养回报社会的情感和社会责任意识
	10.制订我们的班规班约	自主收集并学习《中学生日常行为规范》、学校规章制度等文件；从纪律、学习、卫生、礼仪、安全以及班级特色等多方面考虑，提出本班同学需要遵守的班规班约及实施办法；全班同学参与讨论，确定班规班约；一段时间后，检查同学们对班规班约的执行情况，并针对问题做出调整，增强遵守规则的意识，提高自律能力
	11.军事技能演练	通过投掷、攀登、越野、远足、制作航（船）模、识图用图、无线电测向等军事活动的技能训练以及听革命传统故事，培养机智勇敢、坚韧不拔的精神，提升综合国防素质
	12."信息社会责任"大辩论	了解信息的概念及主要特征，认识信息与信息媒体的区别与联系；理解信息技术的概念，体验信息技术在社会发展中的重要作用，认识信息技术对人类生活、工作、学习的影响；了解信息技术学科的前沿发展状况，知道影响网络安全的因素和基本安全防护策略，认真思考在信息社会应遵循的信息道德规范，养成健康、安全的网络行为，增强信息意识与信息社会责任
	13.走近现代农业技术	在教师的指导下，参观动物饲养场，学习一种常用饲料的配制方法；采集农作物病害标本，捕捉当地常见农业害虫，向农民和农业技术人员请教病虫害的特征和防治方法，小组合作进行简单生物治虫试验；学习无土栽培技术，学会人工配制一种培养液，尝试用水培、基质栽培等方法种植植物；制作简易的节水灌溉装置等，尝试进行日光温室种植蔬菜、花卉试验；了解当前几种先进的农业技术及其发展趋势，熟悉现代农业技术，培养经济、质量、环保意识等

续表

学段	活动主题	简要说明
10～12年级	1.制订自然灾害应急预案及演练	收集信息，了解当地可能发生的自然灾害；走访当地防灾减灾部门，了解防灾减灾措施；制订家庭及学校自然灾害发生时的应急预案并进行演练，提高防灾减灾的意识和能力
	2.关注中国领土争端	结合时事，收集当前中国有领土争端的地域，如钓鱼岛、南海诸岛等的历史，认识南海诸岛是中国领土的组成部分，钓鱼岛是中国固有领土，中国对其拥有无可争辩的主权；通过调查、访谈，了解公众对中国领土争端的态度，提出捍卫我国领土、解决领土争端的想法和观点，激发爱国主义情感，增强捍卫国家领土主权的意识
	3.高中生生涯规划	收集信息了解生涯规划常识，进行相关心理测试，多种途径调查了解自己的理想职业，进行职业体验，整体规划自己的职业生涯，并对其他同学的生涯规划提出建议，提升规划意识，积极为今后人生发展做好准备
	4.走进社会实践基地	走进博物馆、纪念馆、名人故居、农业基地、科技馆等教育基地，实地考察和收集文献了解教育基地的详细信息，认识和感受古今中外人文科技领域文明和成果。开阔视野，提高人文素养、科学素养和艺术素养
	5.走进军营	走进军营、学生军事训练基地，参观军营，与军营官兵共同生活、训练，学习国防知识，观看经典军事题材影片，学唱革命歌曲，参与军事训练，开展各种军训相关技能竞赛，担任警卫哨等，增强国防安全意识和集体意识
	6.创办学生公司	收集信息，学习了解商业运行的基本模式；自愿结成小组，使用自己的零花钱作为启动资金，共同创办一个学生公司；召开股东会，竞选管理人；选定公司营销的产品，确定消费人群；开展生产和销售，进行产品财务登记；实际运营一段时间后进行评估和清算；总结反思公司运营的经验和教训。通过实际经营一个企业，体验创业过程，初步培养创业精神、沟通能力和营商能力
	7.18岁成人仪式	在国旗下进行成人宣誓，读父母信件、给父母回信，接受成人祝福，受赠《宪法学习读本》，参观爱国主义教育基地，重温国情党史，明确成人的含义及成年人的责任，思考未来发展方向，立志成长
	8.业余党校	学习党的基本知识、党的发展历史，明确党的性质、任务以及党员的权利义务，了解入党的程序和党员标准，激发热爱党的感情
	9.我的毕业典礼我设计	收集整理三年校园生活的片段；面向全体同学进行调研，据此设计和制订符合本届毕业生需求的个性化毕业典礼；开展向母校赠送礼物、与恩师话别、重温父母恩情等活动。锻炼实践能力，增强感恩意识，举办令人印象深刻的毕业典礼

第四部分

研学实践教育课程分类、手册设计

第一节　研学实践教育活动课程的资源开发

一、基于研学实践教育师资人员特长的资源开发

任何人都有优点和不足，这是由不同的遗传因子、家庭背景、生活阅历等先天与后天因素决定的。因此，每个人在生活、气质、性格、爱好、兴趣、情感等各方面都存在差异，这些差异使人特点鲜明，个性突出。新课程要求打破统一，倡导多样，发展个性，形成特色，要求研学实践教育师资专业发展个性化与差异化，这就需要从研学实践教育师自身条件出发，把研学实践教育师的个性差异当作一种资源来开发，以充分挖掘研学实践教育师的潜能，凸显研学实践教育师的优势特长，使研学实践教育师能扬长避短，得到最适宜、最充分的发展。

（一）有利于挖掘潜能，培养研学实践教育师的特长

人们常说，老师要具备"一专多能"的特点。优势与特长是一个人成功制胜的法宝与安身立命的根基。不同老师有不同的优势与特点，有的勤于思考，探究科学奥秘；有的以表情取胜，手舞足蹈，摇头晃脑，生动传神；有的以语言见长，字正腔圆，抑扬顿挫，声情并茂；有的想象丰富；有的爱敲敲打打，喜欢发明创造；有的爱好广泛；有的精于一门，术有专攻。研学实践教育师的特点或优势，除了自我努力和环境影响外，还与其个性特征密切相关。因此，在研学实践的选题上，要抓住这一特征，满足研学实践教育师的需求，让研学实践教育师根据自身特长、学生兴趣、本土文化等特点进行课程资源的整合与开发，以保证研学实践活动课程的校本化实施。

（二）有利于张扬个性，促进方式创新

研学实践教育师的个性是其知识、技能、素养的综合表现，是其情感、意趣、人格的集中展示，是其对困惑坚忍的思考、对体制顽强的挑战、对现状踏实的开拓及对理想执著的追求。研学实践教育师的个性应该是符合教育规律、有利于学生发展、建立在研学实践教育师良好的品德与人文素养基础上的。难以想象一个没有个性的研学实践教育师如何培养出个性鲜明、具有创造性才能的人才。个性化的研学实践教育师温暖如同阳光，灵动如同甘露。一个品质优良、学养深厚、个性突出的研学实践教育师，一定会得到学生的尊敬，会强有力地影响学生的智慧情感和意志发展，并对学生的成长产生深刻的影响。

新课程理念要求研学实践教育师更多地成为学习情境的创设者、组织者和学生学习活动的促进者。研学实践教育师的教学要富有弹性，随着学生的表现来调整，因此研学实践教育师的学识、教育机智及个性的张扬对学生的学习有着重大的影响。要想培养有创造性的人才，只有培养一大批个性张扬的研学实践教育师队伍，才能将教育事业的发展推向新的高潮。

（三）有利于因材施用，让研学实践教育师扬长避短

任何一个研学实践教育师都不可能是全能的，他们都有各自的强项和弱项，正如一个指头有长短，山中林木有高低一样，要一分为二地看待，比如抑郁质型的人办事细心谨慎、踏实稳重，却可能性格孤僻、不善交往；多血质型的人活泼开朗、充满自信，但往往遇事不冷静、冒失浮躁。人的个性特点难以十全十美，在某一方面优点突出，就可能在另一方面存在缺陷不足。学校管理者如果只用一个标准、一把尺子，只重共性要求、一般规定，而忽视个性特点区别对待，就会影响研学实践教育师的专业发展与自我价值的实现，更会影响学校的工作开展和事业全面发展。美国心理学家加德纳的多元智能理论告诉我们，人的智能是多元的，各种智能要素以不同的组合方式在每个人身上存在，使人体呈现出与众不同的智能特征。这种理论的立足点就在于人的个性差异，它认为正是一个人在思维、气质、性格、意志、情感等各个方面所具有的个性特点才造就一个人的自我，体现出一个人的独特价值。因而这种个性特点也是一笔宝贵的财富，是学校蕴藏的重要资源，需要加以开发和积极利用。应根据研学实践教育师的特点与优势，因材施用，扬长避短，使研学实践教育师既能更好地展现自我，也为学校和社会发展做出更大贡献。

（四）有利于量身定制，形成独特风格

著名作家孙犁说过："风格的形成，带有革新的意义。""创造一种风格，是在艺术的园林里栽培一株新树。"创造一种教学风格，也是在教学艺术的园林栽培一棵新树。教学风格的形成，标志着研学实践教育师教学艺术的成熟，它是有志于教育事业的研学实践教育师所孜孜以求的，是研学实践教育师在长期实践中在教学理念、方式、技能和作风等方面形成的定型化的特色或特征，是研学实践教育师工作个性化的鲜明标志。不同研学实践教育师有着不同的教学风格，体现出不同的教学特色。

二、基于学生学习及现实生活的课程资源开发

教育专家认为情境教学法对知识和活动具有迁移作用。著名发展心理学家皮亚杰指出：知识的获得是儿童主动探索和操纵环境的结果，学习是儿童进行发明与发现的过程。他认为，教育的真正目的并非增加儿童的知识，而是设置充满智慧刺激的环境，让儿童自行探索，主动学到知识。这意味着研学实践教育师在教育中要注意发挥学生的主体性，要设法向儿童呈现一些能够引起他们的兴趣且具有挑战性的真实情境，并鼓励儿童依靠自己的力量解决问题。

研学实践活动课程的开展，为学生的学习提供了各种真实有效的学习环境。同时，研学实践活动课程因为没有固定的教材，就需要学校因地制宜、因人而异地对课程资源进行开发和利用。不同学校或不同研学服务机构必须从学生的实际出发，充分利用一切可以利用的课程资源来开展研学实践活动课程。作为活动主体的学生，首先应该进行基于学习活动本身的资源开发，使课内知识在课外得到有效的延伸。抓好学科间的综合，打破单一学科知识体系的局限，学会综合运用所学的知识分析问题、解决问题，培养创新精神和实践能力。其次应该进行基于生活资源的开发。研学实践活动课程正是基于学生的直接经验，密切联系学生自身生活和社会生活，从而实现对知识的综合运用的一门课程。

（一）基于学生学习活动的课程资源开发

在基础教育课程体系中，研学实践活动课程与各学科应当形成一个有机的整体。在设计研学实践活动课程主题时，研学实践教育师要引导学生综合、延伸、重组学科知识，将研学实践活动课程与某些学科结合起来，

从而拓宽研学实践活动课程的内容领域。实践证明，研学实践活动课程可与某些学科巧妙整合，同时转变已有的学习方式，明确研学实践教育师的指导地位，从而突出真正以学生为主体的新型育人方式。

1. 基于学生学习兴趣的资源开发

兴趣是推动学习的内在力量，兴趣是学习最好的老师。浓厚的学习兴趣能帮助学生克服学习中的困难，使他们学习起来不仅不觉得苦和累，而且感到其乐无穷。孔子说："知之者不如好之者，好之者不如乐之者。"学生只要有了浓厚的兴趣，便会在浩瀚的知识海洋里乐学好学，从而达到学习的目的。在研学实践活动课程实施过程中，要尊重学生的兴趣、爱好及特殊需要，将学生的生活世界置于核心地位，为学生的个性发展创造广阔的空间。例如，学生可以在活动中依据自己的需要选择活动主题，按自己的思维展开丰富的想象，选用自己擅长的方式探究未知的世界。从而使学生在整个活动过程中兴趣盎然，认识和体验不断加深，创造性的火花不断迸发，个性得到了张扬。

2. 基于学生学习经验的资源开发

众所周知，旧知的复习对新知的理解和掌握具有一定的迁移作用，尤其是数学中的逻辑思维，它能把新旧知识联系在一起，形成一个完整的知识体系，这样研学实践教育师教学的时候就能有的放矢地组织学生进行探究性教学。例如，"我是家庭管理师""立体模型设计与制作""数学知识树设计与制作""我与果树一起成长""漫画创编"等项目结合学生已有的学习经验开展活动，将传统的复习方式变得更加生动、有趣、真实，从而实现了知与能的巧妙转换。

3. 基于学生学习能力的资源开发

研学实践活动课程的开展要适应学生的认知水平，尽可能发挥学生在学习中的主体作用。这就要求学生在研学实践教育师的指导下根据自己的学习能力进行自主选题。比如"太极文化探秘""文天祥与岳飞的大爱情怀"等项目比较适合高年级学生进行探讨和学习。

4. 基于学生研学实践项目特点与学科的巧妙结合

在研学活动中要注意发展学生的智力，最主要的是发展学生的观察力和思考力，它对将知识转化为能力和促使学生离校后继续学习或进行创造性的劳动都具有重大而深远的意义。研学实践活动课程具有学科交叉的特点，如何实现学科的有效整合，需要研学实践教育师具有一双善于挖掘的慧眼，同时要求研学实践教育师能准确地把握教育契机，抓准教学目标，巧妙整合。

（二）基于学生生活的课程资源开发

在进行研学课程资源的开发与利用时，研学实践教育师不能依葫芦画瓢，而应在课程纲要的指导下，结合地域特点，挖掘学生学习和生活的资源，有效地推进研学实践活动课程的实施。研学实践活动课程应该引导学生从生活实践中发现问题，从中开发学习资源，激发解决问题的兴趣，唤醒个体的生命意识，启迪个体的精神世界，建构个体的生活方式，以实现学生对生命价值的思考。

1. 因地制宜开发资源

不同地区蕴含不同的文化，造就不同的人才观。

2. 因材施教开发资源

每个地域都有不同的文化特色和文化积淀。研学实践教育师要积极利用地域人文资源，所谓一方水土养育一方人。

充分利用学生生活中的资源，解决学生生活中的实际困难，使研学实践活动课程的内容更加贴近学生的生活，大大激发了学生的参与热情和信心，使活动更加鲜活，让学生更加主动。不仅拓宽了学生的视野和观察解决问题的思路，更为帮助学生树立起正确的价值观、世界观做了铺垫。

三、基于校园环境与活动的课程资源开发

研学实践活动课程的具体内容是由每一所学校根据实际充分发挥创造性而确定的。校园环境与活动是开发研学实践教育课程可以利用的资源，需要学校根据自身特点，发挥创造性进行合理开发。下面，笔者就如何基于校园环境与活动开发研学实践教育课程资源谈谈几点做法。

（一）因地制宜，基于校园环境的资源开发

基于校园环境的资源开发，就是利用学校的地理、文化、生物、建筑等方面的资源开发研学实践活动课程。

首先，每一所学校都具有独特的地理环境、校园文化、办学理念和教学特色，无论是条件优越的城市学校，还是条件相对薄弱的农村学校，不同类型的学校均有着自身的优势和特色，研学实践教育师应充分发挥这些优势，努力开发研学实践活动课程资源。其次，校园是学生学习活动的主要场所，巧妙利用校园环境资源，开发实施研学实践活动课程，对学生的成长与发展有着极其重要的作用。

（1）巧用地理优势；

（2）巧用生物优势；

（3）巧用文化优势；

（4）巧用建筑优势。

（二）巧用活动，基于校园活动的课程资源开发

基于校园活动的研学实践教育课程资源开发，就是把学校的常规活动与研学实践活动课程相结合，进行课程资源开发。

每所学校每学期都会有常规的第二课堂活动及各种科技、文艺活动，学校可以充分利用这些常规活动，把它们与研学实践活动课程巧妙结合，进行课程资源开发。这样既丰富了课程资源，又能减轻研学实践教育师的负担，可谓一举两得。

1. 与德育活动相结合

德育工作是学校工作的重要组成部分，学校应从学生身心成长的特点出发，遵循德育教育规律，开展各种德育活动。学校可以把研学实践活动课程与德育活动相结合，这样既能丰富研学实践教育课程资源，又能把德育工作做得更具实效。

2. 与学科教学活动相结合

教学是学校工作的重心，因此教学活动也占据着研学实践教育师每天工作的主要时间。学校可以把研学实践活动课程项目与日常的教学活动相结合，这样既能开发研学实践活动课程资源，又能更好地为教学服务。

3. 与科技活动相结合

为了营造浓厚的校园科技氛围，提高学生的科学素养，普及科学知识，学校会根据学生的兴趣、爱好及特长，开设丰富的科技兴趣小组，因此学校可以把科技活动与研学实践活动课程相结合。例如，根据学校的科技活动开展情况，设立了"我是小小发明家"这一研学实践活动课程项目，研学实践教育师指导学生如何开展小发明、小制作的基本方法，建立学生小发明、小制作资源包，汇编学生小发明、小制作案例集，并在科技节的

时候进行全校展示。再如，"太阳能汽车模型研究""科学小实验"等研学实践活动课程项目都巧妙地把研学实践活动课程与常规的科技活动相结合了。

4．与文艺活动相结合

校园文艺活动是学校工作的又一重要组成部分，开展丰富多彩的校园文艺活动有助于开发学生的智力，提高学生的综合素质。如唱歌、舞蹈、美术、朗诵、摄影等活动。

5．与传统节日活动相结合

丰富多彩的传统节日活动是对学生进行教育的好资源，同时也是开展研学实践活动课程项目的切入口。研学实践教育课程的开发还可与体育活动、社会实践活动、信息技术活动等巧妙结合，以丰富其课程资源。

四、基于社区自然、经济、交通、文化等地域资源的课程资源开发

社区资源是离我们最近的、最便于利用的课程资源，是使学生走出教室，参与社会实践活动，以获得直接经验、发展实践能力、增强社会责任感的最佳学习领域。

不同的地方有着不同的课程资源，不同的地理环境也形成了不同的文化特色。社区是学生比较熟悉的环境，有许多有价值的教育资源可供我们发掘和开发。

通过组织学生走进社区这一研学实践活动课程大舞台，可以有效地拓展学生研学实践活动课程的空间，开阔学生的视野，培养学生的实践能力、合作意识与社会责任感，激发学生了解家乡、热爱家乡的情感。

（一）依托社区自然资源

每所学校的周边都拥有一定的社区自然资源，学校应充分依托这些丰富的自然资源来开发研学实践活动课程。

（二）结合社区经济资源

结合学校周边社区的经济资源开设研学实践活动课程，促进学校特色主题的开发，也是研学实践活动课程的开发途径之一。

（三）利用社区交通资源

充分利用社区的交通资源开发研学实践活动课程。如"学校周边路口遵守交通规则情况调查"项目组，学生通过学习认识各种交通标识牌，调查各路口遵守交通规则的情况，向群众宣传遵守交通规则的重要性，提高行人的安全意识。

（四）挖掘社区文化资源

文化，是人类的财富，是文明的象征。我们要善于挖掘社区蕴含的丰富文化资源，让学生在浓郁的文化气息中了解文化、感受文化、保护文化、传承文化、创造文化。

五、基于学科课程的课程资源开发

课程资源的范畴宽广，既包括教材这一为人们所熟悉的重要课程资源，又包括大量非教材的却是课程有机组成要素和实施条件的软硬件资源。无论是国家课程的开发，还是地方课程的建设，课程内容的整合性、目标的开放性和实施过程的动态性，都需要丰富的课程资源作为载体和支撑，研学实践活动课程尤其如此。

合理开发与利用学科课程资源是研学实践活动课程实施顺利达到预期目标、促进学生全面发展、有效提高学生研学实践能力的重要保障，同时它也为研学实践教育师教学方式和学生学习方式的转变提供了广阔的空间。

基于以上观点，研学实践活动课程研学实践教育师对学科课程资源的开发与利用可以从以下三方面入手。

（一）结合学科课程开展研究性学习

1．什么是研究性学习

研究性学习是指学生基于自身兴趣，在研学实践教育师的指导下，从自然、社会和自身生活中选择和确定研究专题，主动地获取知识、应用知识、解决问题的学习活动。研究性学习以学生的自主性、探索性学习为基础，从学生生活和社会生活中选择和确定研究专题，主要以个人或小组合作的方式进行。

2．确立"研究性学习"主题设计的指导思想

必须实现传统教育向素质教育的过渡，围绕培养学生创新精神和实践能力开展活动，把"研究性学习"与"研学实践活动课程"有机地结合起来，培养具备科学态度、科技创新精神和实践能力的人才；改变传统的研学实践教育师教学方式和学生学习方式，将学生单纯地接受研学实践教育师传授的知识变为学生多渠道地获取知识。

3．怎样开展学科研究性学习

研究性学习中所需的知识是以学科课程为基础的，因此学生在研究性学习中，要综合运用在学科课程中掌握的基础知识和技能，来解决日常生活中的问题。同时，学生在研究性学习中自主获得的知识及解决问题的基本能力，又会促进其学科课程的学习。研究性学习的课题可以在学科课程中产生，学科课程的知识又可以在研究性学习中得到延伸和扩展。可以从以下几方面来展开学科研究性学习。

（1）开放性。研学实践活动课程面向学生的整个生活世界，其课程内容、学习活动方式、活动过程、评价与结果等均具有开放性。

（2）自主性。研学实践活动课程强调学生的自主选择和主动参与，尊重学生的兴趣和爱好，由学生自己决定活动结果的呈现形式。必须明确学生是主体，研学实践教育师是组织者和指导者。因此，在确立主题活动的内容和形式上，研学实践教育师要克服主观性、盲目性和随意性。

（3）整体性。做好课程资源开发利用的积累工作，注重主题研究的整体规划，由浅入深，逐步递进，形成序列。

（4）实践性。研学实践活动课程项目的主题所涉及的内容应面向生活和社会实践，要通过实践获得直接经验，综合运用相关知识解决问题。

（5）综合性。研学实践活动课程项目的研究内容是源于社会、生产、生活和学生经验的综合性内容，应有利于学生多渠道地获取知识或跨学科知识的综合运用。

（二）立足学科课程资源走进生活

教育家陶行知曾说："要做，就要真正去做，只有到社会上去，以社会为学校。这样，教育的材料、教育的方法、教育的工具和教育的环境等都可以大大增加，学生、老师也自然会更多起来。"因此，我们只有走进丰富多彩的社会生活，充分挖掘课程资源，联系学生的学习生活，才能激发学生学习的兴趣和探究社会的强烈欲望。

1．与学生的生活实际相结合

生活，是学生学习的大舞台。但是很多学生对自己的生活熟视无睹，丰富多彩的生活对他们来说是平淡无奇的，针对这一现象，研学实践教育师可以结合课程资源，引导学生用研究的眼光看待、分析、认识身边的事情。例如 "家庭消费调查"研学实践活动课程，具体做法包括：拟出调查提纲；小组成员对自己及其他家庭

的消费情况进行调查，并做好记录；收集资料后，利用所学到的数学知识进行数据整理；交流调查结果。最后学生归纳总结，写出相关的建议书，建议家庭成员进行理性消费。

2．与社会的热点问题相结合

现在的学生不再是只会读书的机器了，他们关心国家大事，关注社会的焦点问题。例如，校园小记者把社会热点问题引入校园，指导学生采用个性化的方式展开深度探究，通过对一些公众现象进行分析，产生自己独创性的理解。

3．与网络相结合

信息技术不仅是研学实践活动课程有效实施的重要手段，还是研学实践活动课程探究的重要内容。研学实践活动课程要把信息技术有机地融入其内容与实施过程之中。

（三）整合课程资源，丰富研学实践活动课程的内容

《中小学综合实践活动课程指导纲要》指出，在新的基础教育课程体系中，研学实践活动课程和其他的学科领域形成了一个有机整体，将研学实践活动课程和各学科知识综合起来教学，做到书本知识与实践相结合、融知识和能力为一体，从学生及社会的需要出发，把学科教学内容与研学实践活动课程内容进行恰当的整合与互补，在学科、学生、社会三者之间寻求一种动态的平衡，从而使学科领域的知识在研学实践活动课程中得到延伸、综合、重组与提升。

1．统筹安排，先行做好学科内部的整合

研学实践活动课程的内容不都是独立于学科教学与学生现实课堂的。更多研学实践活动课程的课题资源来源于它和其他学科的整合，突破学科教学自我封闭的模式，从课内向课外延伸、补充，才能形成学科和研学实践活动课程之间的优势互补。在研学实践活动课程中发现的问题、获得的知识技能，也可以在学科学习中得到拓展和加深，学生对学科知识的理解也将更为深入、全面，学习的情感兴趣也将更为强烈。

2．突破课堂界限，加强与其他学科教学的整合

由于我们很难分清每一次的研学实践活动课程是属于哪一个学科的，因此我们需要去了解每门学科的教学内容，把研学实践活动课程与语文、数学、英语、科学、音乐、美术等学科相联系，寻求它们之间的最佳渗透点、结合点和共同点，确定一些研学实践活动课程的主题，然后和这些学科研学实践教育师联手指导学生开展各种学科性的研学实践活动课程，优化组合，从而达到双赢的效果。

第二节　研学实践活动课程设计的准备

研学实践活动课程设计的准备工作主要包括：了解学生，调查课程资源，研学实践教育师自身相关知识能力等。这是研学实践活动课程设计的基础工作，也是研学实践活动课程成功进行的前提条件。

一、了解学生

学生不仅是研学实践活动课程的主体，也是研学实践活动课程设计的主体与客体的统一体。作为研学实践活动课程的主体之一，学生应参与研学实践活动课程的设计准备、设计过程；作为研学实践活动课程设计中的客体，其生活经验、兴趣需要、思维特征、个性特点、知识基础、学习风格、能力水平等因素决定着研学实践活动课程的内容与形式，影响着研学实践活动课程的设计过程，是研学实践教育师在进行研学实践活动课程设计前必须了解的重要内容。

（一）了解学生的知识基础和知识结构

研学实践教育师在进行研学实践活动课程设计前，应当查阅学生所使用的各学科的课本，查阅学生主要使用的课外参考书，查阅学校图书馆学生借阅课外读物的情况；采取多种方法了解学生已经接触到哪些基础知识，形成了怎样的知识结构，哪些基础知识对学生来说已经实现了内化、类化，哪些基础知识对学生来说已经可以应用或熟练运用。所有这些，都是研学实践教育师在进行研学实践活动课程设计前必须考虑的内容。研学实践活动课程的设计必须立足于学生的知识基础和知识结构，只有这样，才能实现真正的"综合"，进行有效的"实践"。

（二）了解学生已有的生活经验

学生的学习不是简单的知识转移和传递，而是学生将正式的知识与自己日常的直觉经验联系起来、主动建构新知识的意义的过程。缺乏对学生已有生活经验的了解，学生对新知识与能力的建构、课程的生成与发展就会失去相应的基础。另外，学生的生活经验还是课程的重要组成部分，是课程生成和发展的基础。因此，在研学实践活动课程设计前，研学实践教育师还要通过与其他学科研学实践教育师的交谈、与学生家长的交谈、对学生在校行为的观察、指导学生主动回忆个人经验等方式了解学生已有的生活经验，包括学校生活中的经验、家庭生活中的经验以及社区生活中的经验。只有这样，学生才有可能实现对新知识与能力的建构以及课程本身的生成与发展。

（三）了解学生的学习方式

在研学实践活动课程的学习中，学生在学习过程中的发现、探究等认识活动就凸显出来了，并且呈现出个性化的特征，因此，研学实践教育师对学生的关注变得更为复杂和细微了。研学实践教育师要了解学生学习方式的多样性、差异性和选择性，使学生通过研学实践活动课程，灵活运用自己的学习方式，并使之得以尽情发挥。

（四）了解学生的处境与感受学生的疑问

研学实践活动课程更为重视学生的学习过程和学生在校生活的质量，因而将学生的处境、感受、疑问纳入课程设计的范围，这其中包含学生的态度、情感和价值观。研学实践教育师要使学生有一个良好的学习气氛、学习心境，就要满足学生的不同需求。研学实践教育师要关注学生的状态、反应，使学生从被动的学习局面中走出来，在学习生活中焕发出活力。有的课题专门针对学生中的问题进行设计，如"我能行"，要求学生用"优点轰炸"的方法列举自己的优点。通过这种活动，改变不良习惯，解决疑问和困惑，最后让学生觉得"我能行"。

（五）了解学生的兴趣爱好和发展需要

从某种意义上说，研学实践活动课程是一种学生本位课程。从学生出发是体现学生本位课程的基本要求。这就要求在研学实践活动课程的设计必须针对学生的兴趣爱好和发展需要。赫尔巴特认为，兴趣和兴趣的多面性是课程设置的直接依据，同时也是整个教学的基础。通过了解学生的兴趣爱好和发展需要，研学实践教育师就可以有针对性地设计和引导学生确定合理的活动主题、项目或课题。

有的小学为引导学生根据个人兴趣自主选择研究课题，以"你最乐于探究的问题是什么"为题，广泛征集学生的意见，经过汇总筛选，最终确定了"我的宝贝蛋""我与小鸟做朋友""交通与文明""塑料与我们的生活"等课题。又如，在"我与小鸟做朋友"这个活动中，关于鸟的知识，老师并没有做介绍，而是以竞赛的形式让学生自己介绍鸟的知识。实践证明，那段时间孩子对鸟类发生了更加浓厚的兴趣，很多关于鸟的知识，是他们自觉观察的结果。

学生的发展是实施教育的直接目的，是课程设计的根本指向。只有了解学生最缺什么，最需要什么，研学实践活动课程的设计才能促进学生的发展。

（六）了解学生的个性特点

个性是指在一定社会条件和教育影响下形成的一个人的比较固定的特性。每一个学生的个性都是不同的，研学实践教育师通过对学生个性的全面了解，就可以为分组探究、相互促进的设计打下基础。将浮躁好动、好单独行为的学生与冷静、责任心强的学生分在一组，外出活动的安全保障就可靠一些；学生也可以相互促进。同时，进行男女混合编组也有利于学生的发展。

二、研学实践教育师自身的准备

研学实践活动课程的实施要求研学实践教育师具备活动规划与设计、组织与协调、收集和处理信息、活动预测、应用信息、探究与解决问题以及进行综合评价的能力。因此，在研学实践活动课程设计前，研学实践教育师必须首先做好这些方面的准备。此外，还要做好心理辅导能力的准备、有关资料的准备、有关条件的准备以及方案设计的示范准备等。

（一）心理辅导能力的准备

主题活动设计需要研学实践教育师围绕活动目标，针对具体的活动内容和活动方式要求，创造恰当的心理氛围，使学生产生自主活动的积极的心理倾向、浓厚的活动兴趣和饱满的活动热情。在活动课题开展前，学生的心理会出现一些变化，这就需要研学实践教育师有排除学生心理压力的心理准备，注意对学生进行及时的疏导和调适。具体说来，研学实践教育师可以对学生开展以下几方面的心理辅导：动员活动小组成员满怀信心地参与活动并完成任务；教育学生相互鼓励、相互协作，对可能遇到的困难要有足够的心理准备；正确对待小组成员的不同意见，注意搞好团结；等等。

（二）有关资料的准备

探究中的资料来之不易，必须运筹帷幄，将每份资料妥善地处理好。研学实践教育师将搜集到的原始资料进行整理、归纳、分析与概括，从中找出规律性的东西，得出与自己准备的活动课题有关的结论，再进行设计，从而达到预设效果。处理信息的方法主要有定量分析法、定性分析法、比较分析法、因果分析法和综合归纳分析法。

丰富的研学资源是支持活动课题取得成功的重要条件，不少学校建立了研学实践教育活动资源卡。活动资源卡的内容包括课题名称、类别、可供查询的资料及可供咨询的对象。其中，"可供查询的资料"及"可供咨询的对象"是主体部分，分别包括该课题的社区、学校课程资源的提示，报刊资料、电子读物、影视资料和单位（个人）名称、查询和联系方式及曾有的接触情况等。

（三）有关条件的准备

从校内来讲，有信息网络、图书资料、器材和工具、有关材料、有关场地、参与合作的研学实践教育师、学校的支持等；从校外来讲，包括学生家长会的召开、有关单位及有关社会人士的支持、有关场地及其安全措施的准备；从学生来讲，还包括针对学生的思想基础、学习态度、个性特点、动手能力、健康状况等实际情况进行分析，做好有关培训和动员工作，介绍有关活动方法等。

（四）方案设计的示范准备

通过学习，解决好研学课程意识的问题，掌握对研学实践活动课程性质、特点，活动总体规划、活动方案设计的认识及有关要求和知识技能。这是设计的关键，没有这方面的准备，设计就会失去方向。同时，做好方案设计的示范准备，学习成功的设计经验，然后进行创新，形成特色，这是设计的基础。没有这个基础，活动设计就可能失败，或者走上传统备课的老路——"照搬书本"。

第三节　研学实践活动课程设计的一般过程

研学实践活动课程的设计一般包括三个步骤，即确立活动主题、制定活动方案、评价活动方案。

一、确立活动主题

"主题"从何而来？可以是研学实践教育师群体讨论的，也可以是学生议论的；可以是师生聊天"聊"出来的，也可以是地方教育行政单位规定的……不管这些主题所包含的问题是操作性的、探索性的，还是批判性的、发现性的，进入研学实践活动课程设计中的主题一定是学生和研学实践教育师双方协商的结果。这是确立活动主题的基本要求和重要原则。

一定的知识是研学主题产生的必要前提和基础。因此，要使学生多提出问题，就必须加强学生的知识积累。在认真学好学科课程知识外，还可通过开设讲座、组织参观访问等，做好背景知识的铺垫，引导学生做生活的主人，多观察、多思考。

提出问题是进行探究的起点。提出问题要结合年段、本校学生的生活、学习经验及本地教育资源的实际创设问题情境。

研学实践教育师准备的问题要有目的性、新颖性和适应性，能产生较大的吸引力，激发学生强烈的参与积极性。可以将内容巧妙地转化为问题情境。例如，研学实践教育师可以从以下几个方面来创设情境引入环保话题。

（1）从本地区环境问题入手，展示一些环境污染图片、资料，或提出相关的信息，将学生引入问题情境。

（2）通过具体的自然情境、社会环境或特定的活动场所，如劳动基地、劳动教室等，开展劳动、服务等实际的问题，使学生在开放的情境中活动。

（3）研学实践教育师引入话题，让学生围绕背景资料进行交流，通过小组讨论、班级发言等形式，让学生相互启发，引发联想，便于学生从各自独特的发现中获益。

（4）引导学生从个体的学习生活、家庭生活、社会生活或自然生活中提出鲜活的研学活动主题、项目或课题。鼓励学生提出问题，提倡发散式的自由思考。

确立研学活动主题时要认真考虑活动的价值性和活动的可行性，尤其是思考活动对学生的发展是否有利。学生进行活动要受到许多主观客观因素的制约，因此，老师在设计时还应判断活动的可行性，具体可从学生经验、知识结构、兴趣爱好、人力、物力、财力、时间等各个方面去加以分析。

二、制定活动方案

从广义上讲，任何一种形式的活动计划都可以是活动方案。研学实践活动课程方案源于教育探索和教育改革经验，但又不同于一般的教育经验总结。它有以下几个特征。

1. 真实的背景

研学实践活动课程方案带有明显的地方特色及新课程思想的印记。方案的叙述要能够反映出背景，说明课程事件的时间、人物、地点和前因后果，将具体的课程事件置于特定的时空框架之中。

2. 具体的事件

方案的设计要具体详细，要把目标设计、涉及的人和事等行为叙述清楚。

3. 完整的过程

研学实践活动课程是一个由发现问题到解决问题的过程，解决问题必然要经过制定方案、评价决策、实施控制、预测结果等步骤，最后还要进行总结和评价的设计。

4．隐含的思想

尽管方案描述的是师生的所思所想、所作所为，看似具体的甚至细小的行为，但这些行为的背后都应隐含着先进的、科学的教育理念。

5．师生共同制定

制定活动方案是研学实践活动课程设计的一个重要步骤。方案的制定，既可以老师亲自设计，也可以师生共同设计。我们认为，学生在老师的指导下进行共同设计更可取，这不但确立了学生的主体地位，也促进了学生成长发展的过程，确保了研学实践活动的教学质量。因此，要求学生以小组或个人为单位制定可行的活动方案，可以培养学生的规划能力。

从构成上看，研学实践活动课程方案包括活动主题、活动目标、聘请指导老师、请老师提建议、活动准备、活动时间、地点及其安排、预计的活动成果、活动过程与方法、活动方案可行性评价等。

活动方案的设计应简明扼要，可用表格形式表达，也可用文本形式呈现。

三、评价活动方案

（1）综合运用诊断性等方法评价活动方案是否可行，方案目标、内容（含课程资源）、过程与方法是关键。因此，这一评价为方案目标的进一步优化，为方案目标、内容、过程与方法的改进提供了依据。活动方案的诊断性评价通过采用汇报、报告、提问、辨明、调查、讨论等具体方法进行。

（2）引导学生反思整个设计过程。反思是重要的学习策略和学习方法，有助于学生回顾整个设计过程，使老师及时了解学生的心理愿望，为分析方案的成败得失，为今后更好地进行活动方案设计提供第一手资料。学生需要完成的任务主要有：系统回顾和反思方案设计全过程，评价设计效果，对设计做出评价。

（3）研学实践教育师进行自我反思，为改进设计做好积累工作。研学实践教育师的反思主要体现在与学生平等对话与交流上。研学实践教育师需要思考：最理想的设计环节有哪些；哪些设计最能帮助学生获得个体经验；哪些需要改进提高；等等。进行类似的自我反思有利于促进活动方案的改进及研学实践教育师自身的专业化发展。

第四节 研学实践活动课程方案的生成

研学实践活动课程的开展是多姿多彩、灵活多样的，因此，课程方案的设计不强求相同，可以根据实际需要选择最适合的表现形式。但是，不管采取什么样的形式，课程方案的设计都应反映活动实施的基本过程。这些过程可能是预设的，也可能不是预设的，多数情况是生成变化的。

研学实践活动课程具有生成性特点，这是由研学实践活动课程的过程取向所决定的。人的心理发展是一个不断的自我建构的结果，而不是外塑的结果。研学实践活动课程自始至终都离不开学生的自我建构，其运行与对学生的影响都是一个渐进的过程，是活动主题、活动目标、活动方式不断生成变化的过程。研学实践活动课程的本质特性是生成性，意味着每一个课程方案都是一个有机整体，而非根据预定目标的机械装配过程。随着课程方案的展开，新的目标、新的主题和新的活动方式不断生成。学生在这个过程中兴趣盎然，认识和体验不断加深，创造的火花不断迸发，这是研学实践活动课程方案生成性的集中表现。研学实践活动课程方案要特别强调在活动展开过程中主题、目标、活动方式不断生成的核心地位。

一、课程主题的生成

由于研学实践活动课程方案重视过程取向，强调学习者与具体情境的交互作用，因此，除预先规划与设计课程主题外，还需要高度重视主题在活动中的"可变性"，关注活动过程中主题的"生成性"。课程开展后，一般都会出现意想不到的变化，研学实践教育师要根据变化的情况调整主题。对于无意义或者不能操作完成的活动主题，果断放弃；对于在活动过程中发现有新生成并且意义较大的主题，要高度重视并引导学生进行探究。具体说来，研学实践活动课程主题的生成方法主要有以下几种。

（一）从学校、班级对研学实践活动课程的统筹安排中生成主题

每一所学校、每一个班级甚至小组事先都对研学实践活动课程的计划、活动的设计，提出了研究范围，这是计划性的一面。研学实践教育师与学校老师之间或研学实践教育师与学生之间尽可能民主协商，必要时可以邀请一些社会人士或家长参与讨论，记录下可供参考的任何与主题有关的内容，使探究主题不断丰富。由于研学实践活动课程的本质特性是生成性，因而在活动过程中，学生从他所能接触的情境中收集解决问题的资料，必然要遇到很多问题。有的问题能从横向拓展内容，成为子课题；有的问题能从纵向加深主题，也可能是个新的具体的课题。所以，要特别注意在活动过程中增加新的有意义的主题，在活动过程中放弃无意义或经过努力仍然不可能完成的主题。

（二）改造外来的参考课题，增删活动主题

在初次开展研学实践活动课程的情况下，老师往往参考外来的活动主题。研学实践教育师必须分析、研究这些主题的价值，清楚明白地了解学生的已有知识和发展水平，读懂学生的生活经验，以便考察主题对学生的适宜度，从而对学生提出适宜的课程要求。在活动过程中，经过学校、家长和承办服务方共同协议认可后，允许学生变动主题，以最大限度地贴合学生的兴趣和经验。随着学生能力的不断发展，研学实践教育师应放手让学生自主确定主题、活动项目或具体小课题，之后再引导学生进行论证，以便确定合理可行的主题、活动项目或具体小课题。

（三）从社会热点问题和突发事件中生成主题

如山东曲阜"三孔"积极申报世界文化遗产时，研学实践教育师适时地引导，师生确立了"'三孔'与世界文化遗产"这个活动主题。

（四）从学科教学中生成主题

如有的学校在学生学习简单的统计知识的基础上，师生确立了"国宝熊猫普查"这个活动主题。

（五）通过其他多种渠道生成主题

还可以在调查中生成主题，在互动中生成主题，在评价、反思中生成主题，在疑问中生成主题，在争论中生成主题，在错误观点中生成主题。总之，无论主题来源如何，都是师生共同决定的。在此过程中，研学实践教育师是活动主题确立的启发引导者，不是决定的权威，学生才是确立课题、探究课题的主人。接下来，我们用两个例子来说明主题的生成过程和处理办法。

有了一个主题，该如何开展活动呢？同学们又犯愁了，毕竟这是新娘子上轿--头一回呀！一个星期过去了，似乎又恢复了往日的平静，沉不住气的我开始询问同学们的进展情况。同学们用好奇的眼光看着我："您说过要我们开展活动吗？""您没有安排，我们不知道从哪里下手。"

看着同学们那无辜的眼神，我突然觉得自己犯了一个很大的错误！自从活动开始后，我似乎没有给学生过多的指导，更没有及时了解学生的动态，而是一股脑儿地交给了学生，的确让他们无从下手啊！经过一段时间的自我反思后，我决定调整方案，落实活动成效。

在一堂研学实践活动课程课上，我和孩子们进行了交谈，"我们活动的口号是'我能行'，你们的表现怎样呢？"孩子们没有反应，我接着问："你们有什么打算吗？"

第一小队队长站起来说："我们可以学城管叔叔执勤呀！"

"那怎么行，城管叔叔的工作你又不了解。"

"对呀，大人的事情我们怎能插手呢？"

"家长不支持，怎么办？"

我将他们提出的问题，一一列在了黑板上，然后针对这些问题，我告诉他们：一个有序而完整的活动，应该先有具体的计划。在同学们的要求下，我又安排了一次如何设计活动计划的实践课。通过大家的讨论，我们的计划终于有了眉目。

活动主题：城管叔叔，我也行！

我们的目标：通过参与社会活动，为美化城市做出自己的贡献，并提高综合能力。

活动任务计划：

1. 您对市容、市貌有什么看法？

2. 请您听我们的活动介绍。

3. 您对我们的活动有什么看法？

4. 您会继续关注我们的活动吗？

（引自：郭元祥研学.实践活动课程的理念［M］.北京：高等教育出版社，2003:155-157）

在"城管叔叔,我也行"这一案例中,研学实践教育师在引导学生确定活动的主题时可谓一波三折,但最终还是比较好地处理了这个问题。首先,研学实践教育师以一篇报道为引子,激发学生对本地人的素质进行探讨。接着,在学生兴趣正浓时,老师又及时提出继续开展发现和制止城市不文明现象,做一名城管员的活动主题。最初,学生们因研学实践教育师的放手而不知所措,所以在接下来的活动中,研学实践教育师便与学生一起探讨、研究,最终使活动得以顺利开展。

此外,活动主题或问题的提出还要充分尊重学生的兴趣、爱好和需要,从他们的实际出发,并通过研学实践教育师的适当引导帮助学生明确活动主题或问题的意义。"古城北京与发展旅游事业"就比较好地处理了这一问题。

研学实践活动课程对于小学生来讲是一个崭新的课题。围绕着怎样选题,同学们经历了"提议-讨论-筛选-确定"的决策过程。在老师的指导下,学生共同研讨,制订了总课题计划和子课题(小组研究)计划。虽然计划还比较简单,有许多不完善的地方,但同学们积极合作的态度和勇于探究的精神值得我们赞许。

以什么作为研学实践活动课程的课题呢?可提议让学生每人报一个课题,然后,让大家集体来讨论、评判,看谁的提议最可行、最有意义。学生们充分发挥想象,提出了许多自己想研究的课题,真可谓五花八门,丰富极了!而比较集中的主要是关于古城北京的历史、地理和旅游等方面的课题。在大家共同认可的前提下,"古城北京与发展旅游事业"被确定为开展研学实践活动课程的主课题。

二、课程目标的生成

研学实践活动课程是由师生双方在其活动展开过程中逐步建构生成的课程,而非根据预定目标先行设计的课程。它强调学生的亲身经历,要求学生自主参与活动。

一是在课程活动过程中根据活动的情况改变目标或增加目标。不能机械、单纯地实施预设的活动目标和活动计划,而要从生成性维度设计目标,在活动过程中根据活动情况来改变目标或增加目标。这种方式是没有准备的,是完全根据活动发展而变化的。

二是在课程活动的准备阶段设计总体目标,在活动的各个阶段再设计分目标。这样一来,就可以根据活动主题变化对目标进行调整。这两种方式各有优劣,前一种方式计划性不强,但有很大的伸缩性;后一种方式有一定的计划性,但伸缩性不如前者。

三是学生自定目标,并根据情况变化增加生成性目标。这样可以体现出目标的个性化,如同一小组,甲生是负责调查的,乙生是负责观察的,他们所生成的目标显然是不同的。在活动中采用哪一种方式都是可以的。

四是根据系列活动主题的预期目标生成子课题的目标。

五是在研学实践教育师指导下生成新目标。

三、课程活动方式的变化

研学实践活动课程的方式是根据研学实践活动课程的主题内容、目标而定的。因为,在具体的活动过程中,随着活动的主题内容、目标的不断生成,活动方式也处于不断变化之中。在活动方式的选择上,要以参观、访问、交流、野营、调查、观察、实验、活动作业、访谈、测量、义务劳动、公益服务等为主。研学实践活动课程最基本的方式有对话式和探究式。在具体的活动过程中,对话式和探究式是灵活变化的。

对话式是研学实践教育师与学生、学生与学生就某一活动主题共同交流、讨论,以深入开展活动的方式。它建立在双方对话平等的基础上,研学实践教育师与学生、组长与成员不是教训与被教训、统治与服从的关系,而是尊重、融洽的双边交流关系。对话的目的不是要获得某种已知的确定知识，而是期望发现新的问题，提出新的观点，指向新的领域，寻求新的意义。

探究是基于学生的兴趣，通过研学实践教育师与学生共同设定问题情境，提出活动任务，让学生利用已有的学习经验，自主地查阅相关资料和信息，综合地运用所获取的知识，解决现实问题的活动方式。这种方式不仅能激发学生主动的探索精神、培养其独立思考与创造性解决问题的能力，而且还能促进学生健全人格的发展。这种方式鼓励学生进行开放性、个性化的探索学习，塑造每一个学生的独特个性，为他们个性和潜能的充分开发创造宽松的环境和氛围。每一个学生都可以根据自己的喜好、兴趣、特长、潜能，进行富有个性的探究性实践活动。如探究家乡变化的课题，有的是通过上网寻找资料，有的是到规划部门调查，有的是直接深入社区访问等。

第五节　研学实践活动课程方案的撰写及呈现形式

一、研学实践活动课程方案的撰写

研学实践活动课程方案的撰写既是一项复杂的探索性工作，又是一项有序的系统工程。对师生来说，这是一个新的、以往从未涉足的领域。课程活动方案不是凭空捏造，而是建立在可行性的基础上。只有围绕主题，层层深入，提出种种问题，才能提高综合、全面思考问题的能力。活动方案主要包括活动主题、活动目标、活动过程、活动总结等内容。

（一）活动主题及其意义的撰写

1. 研学主题

研学主题是活动内容的高度概括，应反映出整个活动的主要特征。研学实践活动课程主题是活动的精髓，主题设计得醒目、清晰，能引起活动对象的注意和喜爱。而主题名称，则直接反映着活动主题，是对活动目标的浓缩，对活动内容起到画龙点睛的作用。因此，活动主题的名称一定要有感召力，要能感染活动对象，能吸引活动对象积极主动地参与活动。相当一部分学校根据学生的身心发展特点，用形象、生动、有趣的语言来陈述活动主题名称，如"垃圾的故事""神奇的昆虫""动物世界""小鬼当家""学习用品商品交易会"等。这是一种可行的、符合小学生实际的有效方法，切忌用规范的科研课题标准来要求学生。

2. 课程的意义

要简明扼要地阐明选择本课程的意义，即活动的出发点、课程价值和现实意义，包括预计在哪方面可能有所突破、有新的见解，在实际中能解决哪些问题，或在哪些方面可能带给学生新的体验，从而说明本课题研究的必要性与紧迫性。凡是符合学生生活经验和知识基础、对学生发展有利、并能充分利用学校教育资源的活动，都是有意义的。

（二）课程目标的撰写

课程目标设计是研学实践活动课程过程展开的首要环节。就研学实践教育师而言，不管是总课题还是子课题，研学实践教育师都要做好目标的设计，同时指导学生小组确定各自的活动课题目标。研学实践活动课程主要包括情感态度与价值观、过程与方法、知识与技能三个维度的目标，课程目标设计的基本方法是描述课程行为目标。也就是说，具体目标的设计应根据研学实践活动课程的总目标、学段目标加以细化，并通过行为动词来体现。

课程目标并不是一成不变的，有生成目标的问题。因此，在方案设计中，要留有足够的生成空间，鼓励学生发现新的问题，确立新的活动目标。

（三）保障条件的撰写

开展任何研究都需要一定的人力、物力、财力、资料及设备等活动条件来保障和支撑，离开了必要的活动条件，课程将无法进行。老师可根据本校本地实际，明确课程资源的来源，点明计划开发和利用的课程资源。另外，老师需要多少物质材料，需要多少经费等都必须事先分类分项做出估算。如有条件，尽量和本校课程资源结合起来考虑，坚持低成本、本土化原则。此外，课程指导力量的配备是至关重要的。俗话说，"名师出高徒"，研学实践教育师高质量的指导对学生的课程起着关键性作用，因此必须选择对课程领域熟悉，有真才实学的研学实践教育师作为学生课程的指导教师。对小学研学实践活动课程来讲，研学实践教育师主要是在校内聘任；也可以走向社会，请有关研学机构、科研机构的研究人员、学生家长和相关领域的教授专家来担任研学实践活动课程的指导老师。

（四）课程过程的撰写

课程过程是研学实践活动课程方案的主要部分，它一般分为三个阶段撰写，即准备阶段、实施阶段、总结或成果展示阶段。

1. 准备阶段

准备阶段的主要工作有：

（1）成立课程小组。以师生共同总结、归纳的问题为依据设立课程小组，学生根据自己的兴趣、爱好和特长决定自己要参加的课程小组，并由学生民主选举小组长，小组长主持小组的全部课程。

（2）制订课程计划。小组成立后，在小组长的主持下，各组对本组课程的主题进行讨论，在此基础上制订本小组的课程计划。计划的内容一般包括课程主题的名称，预设的课程目标、课程步骤和方法，拟定调查和采访的对象、时间安排和人员分工。可能的话，还应在计划中说明预期达到的成果的形式等。

（3）提出注意安全等要求。

2. 课程阶段

课程阶段是设计课程过程的主要阶段。这一阶段要阐明开展什么课程，运用什么方法，以及时间、地点的安排，注意形成个人的富有特色的深刻体验。设计要预留课程生成的空间，要求学生对生成课程主题、课程目标和课程方式给予足够的重视。

3. 总结阶段

在总结阶段，各小组应做如下几项工作：

（1）资料整理与归类。各小组对本组成员通过各种渠道收集的资料，包括从网上下载的文字资料、拍摄的图片资料、访谈记录的整理资料、录音录像资料等进行整理与归类。

（2）撰写研究成果。各小组要认真总结归纳，用不同的形式呈现自己课程的成果，其内容包括调查报告、研究报告、研究论文、心得体会、课程感想、课程日记、课程资料的整理与摘抄、访谈实录等。多则数千字，少则几十字或者一句话也行，这要视学生的年龄、学段及知识面而定。一般来说，学段越高，各方面的知识积累越多，所写的课程结果的质量也就越高。但必须说明的是，研学实践活动课程重视学生的参与，强调过程重于结果。

（3）成果展示。可以以班级为单位，也可以在全校范围内进行展示，还可以走出校门，到社会上去进行成果展示。展示的形式多种多样，可用论文、调查报告、心得体会、感想、日记、图片等各种资料表现出来，也可以用班级、年级或全校报告会的形式进行汇报，还可以采用各种文艺课程的形式，如短剧、相声、小品、朗诵、歌舞、快板书等进行汇报演出，甚至还可以把学生的各种成果汇编成册向社会进行宣传。成果展示的目的，不是为了宣传学生取得了多么重大的研究成果，而是鼓励学生参与研学实践活动课程的积极性和热情，认可学生的亲身体验。

（4）成果介绍。成果介绍是交流课程成果的常用方式。通常情况下，由小组成员在全班同学面前汇报自己小组的课程成果，介绍课程的过程、收获和体会，回答同学的提问或质疑，并开展讨论。这既是对学生课程成果的检阅，也是对其他同学的促进。

（5）评价与反思。评价时，要设计学生自评与互评。在这一过程中，首先是学生谈在研学实践活动课程开展过程中的收获、体会、感想以及对课程的建议和意见。然后，由小组成员相互进行评价并做好评价记录。评价时，以总结成绩和经验为主，以肯定课程中的好人好事为主，以鼓励每一位学生的积极表现为主。由学生自己组织进行，研学实践教育师只是起指导作用。最后，在学生自评与互评的基础上，由家长、指导研学实践教育师和专门从事本课题领域研究的富有教育经验的人员进行评价。评价时，一定要注意重评价学生参与课程的过程，轻研究的结果；重学生参加课程取得的点滴成绩，轻在课程中出现的缺点；重对取得成绩的学生和在课程中有进步表现的学生进行表扬，轻对他们进行批评。在评价的基础上，注意反思这一重要环节，以促使学生各方面都有所提高，促进课程方案不断优化。

二、研学实践活动课程方案的呈现形式

任何一种形式的研学实践活动课程计划都可以广义地称为研学实践活动课程方案。也就是说，课程方案包括各种计划、课例、案例等。研学实践活动课程方案多种多样，从不同层面来划分，可分为学校层面的综合计划、年级或小组的课程方案；从主题内容来划分，可分为主题探究类研究性学习（包括自然探究和社会问题探究）、实际应用的设计、制作性课程、以社会考察为主的体验性学习课程、社会参与的实践性学习课程；从规模（结构）来划分，可分为单一主题的研学实践活动课程方案、整体设计的系列主题的研学实践活动课程方案；从研学实践教育师指导角度来划分，可分为学校或研学实践教育师的课程指导方案、研学实践教育师指导学生小组制订的子课题课程方案等。

（一）课程方案的内容均以融合的形态呈现

不管是何种方案，其内容都要以融合的形态呈现。这里讲的内容融合形态可以从以下四个方面来理解。

1. 把握研学实践活动课程四个指定领域之间的内在联系，注意各领域内容之间的相互渗透和延伸

设计时要把握各领域之间的共同价值追求，在主题课程中尽可能开展多元化的课程，促使内容整合，可以某一要素为核心，连带其他三个要素；也可以从三个维度（人与自然、人与社会、人与自我）切入课程主题，根据具体的课程主题侧重某一领域，但四个领域之间要注意做到相互渗透。

2. 注意研学实践活动课程与学科课程的整合，两者要形成一个有机整体

《中小学综合实践活动课程指导纲要》中指出，"研学实践活动课程与各学科领域存在以下三方面的联系：第一，各学科中所发现的问题、所获得的知识可以在研学实践活动课程中延伸、综合、重组与提升；第二，研学实践活动课程中发现的问题、所获得的知识技能可以在各学科教学中拓展、加深；第三，在某些情况下，研学实践活动课程可与某些学科教学打通进行。"

3. 研学实践活动课程指定领域与非指定领域的整合

非指定领域主要包括班团队课程、校传统课程（科技节、体育节、艺术节）、学生心理健康课程等，它与指定领域互为补充、相辅相成。一方面，指定领域的课程可以充分利用非指定领域的已有资源；另一方面，通过指定领域的典型课程总结，可以拓展、延伸为本校非指定领域的传统课程。这样一来，既可以体现学校的特色，又可以丰富学生的生活。

4. 注重研学实践活动课程中学生课程方式的综合化、多样化，以实现各有关内容的整合

引导学生开展基于课题的研究性学习，社会参与的体验性学习，社会课程的实践性学习、生活学习等。在课程中，要求学生尽可能多地进行多种多样的、综合的课程方式，如资料收集、社会调查、考察、参观、访问、服务，各种实验、测量，各种制作、宣传、演示、表演、总结、交流、答辩、反思等学习课程。通过多样化的、综合的课程方式，使有关内容实现整合。

（二）课程方案的主要呈现形式

研学实践活动课程方案的呈现形式多种多样，这里仅介绍三种有代表的呈现形式：一是学校层面的研学实践活动课程方案、整体设计的系列主题探究类型的课程方案；二是单一主题、实际应用的项目设计的制作方案；三是系列主题的一个具体子课题的课程方案。

1.学校层面的研学实践活动课程方案、整体设计的系列主题探究类型的课程方案

案例：在生活中学习生活

（1）学校及课程背景

20世纪末，我国新一轮课程改革全面启动。当研学实践活动课程这一与学科课程有着本质区别的崭新的课程形态出现在大家面前时，大家并不感到陌生。因为在这项开创性的实验研究中他们有了较多的实践体会，对研学实践活动课程已经有了一些感性上的认识和理性的思考。2003年，学校在原来的研学实践活动课程的基础上重新构建了校本课程体系——"在生活中学习生活"，分生活与社会、生活与自我、生活与科技、生活与艺术四大板块。

（2）课程内容

各小学在刚开始组织开展研学实践活动课程时，对以前的活动课程、少先队课程、学校传统课程（科技节、艺术节等）等进行统整，同时，引导学生们从生活中提出大量感兴趣的课题，使其课程化。在反复的实践探索中，逐步形成了基于"生活"的系统丰富的研学实践活动课程内容。它是由生活与社会、生活与自我、生活与科技、生活与艺术四大板块构筑的具体的内容体系，使信息技术教育、研究性学习、社区服务与社会实践、劳动与技术教育四大指定领域得以在生活的范畴里、在实践中以融合的形态呈现。

例如：三四年级"在生活中学习生活"课程内容概要

三年级：

生活与社会：采访城市美容师，爸爸妈妈贡献大，关心帮助老年人。

生活与自我：当小主人，休息，让我露一首。

生活与科技：生活妙点子，变腐朽为神奇，做小小发明家。

生活与艺术：画人物，用纸制作工艺品，制作贺卡。

四年级：

生活与社会：我是社区小主人，逛书店，郊游。

生活与自我：第一次，读书乐，认识是自己。

生活与科技：自制饮料，合理安排时间，小小气象站。

生活与艺术：抓住美好的瞬间，学陶艺，迎元旦化装晚会。

以上内容的开发是根据《中小学综合实践活动课程指导纲要》中规定的四大领域，由研学实践教育师与学生合作探索的四方面具体内容来构筑，再通过四条线索来展开的，这就生成了具有校本特色、以学生发展为本的学校研学实践活动课程新体系。

（3）课程的年段目标

三四年级：

▲通过了解、接触社会中需要帮助的人群，教育学生关心社会，奉献爱心。

▲增强生活自理的愿望，提高生活自理能力，参加简单的家务劳动。

▲了解各行各业的工作情况，懂得尊重他人的劳动成果。

▲学会选择适合自己的阅读书目，合理安排自己的作息时间。

▲通过对生活中的废品进行再制造，培养学生的想象力、创造力，培养学生从小勤俭节约的传统美德。

▲通过创编节目、模拟表演，培养学生的审美情趣，提高学生的艺术鉴赏能力。

（4）课程过程与方法的总体要求

▲到自然中学自然——探究自然的奥秘，培养对自然的关爱。

▲到社会中学社会——参与社会的实践，增强对社会的责任感。

▲在劳动中学劳动——体验劳动的艰辛，提高动手操作能力。

▲在生活中学生活——感受生活的火热，提高创造新生活的能力。

▲在研究中举研究——学习研究的方式，发展个性和潜能。

这个案例的突出特征：

其一，内容高度融合。课程的生活化是小学研学实践活动课程的内核。本课程紧扣"生活化"这一核心，组织了丰富多彩的主题课程；突出与学生生活世界的联系，根据生活与社会、生活与自我、生活与科技、生活与艺术四个维度组织课程内容；以"生活"为主线，将社会、自我、科技与艺术融合在一起，折射出浓厚的生活色彩。

其二，一切为了学生的发展。该校从学生的兴趣和学习需求出发，组织各种主题课程，尊重了学生的个性和学生的"主人公"地位。在开展课程时，注意从学生的生活世界出发，从学生熟悉的文化生活和社会生活中选取学生关注的问题，使课程内容贴近学生的年龄和心理特点，目标明确、具体，具有操作性。在课程目标的设置上，他们分学段设置课程目标，体现了课程的连续性和差异性。课程目标的多元化对于学生发展有重大的意义，突出了情感、态度与价值观对学生人格发展的重要价值。

其三，课程过程与方法的设计有利于研学实践活动课程目标的实现。对课程过程与方法的总体要求是：到自然中学自然——探究自然的奥秘，培养对自然的热爱；到社会中学社会——参与社会的实践，增强对社会的责任感；在劳动中学劳动——体验劳动的艰辛，提高动手操作能力；在生活中学生活——感受生活的火热，提高创造新生活的能力；在研究中学研究——学习研究的方式，发展个性和潜能。以学生日常生活世界为主展开课程的场景，充分利用学校周围的社区资源，通过关注学生的兴趣、需要以及综合的多样的课程方式，调动学生参与的积极性，为研学实践活动课程的成功实施铺平了道路。

2.单一主题、实际应用的项目设计的制作方案

案例：设计制造自行车拖车

（1）课程主题

美国的小学生经常做一些手工制作的项目，并且送到学校去参加评比。一般情况下，父母会帮忙运送。但是，有时父母比较忙，学生必须自己骑自行车带一个大的项目到学校去。如果出现这种情况，那该怎么办呢？于是，有两名学生想到，要是自行车有拖车就好了。因此，他们根据劳动与技术教育这一学习领域要求，准备设计制作一辆自行车拖车及其制作指南，在方便自己的同时也可以为其他同学提供帮助。

（2）课程目标

①学会设计某种产品、服务、系统来满足某种需要；

②学会与他人进行沟通的手段与技巧，学会写信件；

③学会用恰当的形式来发布信息，如小册子或海报；

④学会利用信息手段与技术收集信息；

⑤学会学习与自我管理的手段与技巧，从范例中学习；

⑥学会井然有序地做好作业课程记录；

⑦学会与他人协同合作的沟通与技巧。

（3）课程过程

①制订课程计划。这个计划包括课程主题、所需材料、制作步骤以及要解决的问题等。

②命名。在征得专家的同意后，命名为"自行车拖车"。

③搜集信息。学生利用各种手段收集尽可能多的信息资料，为自己的设计和制作做充分的准备。

④做好财政预算和筹备资金。学生经过一段时间的准备，做好了财政预算并找到了资金的提供者。

⑤制作阶段：

A.设计草图并在顾问的指导下进行修改。

B.准备工具和材料。

C.动手制作。

⑥编写制作指南。

⑦记录课程日程。

（4）课程评价

这个方案从规模（或结构）来讲，属于单一主题的课程方案；从主题内容来看，属于实际运用的设计制作性课程方案；从层面来分，属于不同年级或小组（个人）的课程方案。

3．系列主题的一个具体子课题的课程方案

案例：家庭消费知多少

（1）设计思路

研学实践活动课程总目标是为了培养学生的创新精神和实践能力，在课程中强调与社会联系、与生活联系和学生的生存与发展相联系。激发学生观察生活、发现与探究问题的兴趣和能力，还有对学生进行必要的家庭教育、社会教育，让学生初步形成对家庭、社会的责任意识。"家庭消费知多少"这一实践课程，让学生进行充分的调查研究，了解父母挣钱的辛苦，并且对于家庭合理消费能有独到的见解，大胆设计合理的消费计划，锻炼学生的自立能力、思维能力和家庭服务意识，逐步培养其责任意识。同时，注意征求广大师生及家长的意见，不断修改课程方案。

适合年级：四年级

课时建议：（1～2课时）

课程目标：

①培养学生收集资料、整理资料的能力和调查研究的能力，让学生在调查中了解父母的艰辛。

②培养学生的观察能力、思维能力，能够参与家庭和个人的消费与理财方案，倡导自主、合作、探究的学习方式。

③通过课程，对学生进行德育教育，知道"勤俭持家"是我们中华民族的传统美德，培养学生构建合理的消费理念。

（2）课程过程设计与指导

现有一部分学生，从小生活在优越的社会条件下，过着衣来伸手、饭来张口的生活，看到自己喜欢的东西就向家长要，对挣钱的辛苦和节约的好处缺乏理解，合理的消费对于学生来说只是空谈。

让学生向父母询问家庭消费有哪些，以及他们的支出情况，做一调查研究。了解家庭每月的固定消费和可变动消费有哪些，体验父母挣钱的辛苦和管理家庭的辛苦。同时锻炼学生的统计能力，培养学生更加热爱父母的思想感情。开展课程时，同学们说一说家庭消费有哪些，以及他们的支出情况。根据大家发言的结果对调查表进行补充，并完成调查。

本月家庭消费调查参照内容：

固定消费：供热费，水电费，电话费，学杂费，伙食费，交通费，保险费，液化气费，其他费用，等等。

可变动消费：医药费，学习用品，生活用品，服装，其他。

调查后将请同学们进行交流——你认为你家的消费是否合理，哪些消费可以省去，哪些消费是可以压缩支出的，怎样才能节约开支，怎样才是合理的消费。

在同学们相互交流调查情况后，研学实践教育师可做鼓励性的评价，让学生从自身入手，以发散思维的方法锻炼学生的创作能力，鼓励学生以"今天我当家"为主题，自己制订一个合理的消费计划，可分为低收入家庭经济型理财方案、中等收入家庭旅游支出方案、高收入家庭投资方案及家庭每月开支预算等，培养学生对家庭、社会的责任意识。将消费计划在小组内说一说，为什么这样制订？合理吗？把小组内讨论认为最合理的消费计划介绍给全班同学，并展开评价，进一步锻炼学生的评价能力，在评价他人的同时，对自己的认识也是一次很好的完善和补充。

在本项课程的最后，学生应该有了更实际的想法，真正参与社会实践，将自己制订的计划进行实践，力求得到证实，能亲身体验到父母的艰辛，同时让学生知道勤俭持家是中华民族的传统美德。

（3）课程参考资料

国内外儿童教育专家认为：孩子越早接触钱，学会了理财，长大后也就越会赚钱，关键是如何教会孩子花钱、理财。而在21世纪，则更将不可忽视生存必备的基本素质——金钱观念和理财能力。那么，我们对孩子应具体进行哪些方面的"理财教育"呢？这里不妨先借鉴一下美国洛克菲勒家族对于孩子"理财教育"的方式：每个孩子在7~8岁时，每周可得零花钱30美分；11~12岁时，每周得1美元；12岁以上，每周得3美元。在每周发零花钱时，家里同时还发给每个孩子一个小账本，孩子花钱时，要明确记录每笔支出的用途，领钱时交家长审查，零花钱如果用得得当，便可得奖励增发5美分，反之减少。一个当时全世界首屈一指的富豪家族之所以这样做，目的就是要培养下一代当家理财的本领。

"家庭消费知多少"这个案例从规模结构来划分，是系列课程主题中的一个具体的子课题；从指导角度来划分，属于研学实践教育师制订课程用的指导方案，要求学生自己想办法了解并统计家庭的消费情况，然后进行分析，提出节约消费的方案。

整个课程的设计特点是：一是认真考虑了小学四年级学生的经验和知识结构，安排了"实""小""易"的实践课程，仅需1~2个课时就解决问题；二是整个课程均体现了学生的自主性、实践性，只有学生自己才能了解到自己家庭的消费情况，学生父母也会支持这样的实践课程；三是每一个学生都会得到真正的教育，这个教育是通过学生自己体验而获得的；四是课程方法得当，通过询问、调查、交流、评价等课程，为其发展打下了基础。总之，整个设计思路清晰，目标明确，师生共同设计、共同修改，不断完善、提高，达到了预期效果。

第六节　研学实践活动课程总体规划及其方法

一、总体规划的含义及内容

（一）总体规划的含义

作为学校课程的重要组成部分，研学实践活动课程与学科课程一样，也是有目的、有计划、有组织地进行的。但是，与学科课程不同的是，研学实践活动课程的展开是依据各地区、各学校的实际情况进行的。因此，学校应遵循国家对研学实践教育活动课程要求的基本思想，为本校研学实践活动课程的开设制订出具有整体性的一学年或几学年的总体规划。所谓总体规划，是指具有整体性的、时间比较长的一种计划。

研学实践活动课程一般包含三个层面的总体规划，即学校几个年度或某个年度的总体规划、一个年级在几个年度或在某个年度的总体规划以及某个班级在几个年度或某个年度的总体规划。每个层面的总体规划的呈现方式是不同的。

（二）总体规划的内容

研学实践活动课程的总体规划通常包括以下几项主要内容。但需要说明的一点是，研学实践活动课程总体规划的内容不是一成不变的，各校、各年级、各班应根据各自的实际情况来定。

1．学校及课程背景

概述学校情况，阐述开设研学实践活动课程有关课题的背景及意义。

2．相关人员及事件

此项内容具体包括课程准备、时间安排、课程支持等。其中，课程准备包括思想、业务、人员等的准备；课程支持包括资源开发、政策支持、组织协调、教学研究、物质准备等。

3．课程设计

课程设计一般包括：课程设计理念、课程目标以及课程结构（内容），不但要体现全校共同的目标、内容，还要体现各年级的目标、内容。

（1）课程设计理念

基于素质教育的基本思想和学校的教学理念，开展综合实施活动课程所坚持的基本理念是：贴近儿童现实生活；激发儿童课程兴趣；建立师生合作关系；完善学生人格；拓展儿童自主空间。这一设立理念是确立研学实践活动课程的目标、开发研学实践活动课程的内容、选择研学实践活动课程的实施方式的依据。

（2）课程目标

①亲近周围的自然环境，热爱自然，初步形成自觉保护周围自然环境的意识和能力。

②考察周围的社会环境，自觉遵守社会行为规范，提高社会沟通能力，养成初步的服务社会的意识和对社会负责的态度。

③逐步掌握基本的生活技能，形成生活自理的习惯，初步具有认识自我的能力，养成勤奋、积极的生活态度。

④激发好奇心、求知欲，初步养成从事探究课程的正确态度，提高探究问题的初步能力。

（3）课程结构

基于小学课程综合化的要求，并着眼于实现课程结构的年段衔接，从小学一、二年级开始开设研学实践活动课程，从而构建小学一年级至五年级研学实践活动课程的完整体系。根据研学实践活动课程内容开发的三个维度（自然、社会与自我），依照主题推进的方式，规划出研学实践活动课程的整体结构。

4．课程实施要求的设计

课程实施要求主要包括：实施步骤，课程的内容、过程、方法，课程的管理等。

5．课程评价与反思的设计

强调研学实践活动课程评价的理念、特征、方法，强调课程实施后的反思等。

（1）评价特征

①评价成为课程的有机构成

研学实践活动课程的评价不再是外在于教学与学习的环节，它与研学实践教育师的指导、学生的学习课程融合为一个有机的整体，三者是同时发生与发展的。档案袋评价的使用以及每一课程领域最后的反思环节无不体现出这一特征。尤为突出的是，在"感受自我成长"领域，课程展开的过程实际上就是学生进行自我反思性评价的过程，同时，这一过程的实现又内在地构建了这一领域的课程内容。也就是说，评价的过程成为课程创生的过程，而课程的展开就是在执行评价的功能。

②强调评价的过程性

一方面，采用学生记录"天天进步——我的小档案"或老师给予"即时评语"等措施使评价贯穿于研学实践活动课程的整个过程；另一方面，评价的内容主要集中于学生在课程过程中的情绪情感、参与程度、投入程度等。

③倡导评价的多元化

实验中，首先鼓励小学生采用多样的课程方式以及成果表达方式，肯定学生与世界交往的多元方式。其次，采用档案袋评价、展示性评价、研讨式评价等多元评价方式。同时，追求评价主体的多元化，对学生的评价包括来自家长、学生以及指导者等多方面的信息。对研学实践教育师所进行的评价则采用了学生评价、研学实践教育师自评和行政评价等不同的形式。

④注重评价的反思性

在每一课程领域结束后，通过发放问卷以及召开师生讨论会、同学讨论会等形式引导学生反思自己在实践课程中的得失，以恰当地规划未来的行动。同时，研学实践教育师通过写作案例，反思自己的指导策略。

（2）评价方法

对学生和研学实践教育师进行评价，通过前后评价结果的比较反映学生和研学实践教育师的进步情况。

二、总体规划的方法

研学实践活动课程的主体是学生，学校的总体规划必然要从学生的角度去考虑。总体规划的方法主要有系统分析法、综合法、基于"多元智能"进行总体规划法、情境分析法等。

（一）系统分析法

系统分析法是为了寻求系统总体的优化目标，应用系统理论和方法，对系统的要素和各个方面进行定性与定量分析的方法。简言之，就是用系统观点分析系统。

研学实践活动课程总体规划的系统分析法就是指运用系统分析的方法，针对学生的实际需要，有机整合各种课程资源，整体安排课程的相关要素而进行的课程构想或策划。在运用系统分析法进行研学实践活动课程的总体规划时，主要分析如下几个方面的情况。

一是要立足于学生的实际需要，着眼于学生的全面发展，对各个环节进行系统分析，对其内在的逻辑关系进行整体把握。学校要全面分析学生已有的知识积累、经验背景、兴趣需要、思维特征、学习风格、能力水平等，了解学生多层次、多样化的客观需要，分析学生多元的个性差异，确定学生不同的发展途径。

二是要分析研学实践活动课程的总目标、年段目标和具体目标，分析课程目标的设计与课程性质及价值、社会发展需要、学生发展需要等方面的内在联系。

三是要分析研学实践活动课程的内容领域，突出对地方课程资源的分析。如地方和社区的自然因素及其状况，地方和社区的社会因素及其历史与现实状况，地方或社区的社会课程状况，社区和地方的民族文化传统，学校的传统，学生家庭的课程资源状况等。

四是分析课程环境。如学校在研学实践活动课程的安全问题主要来自校外课程过程中的不确定因素，因此，要注意分析校外课程中的安全问题，要对校外课程的空间、情境进行合理的规划。

（二）综合法

综合法就是将分析过的过程或现象的各个部分、各种属性联结起来，作为一个统一的整体加以考虑，从内在的相互关系中把握事物的本质和整体特征的方法。它不是把过程或现象的各个部分、各种属性简单地罗列或相加起来，而是依其内部联系进行有机结合。例如：小学阶段的目标侧重于通过一系列的课程，让学生初步认识生活、自然、社会、自我，形成一些良好的行为习惯。

（三）基于"多元智能"进行总体规划法

"多元智能"理论认为个体存在着七种相互联系的智力，即语言的智力、逻辑的智力、视觉空间的智力、身体动觉的智力、音乐的智力、人际交往的智力以及自我反省的智力。各种智力在每个人身上的表现程度是不同的，如人际交往智力强的人喜欢群体课程，善于交际、相处和交流；而身体动觉智力强的人喜欢运动、操作，喜欢动手实践，对于动作技能掌握的很快；等等。而且个体身上也可能存在着其他智力。按照多元智能理论，课程主题可以从言语、逻辑、空间等维度组织。

（四）情境分析法

研学实践活动课程是在一定的课程资源（包括学生经验）的基础上开展起来的，所以，学校的总体规划必须立足于对校内、外教育资源现状的调查研究，为学生的直接经验和亲身体验创造条件。所谓情境分析法，就是指学校围绕开展研学实践活动课程所涉及的相关因素，如学校规模、地理环境、硬体设施、研学实践教育师资源、行政人员、学生、家长、社区参与、地方资源等，分析其优势与劣势、机会点与威胁点，全面把握课程资源现实性特征，然后在此基础上制订出研学实践活动课程的总体规划。

第七节　研学实践活动课程系列主题课程的设计

从主题结构来划分，研学实践活动课程可分为系列主题课程与单一主题课程或总课题与子课题。这两类课程方案的设计都涉及课程主题、课程目标、课程方式、课程过程、课程方法等内容。但是，由于主题的结构不同，所以，设计的侧重点也就有所差别。系列主题课程的设计主要涉及课程主题的设计，重点在于提出课程的过程与方法；单一主题课程方案的设计除主题设计外，还涉及课程目标、课程过程、课程方法的设计，重点是课程目标、课程过程与方法的设计。

一、系列课程主题内部及课程主题、课程目标、课程方式三者之间的关系

（一）系列主题与单一主题的关系

系列主题与单一主题的关系是整体与个体的关系，因而又把系列主题课程的设计称为整体设计。单一主题是从总主题派生出来的，系列主题是由单一主题构成的。如：

总主题：环境保护问题

单一主题——研究课题：生活与垃圾，保护野生动物，社区环境调查，保护水资源，树木与我们的生活，我爱小鸟，家庭用水调查，校园节水方案，一次性筷子的探究等。

（二）课程主题、课程目标、课程方式三者之间的关系

系列主题课程的主题是综合的，可以进一步生成许多单一主题，这将促使目标的生成并使目标逐步具体化，同时也会促使课程方式多样化。

主题	课程目标	课程方式
·我们的学校 ·班干部竞选 ·今天我当家 ·我是小小装饰设计师 ·我能行 ·我是小主人	通过以"我是小主人"为主题的研学实践活动课程： 　　1.让学生关注自身，关注家庭，关注班级，关注学校的过去和现状，初步体验我能行的真切感觉，形成积极的情感、态度与价值观 　　2.各班级选择子课题后，要制订具体的目标	1.调查、访问、演讲、实践、设计 　　2.另外，各子课题可根据实际选择不同的课程方式，或生成新的课程方式

二、系列课程主题的设计

主题设计是研学实践活动课程教学设计中最重要的一个环节。写文章有"题好一半文"的说法，研学实践活动课程也有"题好一半功"的效果。有哪些方法可以帮助我们设计好的课程主题呢？下面介绍几种常用的方法。

（一）演绎法

演绎法是将一般原理运用于特定的事物并推导出个别结论的一种研究方法。运用演绎法研究问题，首先要正确掌握作为指导思想或依据的一般原理、原则；其次要全面了解所要研究的课题、问题的设计情况和特殊性；最后推导出特定事物的结论。

在研学实践活动课程的设计过程中，从课程领域演绎出系列课程主题，经常采用横向统整和纵向递进的具体方法，或直接根据课程资源设计系列课程主题。

1. 横向统整

这类主题课程的设计涉及方方面面，可以联系学生所学过的学科知识或未学过的有关知识，因此，很符合研学实践活动课程所强调的内容统整性特点。而且，所选择的内容越丰富，就越能表现主题。如某小学高年级

在进行"我们生存的这块土地"这一主题课程的设计时，就联系到土地利用、森林保护、水资源的净化、海洋合理利用、太空开发等方面，涉及多门学科的原理和方法，涉及环境科学、海洋科学、太空科学、生物科学、化学、建筑科学、人文科学、社会科学等知识。所设计的内容可根据情况进行增减，增减后不影响课程的正常开展。另外，这些内容之间是并列的、独立的，不存在顺序先后和逻辑关系，它们之间无须特别的组合排列。因此，在有限的课程时间内，学生就可以学到多方面的知识，获得多方面的感受，最终达到课程设计的目的。

2．纵向递进

这一类的课程都是围绕一个主题展开的，可以分成若干个次主题，将主题逐步推进，不断升华。一般而言，纵向递进要求主题综合性强、主题统整程度高。例如小学三年级"我和美食交朋友"的探究内容分别是：我的"朋友"哪里来，我与"朋友"同行，我为"朋友"添美色，"朋友为我添光彩"。这种形式要求每个内容层次之间必须能够衔接、推进、升华，一般来说，顺序不能颠倒。这样层层推进、环环紧扣、由浅入深、由感性到理性、由一般课程到高潮的课程，就能很快把主题揭示出来。

3．直接根据课程资源设计系列课程主题

主题设计是研学实践活动课程教学设计中最重要的一个环节。许多专家学者、学校总结了根据课程资源设计系列课程主题的具体做法。

（1）依托社区资源，设计与社区生活和文化相关的主题。如"家乡变迁"总课题下面还有"步行街""文化公园"等子课题。

（2）从学生的兴趣出发，以现实生活为切入点，设计主题。如"我能行"总课题下面还有"花的联想""我与敬老院"等子课题。

（3）设计密切联系现代科学技术和社会发展相关的主题。如"让新型的环保服装和包装走进我们的生活"总课题下面还有"学校和家庭里的噪声""一次性筷子探究"等子课题。

（4）综合、延伸、重组学科知识，设计主题。如在小学自然课上学习了水的知识后，设计了"水与我们生活的关系"的总课题下面又设计了"水与花""水与粮食种植""水与我"等子课题。

（5）提供主题供学生参考。这种办法在启动之初，效果是好的。但是，在选题的时候，研学实践教育师要指导学生注意：

①尽量选择最感兴趣的小课题；

②选择自己有能力探究的小课题；

③选择有意义的小课题；

④选择与众不同的小课题。

（6）根据学生中的一些不良问题确定主题。如"我的优点和不足"总课题下面有"我的经历""我的学习""我的家务"等子课题。

（二）联想生成法

所谓联想生成法，是指学生通过联想，掌握事物之间的联系和事物的本质，并鉴别或比较它们的重要性，生成许多有联系的事物的方法。更确切地讲，就是通过创设情境和问题，激发学生进行多方向、多角度、多层次的思维。通过这一过程，既能让学生巩固所学知识，又能促使学生学会处理信息，同时还能培养他们的创造性思维能力。联想生成法是研学实践活动课程主题生成的最简便而又有效的方法。

联想生成法具体又包括头脑风暴法（圆桌会议法）、画问题树法（关联树法）、概念展开法、对话法等。

1．头脑风暴法

头脑风暴法是较实用的一种集体式创造性解决问题的方法，它既是学习的有效方法，也是研学实践活动课程设计的好方法。它是由学生和研学实践教育师平等讨论，以协商的方式共同选择和确定主题的一种方法。其主要特点是将有关人员召集在一起，以会议的形式（头脑风暴法也因此被称作"圆桌会议法"），对某一问题进行自由思考和联想，提出各自的设想和方法。参与的每一个人均需提出自己的想法，这不但能激活自己的想象力，而且能引发他人思维的震动。

使用头脑风暴法要抓好几个关键环节：各研学实践教育师之间或研学实践教育师与学生之间尽可能民主协商；必要时可以邀请一些社会人士或家长参与讨论；写下能够参考或想到的任何与主题有关的主题，要尽可能具体。如在"家乡的变迁"这一课程的主题设计中，不但老师能列举出家乡发生的一系列变化，学生也可以数出很多。但是，有了老师、家长及社会人士的参与，说说过去的情况，学生将会得到更大的启发。

2．画问题树法

进行研学实践活动课程主题设计的时候，还必须围绕课程主题考虑多方面的问题，这些问题有主次轻重之分，可以将所要分析的问题作为树基，用提问的方式，把一个个问题（如学生是否有兴趣、学生是否有探究基础、学生具有哪些知识结构等）放在树枝上，以便帮助我们选择和确定课程主题，这种方法就叫画问题树法。无论是对老师、对家长，还是对社区里的有关人士、对学生，我们都可以用下列问题进行调查发问：

（1）这一主题学生感兴趣并乐于参与的人有多少？

（2）这一主题是否能根基于学生已有的经验及知识结构？

（3）这一主题是否能帮助学生更加了解他们的生活？

（4）这一主题有没有生成性问题？

（5）这一主题是否能使学生有深刻而独特的体验？

随着这些问题一个个地在"树干""树枝"的不同部位落实，课程主题能否确立便有了基础。

3．概念展开法

这是按主题所包含的概念展开的方法。从主概念向次概念展开，犹如从一点向周围散开去，由此形成主题网络。主题网上许许多多小概念，就像是从一个中心概念（主题或论题）散发出星点一般。确立反映主题内容的不同概念和规则，进一步寻找能够体现概念、规则的事实，环绕在概念、规则周围，形成一个由中心向周围发散开去的主题网络。

4．对话法

师生的对话贯穿于研学实践活动课程始终，没有对话就没有研学实践活动课程。在对话的交互关系中，研学实践教育师不是知识的占有者和施于者，而是通过对话启发学生思维，在对话中让学生发现知识和获得智慧。苏格拉底曾对"对话"有过精辟的表述，他认为对话是一种在心灵深处的激动、不安和压抑的对话。在现实的经验情境中，师生的对话看似平常，但恰恰是在这平淡无奇的对话中，群体的知识转变为个体的知识，学习的思维得到启迪和引导。

例如：

周一下午是两节研学实践活动课程。在教室的一个角落里，我和课题组的学生一起讨论怎样开展研学课程。

"矿物质的研究范围可大了，你们打算从哪里入手呢？"

我们总看到娃哈哈 AD 钙奶的广告，所以我想了解矿物质对人体到底有什么用……，"我想……"孩子们兴奋地抢着说。

"你们真棒！善于从生活中发现问题。"我由衷地赞扬他们。

"那么你们打算怎么研究呢？我想听一下你们的计划。"

"找资料"，三位同学异口同声地说。

"去采访"，王维说。

"做一份宣传的东西，可以是小报，把我们的成果向大家宣传。"纪子越讲完后，另外两个小朋友激动地拍着桌子。

"先别得意，想法很好，但是我们还要想一想每一步具体做些什么？你们想通过资料了解些什么问题？准备到哪里采访，采访谁，采访些什么？"

研学实践教育师的指导语简单明了，在愉快轻松的交谈中，课程方案制定了出来，在这当中，研学实践教育师指导了学生的讨论，但并没有包办代替，而是在平等的交谈中让孩子们自己做主。因此，研学实践教育师就像一名优秀的主持人，穿针引线把整个课程组织起来。

（引自：郑晓峰.试论研学实践教育师对研学实践活动课程的有效指导［J］.中小学教育，2004:7.）

第八节　研学实践活动课程单一主题课程的设计

研学实践活动课程以某个主题为独立单位展开课程，其课程的主题称为单一主题。

一、课程目标的设计

单一主题课程的目标设计与系列主题课程的目标设计的不同之处在于：系列主题课程的目标是一个较为复杂的体系，形成了一个目标链，它在作为系列主题课程的总目标之下，有若干对应于系列主题课程之中各子主题的子目标，而单一主题课程的目标相对简单，同时重点也更加突出。

单一主题课程的目标陈述及呈现方式有多种形式。可以采用"知识与技能、过程与方法、情感态度有价值观"三维目标的陈述结构和呈现方式，也可以采用行动性目标取向、体验性目标取向、生成性目标取向的"三级目标"取向。这里"行为性目标取向"指明该研学实践主题课程实施后学生自身所产生的行为变化，注重学生在课程中的行为的结果。在设计时，行为目标一要精确，描述要准确和清晰；二要具体，目标行为能在课程过程中进行观察和检验；三要可操作，目标行为能够在特定情景和条件下得到实现。"体验性目标取向"是指主题课程的目标中要有过程性目标，以引导学生在研学实践活动课程中充分发挥主体性作用，落实学生的主体地位和实践体验。过程是体验的基础，在设计时，过程要具体、明确，具有鲜明的情景性、生动性和操作性，这样才能使学生产生真实的、独特的、深刻的体验。"生成性目标取向"是在研学实践活动课程中随着主题课程的逐步实施而自然生成的课程目标，它是研学实践活动课程的核心因素，必须处理好目标的生成性与课程过程、课程结果之间的关系，生成性目标与课程目的之间的关系，以促进学生情感、态度与价值观的不断养成。

对于目标的具体设计主要有分解设计法、重点设计法、生成设计法、参照设计法等多种不同的方法。分解设计法，即先通过对研学实践活动课程目标不断地分类、分层来细化课程目标，然后结合拟开展课程的具体情况，最后确定主题课程的具体目标的方法；重点设计法，即为了突出研学实践活动课程的某一特殊要求或突出学生、学校发展的特别需求而设计主题课程目标的方法；生成设计法，即根据国家规定的课程目标进行符合逻辑分解或根据课程的特殊要求，由研学实践教育师、学校、有关部门提出或在课程实施过程中不断调整、不断生成目标的方法；参照设计法，即充分借鉴各类、各种课程主题的理论性和操作性目标的研究成果进行主题目标设计或参照类似的课程目标来进行主题课程的具体目标的设计的方法。究竟选用何种方法，应从实际出发，从主题的类型、性质及内容出发。此外，在实践过程中，我们还可探究新的目标设计方法。

二、课程方式的设计

方式就是特定形式，或样式，或样态。单一主题的课程方式是多种多样的。下面主要介绍一下参观服务、问卷调查、文献查阅、观察课程、项目制作的设计。

（一）参观服务

学生的参观不能等同于成人的参观。在研学实践活动课程中，学生的参观要结合其他课程，使学生得以体验。如参观敬老院，要结合服务，有了服务，学生才有与老大爷、老奶奶在一起交流的机会，才有深刻而独特的个人体验。

（二）问卷调查

所谓调查，就是为了解现场而进行的考察，它能为进一步解决问题做好准备。无论是自然科学研究还是社会科学研究，无论是"硬"科学的研究还是"软"科学的研究，调查都是不可或缺的一种重要的研究方法。有时，调查甚至会贯穿整个课题研究的始终。

根据课题研究的不同要求，应采取不同的调查方法，比如跟踪调查、抽样调查、实地考察、访谈等。问卷调查是一种既经济又实效的常用的调查方法，问卷调查由一系列事先设计好的问题组成，它反映出探究者希望获得的信息，其最大的优点是简单、省时、省工、面广、收获大。另外，它也是一种重要的主题课程方式。

问卷调查的设计包括试测摸底、问卷设计与实施、问卷统计与分析、做调查结论等环节，而重要的环节之一就是问卷的设计。首先，要理清自己的思路；其次，要深入调查探究对象，了解其基本情况；再次，就是进行问卷的正式编制。问卷调查法所使用的问卷一般由调查题目、指导语、问题三部分内容组成。

在问卷设计中，要注意以下问题：一是设计出来的问卷的内容要符合实际情况。一般来说，问卷设计前要摸底，设计问卷后要试测，反复修改设计的问卷；二是问题的内容必须明确具体，不能似是而非；三是提问用词要通俗易懂，避免专业化，如对小学生进行调查，就不宜问"你认为市场疲软的关键原因是什么"这类问题；四是问卷设计时要避免使用带有诱导性和明显倾向性的语言，如"太阳底下最光辉的职业是研学实践教育师，你喜欢研学实践教育师职业吗"等问题。

（三）文献查阅

文献积累了无数有用的事实、数据、理论和方法、构想和假说，记载着人们成功的经验或失败的教训，反映了科学技术和人类文明的发展水平，预示着未来的发展趋势和方向。通过文献查阅，我们可以从有关书籍、报纸、杂志、文献中收集到大量与课程主题相关的资料，如事例、数据、图表、照片等。文献查阅要求从多方面进行设计，如用工具书查找、引文查找、网上查询等。

（四）观察课程

所谓观察，就是人们有目的、有计划、客观仔细地去查看、测量、记载有关事物和现象，这是研学实践活动课程中最常用的一种获取感性材料的方法。法拉第曾指出：没有观察，就没有科学。科学发现诞生于仔细地观察中。

观察的对象不同，要设计的观察内容也就不同。例如，对社会现象的观察，就侧重于对社会现象中人物言行的观察、事情经过的观察及其原因、意义的考察。

设计要符合有关规律，要扎实。有的要求学生用 10 天左右的时间观察植物的生长，这显然是不可能的。有的小学以"种玉米"为题进行探究，经过三个月的观察后，老师问道："是健康的玉米种子先结出玉米呢？还是不好的玉米种子先结出玉米？"乍一听，理所当然是健康的玉米先结出玉米，但仔细听了学生的观察所得后，大家发现情况并非如此。就学生观察所见：不好的玉米，大多长得不太高就结玉米了。但是，所结的玉米颗粒都很小，也不饱满，而且不久就干枯死了。相反，健康的玉米都长到一定的高度，才开花结穗，虽然结出玉米的周期较长，但所结的果实又大又丰满。所以，他们的结论是：健康的玉米是慢结玉米。这一结论若没有扎实的观察作为基础，是很难发现问题的症结的。

（五）项目制作

项目制作以解决一个比较复杂的操作性问题为主要目的，其目标是设计制作出比较科学合理、有一定创新性的方案或作品，一般包括社会性课程的设计和科技类项目的设计制作。项目制作设计主要涉及图纸设计和亲自实践。如美国小学生"设计制造自行车拖车"的设计涉及拖车图纸设计，学生不懂，只得走访求教于师傅。图纸设计出来后，学生根据图纸要求，找相关材料、工具。整个制作过程是在"师傅"的指导下进行的。完成后学生还想到推广他们的发明创作等。可见，项目设计要充分考虑整个流程，要讲科学，注重培养学生的科学态度与创新精神。

三、课程过程的设计

（一）课程开端的设计

课程开端是指研学实践活动课程进入实施过程后的起始阶段。犹如一盘棋的开局对整盘棋的重要性一样，课程开端设计得是否成功直接影响着研学实践活动课程的开端质量，影响着研学实践活动课程后续阶段能否顺利进行，影响着研学实践活动课程目标的实现。

研学实践活动课程开端的设计要注意通过多种方式使学生具有良好的情绪状态、积极的心理准备、富有针对性的心理指向，使学生真正投入情绪、情感以及调动各方面心理因素真正进入状态；要注意寻找课程的逻辑起点，使课程的开端与课程的后续能相互呼应、衔接自如，能有序转换；要注意为后续的实践课程、认知课程、总结课程打好知识和能力上的基础，提供充足的条件。

很多研学实践活动课程的开端往往从调查研究开始。事实上，可以根据不同的课程内容和课程性质设计不同的方式。有些探究类的课程可以从调查研究开始，而调查研究又可以从观察、查阅资料、走访有关人员等不同方式开始。有些制作类的课程则可以从设计开始，如从明确问题、明确设计任务，采用不同的思维方法进行多方案的构思等开始。有些服务类的课程则可以从体验开始，让学生直接进入情境、进入现场，或首先进行见习，然后再进入操作；或直接进入操作，边操作、边体验、边学习；等等。

对于同一班级多次的单一主题研学实践活动课程的开端设计，要注意不要采用千篇一律的开局方式。模式化、程式化的开局容易导致学生产生乏味以及不良的心理反应，降低学生的积极性，使研学实践活动课程流于形式。同时，也要根据课程目标，确定每一个单一主题课程的重点，在开局阶段避免低水平的重复和反复，以免浪费学生的学习时间，加重学生的学习负担。

（二）主体阶段的设计

研学实践活动课程的主体阶段是指研学实践活动课程进入实施后的主要实践过程。它是围绕课程的主要目标进行有针对性的实践的主要内容，不仅在课程过程的结构上占据主体，而且在课程时间上也占据主体。如在以探究为主要目标的课程中，探究的全过程是课程过程的主体阶段，而实施探究课程的准备工作、预备工作则是课程的开端，也就是说探究工具的准备、探究方法的选择、探究所涉场景的进入等可以视为开端，而进行实际的观察、分析、判断、研讨、访问等则为课程的主体阶段。

研学实践活动课程的主体阶段应当充满丰富的课程内容，要注意各种课程细节的设计，尤其是一些富有典型意义的课程细节、关键细节的设计更是研学实践活动课程主体阶段设计的关键。正是这些丰富多彩的细节组成了富有教育意义的课程过程，成为研学实践活动课程实现课程目标的内在基础。这些细节首先是实践本身的一些细节，如制作实践中，包括对制作方案的分析、判断、完善，实施制作过程中的材料的选择、工具的使用、若干部件的制作、不同部件的连接、整体的优化、制作作品的测试、评价等。这些细节因单一主题的类型不同而不同，是较为微观和细致的环节，有些需要研学实践教育师去引导，有些需要学生去悟，有些需要师生在互动基础上不断实践。其次是学生学习策略上的一些细节，如研学实践教育师与学生的互动学习，学生的合作学习、自主学习、体验学习、探究学习等。对不同的学习策略，应采取不同的设计，以增加其课程的有效性，促进其目标的达成。例如，学生的合作学习可以采取两两合作、小组合作；自选合作伙伴、指定合作伙伴；固定合作伙伴、变换合作伙伴等多种不同方式的设计。学生的体验可以采取实习、表演、示范、模拟等不同方式，以及明确目标去体验、带着问题去体验，或体验后提出问题、提出感悟等不同策略。

（三）课程成果形成阶段的设计

严格意义上说，研学实践活动课程的过程本身就是课程的成果，而且诸多单一主题的研学实践活动课程并不追求成果。当然，成果是必要的，其表现形式也是多种多样的。有内化于学生认知和能力结构之中的成果；

有对象化于过程的学生的行为表现方面的成果；有物化于对象世界的纸质类成果、产品类成果；等等。

对于课程成果形成阶段的设计，研学实践教育师要注意让学生感知成果的形成，使学生建立起成果意识，以便为后续的总结、评价和反思性课程奠定基础；要注意让学生从已有的实践过程设计、归纳和表现自己的成果，让学生善于通过过程选择自己的成果表现形式；要注意引导学生通过过程不断细化和完善自己的成果。

对于研学实践活动课程成果的形成阶段，研学实践教育师要防止过于追求成果而忽视过程的倾向，要注意培养学生具有严谨的科学态度、实事求是的精神以及精益求精的工作作风，同时要自己率先垂范，言传身教。曾有这样一个例子：一次研学实践活动课程刚进入开端，就有学生交上了 10 多页的探究性论文，而研学实践教育师则无原则地表扬这位学生，致使该班学生都把精力集中在成果的表达上，而忽视实实在在的过程，结果导致该次研学实践活动课程的失败。

（四）课程总结阶段的设计

课程的总结是研学实践活动课程必须经历的过程。没有总结，学生的学习往往事倍功半，致使教育失去良好的时机；没有总结，就没有学生更好地发展，就不可促进研学实践活动课程目标的全面实现。

课程的总结阶段可以采取多种形式，如让学生写总结日记、反思日记；召开总结会，让学生交流心得体会，对学生进行发展性、激励性评价；也可以召开成果展示会，让学生将形成的成果展示出来，供大家欣赏、评价。课程的总结形式本身就具有教育意义，研学实践教育师应注意精心设计、精心组织，要注意总结阶段每一个细节的设计，如在表扬那些有突出成果同学的同时，也要表扬一些有进步的、有专长的同学；在强调成果的同时，要注意让学生讲述或交流成果的来源；等等。

课程的总结可以设计得不拘一格。如有的研学实践教育师采用作品拍卖会的形式进行课程的总结，有的研学实践教育师采用论文答辩的方式进行课程的总结，有的研学实践教育师采用让学生述说故事的形式进行课程的总结，还有采用在网络上进行互动和公开发布的方式进行总结。当然，总结阶段的形式设计要与研学实践活动课程本身的内容和特性相结合，要与拥有的条件相结合，要进行时间成本、经济成本与教育效益性价比的核算，不可片面强求，也不要千篇一律。

总结阶段的设计，还要注意引导学生对已有课程方案、课程设计的反思、评价以及改进，注意引导学生对实际课程过程的行为进行较为深刻的回顾和反刍，注意引导学生从包括知识、技能、方法、情感、态度、价值观在内的多个角度、多个方面进行有效的总结。

第九节 研学实践教育课程设计模块参考

第一单元：主题课程通用部分

1．单位名称

如：北京行知立德文化交流有限公司，电话：18901159569。

2．单位品牌

如：行知立德。

3．产品设计人员

如：规划设计者王丽，电话：18601149569。

4．安全指数

如安全指数为五个级别（一级最低、五级最高）：本产品为五级。

5．产品执行人员

如：本产品现有执行人员 20 名，主要骨干导师如下：

林诚，张付敏，龙明华，严朗，肖进源，夏五四，林海，张富慧等。

6．适合学生参与的年龄段

如：本课程适合 12～14 岁，15～17 岁；初中至高中学生。

7．产品实施单次接待量

如：最大接待量 1100 人；最少接待量 100 人（可另议协商）。

8．年产值估算

如：研学实践为 2000 万元；游学为 1000 万元；冬夏令营为 500 万元

第二单元：主题课程产品内容参考模块一

1．研学主题。

2．课程时间。

3．参与人员年龄。

4．参加人数。

5．研学选题背景。

6．学情分析。

7．研学课程目标和目的。

（1）设计思路、理念、原则。

（2）研学实践教育课程总目标。

8．产品特色。

9．研学链接：教材。

10．师资配备。

11．研学实践教育课程的实施过程。

（1）准备阶段：

①确立研学课程目标；

②确立研学课程内容（提出问题）；

③课程过程。

（2）课程实施阶段：

①课程课时（学时）；

②课程方法；

③课程过程。

（3）中期指导阶段：

①课程课时（学时）；

②课程目标及过程。

（4）课程成果展示阶段：

①课程的具体目标；

②课程课时（学时）；

③课程过程及展示方法。

12．研学拓展。

13．研学保障。

14．研学任务。

15．研学评价：

（1）评价课程的具体目标。

（2）评价课程课时（学时）。

16．研学实践教育课程相关附件。

第二单元：主题课程产品内容参考模块二

1．研学主题。

2．课程时间。

3．参与人员年龄。

4．参加人数。

5．研学背景。

6．研学课程目标和目的。

7．产品特色。

8．研学链接：教材。

9．研学课程设计原则、设计理念。

10．师资配备。

11．主题概括。

12．研学拓展。

13．研学内容。

14．研学实施流程。

15．研学保障。

16．研学安全手册：安全预案和指数及安全责任书。

17．研学任务。

18．研学收获。

19．研学评价。

说明：使用本参考模块时，一是要根据课程，确定使用模块的内容；二是各个地区、各学校的要求也不一样，因此使用模块情况要根据当地的要求而定；三是模块内容可以交叉使用，但要注意合并同类项。

第十节　研学实践教育课程教学营员手册设计模块参考

一、封面设计

1．主题。

2．品牌。

3．出品单位。

4．执行实施单位。

5．美图设计。

二、学生信息资料填写

1．学生姓名。

2．所在学校。

3．所在年级和班级。

4．研学时间。

5．研学地点。

6．研学年度序号。

7．学生家长姓名。

8．学生家长手机。

三、序

1．研学旅行概念。

2．研学旅行的意义。

3．研学旅行将获得的收获。

4．学生的心愿，家长的心愿。

四、研学旅行文明出行安全须知

1．出行所带物品、证件。

2．研学旅行文明须知。

3．研学旅行安全须知。

4．研学旅行安全预案。

五、研学旅行课程要求

1．了解课程。

2．课程中：听，看，做，思考，记录，发言与互动。

3．任务完成与荣誉。

4．主题课程品牌注入。

5．问卷调查。

6．收获与分享，讨论与互动。

7．对家长和学生在安全中的要求。

六、主题课程部分

1．研学主题课程。

2．研学内容。

3．研学前参考阅读内容或延伸阅读内容。

4．研学任务（问题的植入）。

5．研学的连接。

6．对研学旅行主题课程的思考和相关联问题的思考。

7．研学旅行需要讨论的内容。

8．企业平台所植入的通用问题供学员进行答复。

七、研学评价

1．学校评价。

2．研学实践教育师评讲。

3．学生自评。

4．学生互评。

5．家长评价。

6．社会评价。

八、学生的荣誉

每次的研学主题课程，都应为学生设置奖励荣誉项目。如：

1．物品奖励。

2．奖状或奖牌。

九、对研学体验、体悟、体认的感想回顾

1．对有关联或要求的感想回顾。

2．学生自由发挥。

3．专题的感想回顾。

十、给家长的一封信

1．研学实施前需要给家长一个研学通知，就研学相关内容和监护需要家长和学生共同签字。

2．研学结束后，就学生完成的研学内容或收获，家长签字。

第五部分　研学实践教育组织与管理

第一节　研学实践教育活动课程实施的特点

研学实践活动课程如停留在规划设计层面，而不付诸实施，它的独特价值就无从体现，研学实践教育师和学生也就不能从课程过程中获得多方面的发展。研学实践活动课程的实施状况反映了学校与研学实践教育师的教育理念，折射出学校与研学实践教育师全面落实新课程的情况，同时，也折射出社会及家庭对新课程改革的关心、重视及支持程度。与学科课程的实施相比，研学实践教育活动课程的实施具有自身的特殊性，其特点主要表现在以下几个方面。

一、影响因素多

研学实践活动课程的实施涉及因素相当多，有人、财、物、信息、时间、空间等。每个因素又包括多个方面，如人的因素，有来自学校领导和老师方面的因素，有来自校外的研学实践教育师、家长的认识与支持方面的因素，还有来自学生的知识经验、能力、兴趣爱好等方面的因素。在研学实践教育师方面，又有研学实践教育师的课程实施能力、合作协调能力、资源开发与使用能力等。在指导研学实践教育师的实施能力中，又包括课程的设计能力、组织管理能力、预测能力、信息使用能力、总结评价能力等。物的因素也包括许多方面，有来自学校内部的，如图书馆、资料室、实验室、多媒体教室、教学与实习研究基地等；有来自学校外部的，如科技馆、科学宫、文化宫、农村、工厂、科研院校和自然中的各种资源等。由此可见，研学实践活动课程的实施涉及的因素很多。有时，甚至天气的变化等都会在某种程度上影响研学实践活动课程的实施及其效果。

二、时间跨度长

虽然国家规定了研学实践活动课程的实施时数为每周3节课，但并不代表这3节课是每周平均使用。实际上，研学实践教育师可根据课程主题的不同需要对时间进行灵活分配，有的课程主题很大，要经过一系列课程才能完成，需要的时间多，延续的时间就长；有的课程主题相对来说较小，两三次课程就能完成，需要的时间少，延续的时间就短；有的课程时间可能是集中使用，有的则可能是分散使用。总体来说，研学实践活动课程实施具有时间跨度长的特点。

三、课程场所多

研学实践活动课程实施的开放性特点决定了其实施的课程场所多、课程空间广。其课程场所不单是学校，还延伸到学校之外的家庭、企事业单位、社区机构、社会生活场所、科研单位等，融入现实生活事件、现象和情境之中。这样一来，既密切了教育与生活、学校与社会、教学与实践的联系，又拓展了学生的实践课程范围，为学生的发展开辟了无限广阔的空间。

四、方式多样化

研学实践活动课程的实施方式是多种多样的，不单是研学实践教育师的讲授、引导，还有研学实践教育师指导下的学生课程，如参观、调查、访问、报告、座谈、查阅资料、实践尝试、体验、设计、制作等。多样化的方式为学生所喜闻乐见，为学生获得多方面的发展奠定了基础。

五、凸显自主性

学科课程的实施要考虑教材、教学大纲的规范，体现国家的统一要求。而研学实践活动课程的实施则是学校、研学实践教育师依据《中小学综合实践活动课程指导纲要》规定的课程目标，自己选择课题并进行课题的设计、实施、评价等，它更多地体现出自主性。研学实践活动课程实施的自主性要求研学实践教育师不仅要落实课程计划，还要根据本课程的特点和目标，自主选择主题内容和课程场所，选择组织形式和教学方法，意识到自己既是课程的实施者，又是课程的开发者、设计者和组织者。同时，还要关注和激发学生的主体意识，充分尊重学生的自主权利，让学生有更多的机会进行设计、开发、行动、体验与创造，使其享受到过程的艰辛、探究的乐趣、课程的愉悦、劳动的充实、服务的快乐、创造的幸福，获得积极的生存体验，增强使命感和责任感。因此，这里的"自主性"既包括研学实践教育师教的自主性，也包括学生学的自主性。

六、安全要求高

研学实践活动课程的实践性使得学生不再仅仅端坐在教室里与笔墨纸砚打交道，而要与各种各样的工具、设施、人员打交道，这就带来了操作实践中的安全问题；研学实践活动课程的探究取向要求学生走向社会、接触自然，走访各类人员，调查各种事项，这就带来了社会学习过程中的安全问题。加之，小学生尚处于身心发展的未成熟阶段，判断是非的能力、应对偶发事件的能力、心理承受能力还不是很强，这也使研学实践教育课程中的安全问题上升为研学实践教育课程实施"第一位"的问题，成为部分制约课程发展的"瓶颈因素"。

七、管理难度大

研学实践活动课程实施有着较大的自主性，即无统一的教学内容，需要研学实践教育师从学生的生活、社会中寻找他们熟悉、感兴趣的课题内容；无绝对固定的指导研学实践教育师，每次课程要根据课题内容的选定来聘请指导研学实践教育师，除了校内的研学实践教育师以外，可能还有社会上各个不同部门、行业的人员；无固定不变的课程场所，课程可以在校内进行，也可以在校外进行，可以是一部分课程的实施在校内进行，一部分课程的实施在校外进行；无固定的课程模式，由于课程主题不同，采用的方式方法不一样，每次课程都没有固定的模式。此外，研学实践活动课程的评价有侧重性评价、表现性评价等内在的评价，课程实施涉及的因素多，学校、社区、家庭的重视程度不同，加之管理中还存在一些问题，如研学实践教育师工作量的计算、科研成果的鉴定等。总之，研学实践活动课程实施的管理难度很大。

第二节　研学实践教育活动课程实施的主体、任务及过程

一、研学实践活动课程实施的主体

在研学实践活动课程的实施中，如果把研学实践活动课程作为一个客体，那么，参与课程实施的人就是研学实践活动课程的主体，它主要包括教育行政管理部门、学校、研学实践教育师、学生、社会相关部门的人员、学生家长等。教育行政管理部门可以对研学实践活动课程实施进行区域性的统一规划，对课程实施进行指导、监督、评比等，起着引导、评价、监督的作用；学校进行研学实践活动课程规划、资源开发、校本培训，对课程实施进行管理评价，起着规划、决策、管理的作用；研学实践教育师通过制订课程方案、协调多方面的关系、开发与使用课程资源、对课程过程进行指导、对课程实施进行总结等，是研学实践活动课程实施的具体落实者、指导者和管理者，起着决定性作用；学生则根据自己的兴趣，选择课题、查找资料、参与课程过程、展示课程作品、进行自我评价等，是研学实践活动课程实施的主要对象，是课程的直接参与者和受益者；社会相关部门的人员根据学校课程的需要提供资源，进行相关课程技术及资料方面的帮助，是研学实践活动课程实施的有力配合者；家长则根据课程的需要和自身的特点，有选择地参与研学实践活动课程的实施，但是，家长对课程实施的理解与支持贯穿于课程全过程，他们是研学实践活动课程实施的积极支持者。

由此可见，在研学实践活动课程的实施中，不同主体所承担的任务是不同的，其中，学校以及学校研学实践教育师作为课程实施主体中最核心的部分，任务最重，所起作用最大。他们既是课程实施的组织者、决策者、设计者、实施者、指导者、管理者和评价者，又是其他主体之间的指导者、协调者和管理者。

二、研学实践活动课程实施中各主体的任务

研学实践活动课程实施的主体多，但起主导、核心作用的是学校与研学实践教育师。

（一）学校的任务

学校在课程中承担的主要任务有以下几个。

1．培训研学实践教育师

通过专题讲座、研讨等形式，形成研学实践教育师关于研学实践活动课程的理念与认识，帮助研学实践教育师掌握课程实施的方法与策略；制定切实可行的学校研学实践教育师培训方案，注重可行性，既要体现该课程的理念，又要体现学校的特色。

2．开发课程资源

即协调多方面的力量，对学校、地区的各种资源进行分析，联络相关部门，建立研学实践活动课程基地。

3．组织教学实施

包括安排课程课时、选派指导研学实践教育师、确定课程主题、落实课程场所以及提供课程经费等。

4．课程管理、评价与督导

包括设置课程，确保每周3课时；建立专门机构，负责对研学实践活动课程实施进行统筹规划与管理；制定课程实施的相关制度；对研学实践教育师的课程实施进行评价；合理计算研学实践教育师的工作量等。

5．加大宣传力度

向社会和家庭宣传实施研学实践活动课程的意义，以取得社会的支持、家长的理解与合作。

（二）学校研学实践教育师的任务

学校研学实践教育师承担的主要任务有以下几个。

1．制定课程规划

根据研学实践活动课程的总目标，结合社区、学校的特点，从整体的角度进行全面规划，设计不同年级的课程实施规划并考虑课程的年段衔接。

2．开发与利用课程资源

根据课程的实施要求，最大限度地开发和利用课程资源，提高资源的利用效率。

3．具体实施课程

包括主题的生成、课程方案的制订与实施、课程的总结与反思等，这里课程的实施又包括课程的准备、课程的过程以及课程成果的展示与交流。

4．教学评价

对研学实践活动课程实施的效果进行评价，总结经验，发现问题，为下一步课程实施提供反馈信息。

三、研学实践活动课程实施的过程

研学实践活动课程实施的过程主要包括生成课程主题、制定课程方案、实施课程方案、总结交流与课程反思五个步骤。

（一）生成课程主题

课程主题的确定要着眼学生的生活，从学生的生活中选择有探究价值、能促进学生发展的问题。同时，考虑本地、本校可利用的教育教学资源，尊重学生的兴趣。课程主题要具有新奇性、趣味性、启发性和实践性，既有一定的难度，又是学生经过努力能达到的。

研学实践教育师可指导学生以现实生活为切入点，设计主题；可以研究地方和学校课程资源，设计与社区生活相关的主题；可以联系现代科技和社会发展，设计课题；也可对学科知识进行重组，开发综合性课题；还可从学生的不良习惯、存在的问题出发，确定课题。

（二）制定课程方案

课程方案是课程的规划和蓝图，是课程开展的前提条件。课程方案主要包括课题名称、课题研究的准备、课题研究的时间安排、课题研究的成员、课题研究实施的形式、主要步骤、资料收集的途径、预期成果及其呈现形式、安全保障措施等。

制定课程方案时，要注意以下几点。

（1）顾全大局，服从整体。党的教育方针、国家的法规以及新课程的思想是制定课程方案的重要依据，方案一旦成文，应送学校领导审阅批准。

（2）具体细致，逐一落实。课程的时间、人员的分工、内容、总目标、阶段目标，必须一一细化，以增强课程的计划性，减少盲目性，提高课程的效果。

（3）实事求是，量力而行。如果课程方案缺乏对主、客观因素的充分估计与分析，方案的可操作性就会很差，也就无法保证课程的顺利进行。研学实践教育师要从人力、物力、财力、时间、学生情况等方面进行审视。有些课程可能是跨学科的，这时就需要考虑指导研学实践教育师的水平与能力、社会人士参与的可能性、学生的接受程度。课程目标过高，会影响学生参与的热情；课程目标过低，则使学生失去挑战的机会，难以起到激励的作用。

（4）群策群力，集思广益。要把制定方案的过程看成发动与组织研学实践教育师、学生的过程，广泛听取研学实践教育师和学生的意见，以确保课程计划贴近实际、趋于合理、便于实施。

（5）机动灵活，留有余地。在保证方案严肃性的同时，如果情况确实有变化，方案也必须根据实际情况进行修改。另外，方案还要留有余地，不能安排得密密麻麻、不留空隙。

（三）实施课程方案

实施课程方案包括一系列较为具体的课程。

（1）引导学生开展多样的课程。研学实践教育师要根据可能的条件和学生的实际情况，尽可能引导学生采取他们喜闻乐见的多种形式，如调查、访问、参观、实验、测量、统计、分析、制作、表演、社会宣传等。这样既可以避免课程的单调枯燥，提高学生参与课程的兴趣，又可以在多样的课程中培养学生多方面的能力。

（2）提供必要的物质支持。研学实践活动课程的实施需要以一定的物质条件为前提，因此，研学实践教育师必须提供必要的条件，如图书资料、网站地址、实验器材、课程工具等，并使学生具备使用工具的能力和技巧，在课程中培养学生收集信息、利用信息的能力。

（3）教给学生必要的方法。研学实践教育课程形式多样，有些课程所需要的方法、技能是学生较少接触到的，因此，研学实践教育师必须对学生进行相关的培训。例如，如何使用视听工具、如何进行访谈、调查报告的基本格式是什么样的、如何利用工具书、如何对已有的资料进行整理等。如果没有相应的准备，学生就有可能走弯路，课程效率不高，同时，课程的科学性、规范性也会大大降低。反之，如果学生掌握了相关的方法、技能，那么课程效率和规范性将大大提高，课程本身对学生发展的价值也就越大。

（4）协调各方面的关系。研学实践活动课程实施的场所多、空间广，涉及因素复杂，因此，研学实践教育师要与多方面取得联系并协调好它们之间的关系，以求得多方面的支持与帮助。例如，协调好学校内部与外部的关系，创造良好的外部环境，使家庭和社会成为学校开展研学实践教育课程的最有力的支持者和配合者。

（5）指导学生做好原始资料的积累工作。在研学实践活动课程的实施过程中，有许多原始资料，如调查问卷、实验数据、课程日记等，真实地记录着学生的课程过程，它们是进行课程总结和交流的重要依据，也是学生成长记录袋的重要素材。研学实践教育师要指导学生学会做原始资料的记录，如课程主题、时间、地点、指导研学实践教育师、分工、课程经过及课程结果等。

（6）及时发现生成性课题。由于研学实践教育课程具有非预设性的特点，因此，在课程过程中，随时都有可能出现让人意想不到的情况。要引发学生思考，生成新的课题，发现新的问题。如某学校以"牛奶"为主题，进行了系列课程的规划与实施，在研学实践教育师讲解牛奶的营养、牛奶与健康的关系时，突然有一位学生问老师："牛奶这么好，那为什么我们每天都喝牛奶，而农村的小朋友却很少喝牛奶呢？"显然，这就是课程过程中引发出来的问题，而这一问题恰恰反映出大多数城市小学生对农村儿童生活状况缺乏了解。只要研学实践教育师积极引导学生从认识、经济、观念等方面进行探究，该课程的开展就会收到很好的效果。

（四）总结交流

总结交流主要是指对学生在研学实践活动课程实施过程中的表现及成果的检查，但它同时也为师生之间、学生之间共同学习、共享成果提供了机会。在交流与总结中，学生增加了知识，开阔了眼界，拓宽了思路，学会了其他同学观察、思考、分析问题的方法。

在总结交流时，一般需要注意以下几点。

（1）交流的形式可多样化。交流的形式可以是静态的，也可以是动态的。静态的，如一篇论文、调查报告、日记、作品等；动态的，如一次演讲、报告、制作比赛、心得交流。交流不仅有校内、班内的交流，还有校外的、与社会进行的交流，如将学生的合理化建议、要求及时提交到相关部门，将学生的成果向社会展示等。

（2）成果展示要自然真实。研学实践教育课程的成果展示重在学习，即让学生在展示、交流中感悟、体验，而不是为展示而展示。因此，研学实践教育师要引导学生把自己的课程经验、体会、发现、作品展示出来，使学生意识到展示不是为了获奖，而是一种真实情感的自然流露。

（3）启发提升，拓展主题。总结交流的目的最终还是要落实到学生的情感体验、创新精神和实践能力的培养上，即培养学生关注社会、自然、自我的责任感，加强学生与社会、生活的联系，改变学生的学习方式，形成学生对个体及社会生活方式的思考力和判断力。因此，在课程总结与交流中，研学实践教育师要善于抓住时机，进行主题的拓展与升华。

（五）课程反思

课程反思以探究与解决课程设计、开发、实施的手段与技术为出发点，伴随着研学实践教育师与学生的共同发展。学生将在反思中"学会学习"，研学实践教育师将在反思中"学会教学"。课程反思帮助研学实践教育师以理性的方式审视自己的教学行为，提高效率，创造性地实施课程，同时，为今后的课程实施积累经验。

研学实践活动课程实施中的课程反思可分为主题课程实施前的反思、实施中的反思和实施后的反思。

1. 主题课程实施前的反思

要求研学实践教育师对学生的需求、基础，研学实践教育师的教学能力、特点，教学目标、教学策略等进行反思。研学实践教育师可以从以下问题入手进行实施前的反思。

▲主题课程的目标是否明确？

▲课程主题的来源是否考虑到学生的兴趣与需求？

▲主题课程的内容对学生哪些方面的发展有利？

▲学生参与课程的程度如何？

▲学生对本次主题课程的哪个方面可能最感兴趣？

▲自主课程中，学生在哪些方面需要得到研学实践教育师的指导？

▲上次主题课程实施中最失败的地方在哪儿？本次主题课程中有没有改进？

▲是否有相对完善的主题课程方案？

▲方案是否具有可操作性？

▲与课程主题相关的知识与能力是否具备？

▲本次主题课程还需要得到哪些方面的支持？通过哪些途径获得这种支持？

▲如何做好学生课程情况的记录？

▲收集学生信息的手段准备得如何？

2．主题课程实施中的反思

在研学实践活动课程实施过程中，不可预测的情况时有发生，这就需要研学实践教育师在实施过程中不断进行反思。如果在指定课程方案时对教学课程环节、学生的情况、实施的条件以及可能出现的问题做了很全面的考虑，主题课程的目标就会比较清晰，遇到生成性问题时，课程目标将会得到及时的修正、补充，从而提高研学实践活动课程实施的效率。对生成性问题进行反思，有助于培养研学实践教育师的规划意识及应变能力，避免当生成性问题出现时，研学实践教育师手足无措，陷入僵局。

3．主题课程实施后的反思

在反思过程中，研学实践教育师可以追问自己：主题课程是怎样进行的？课程中达成了规划中目标的哪些方面？实施中改变了方案的哪些内容？哪个环节中学生收获最大，是哪个方面的收获？我参与了主题课程的哪些环节，是否存在包办行为？我对学生进行了哪些学习方法上的指导？学生所获得的学习经验会对哪些学科的学习有帮助？是否还有其他的教学策略能使主题课程更有利于学生的发展？是否需要尝试新的教学策略……根据这些问题，研学实践教育师可以清醒地意识到自己教学行为的价值，判断自己是否成功地完成了教学目标，并在增强成就感的同时明晰存在的问题。这样的反思能有效地提高研学实践教育师的教学能力，使今后的教学工作更具理性色彩。

主题课程的过程观察可采用录像观察法与同伴观察法。

第三节　研学实践教育活动课程实施中的问题

当前，研学实践活动课程实施尚处于起步阶段。从目前实施的总体情况看，学校实施研学实践活动课程的意识在不断增强，有的学校有意识地进行了研学实践教育师的学习与培训，有的学校建立了研学实践教育课程基地，有的学校对课程实施情况进行了总结评估。应该说，研学实践活动课程的实施取得了一定成效，但是，正视目前的现实情况，形势也不容乐观，问题还比较严重。

一、存在的问题

（一）注重课程的形式，忽视课程的实质

目前，我国各地小学在新课程改革精神的鼓舞下，纷纷开设研学实践活动课程，并通过课程展示、报告会、研讨会等形式进行交流和研讨。从各种各样的课程展示中可以发现这样一种现象，很多课程组织得热热闹闹，形式丰富多样，但这些热热闹闹的课程究竟给学生带来了什么，起到了什么作用，实施的研学实践教育师也说不清楚。这往往是由于研学实践教育师在课程设施缺乏中对课程目标、价值的把握和准确追求导致的现象。虽然形式主义的、限于表面化的课程固然给人们带来感观上的满足，但对学生的发展缺乏实质性的贡献，这种现象不是研学实践活动课程的真正追求。

（二）注重课程的结果，忽视课程的过程

一些学校、研学实践教育师将研学实践教育课程实施中的相当一部分精力花在成果的规划和总结上，甚至有的在课程还未开展就开始部署如何出学生的论文集、作品集，开学生的成果展示会，甚至邀请各方人士、社会贤达参加成果展示会等。研学实践教育课程的成果总结阶段固然值得重视，但过于渲染成果而忽视实实在在的过程，忽视过程中的丰富教育资源的挖掘，是非常可惜的，也是与研学实践教育课程的基本理念和目标追求背道而驰的。

（三）用学科教学的方式实施研学实践教育课程

目前，一些学校存在着大量采用研学实践教育师"教"研学实践教育课程的方式来实施研学实践教育课程，甚至一些研学实践教育课程公开课都是采用"彻头彻尾的学科教学方式"来上，按"复习已有知识" "引入新课题" "研学实践教育师进行传授" "学生课堂讨论" "进行课堂练习"等环节进行。出现这种现象并不奇怪。这是由于这些老师对研学实践教育课程与学科教学的区别尚不清楚，对研学实践教育课程实施方式及基本要求尚不明确，而往往用学科思维来认识研学实践教育课程的研学实践教育师指导问题。

（四）缺乏对学生学习时间的整体管理

有些研学实践教育师对研学实践教育课程的实施有一股热情，但缺乏科学精神，缺乏对学生心理特点的把握和学生学习负荷的认识。曾有一位研学实践教育师为四年级学生安排了十三个主题的研学实践教育课程，而且每个主题的课程都涉及调查研究、网络查阅资料、撰写论文等，结果学生课外忙得不可开交，部分家长也只好代替子女去"访问"、去"调研"、去"写作"。

二、原因探析

（一）观念方面的原因

观念对行为具有指导、制约和调节的作用。没有正确的观念作为指导，行动必然会出现偏差。研学实践活动课程在观念方面常出现这些偏差：认为研学实践活动课程是活动课程的翻版；认为研学实践活动课程就是研学实践学习；认为研学实践活动课程就是组织学生进行研究性学习；认为研学实践教育课程就是让学校"热闹"，搞一、两个案例，写几篇文章，使学校出名；认为研学实践活动课程就是"乡土课程"，利用地方的历史文化、风景资源，进行外出参观等。

第一，研学实践活动课程不同于活动课程。研学实践活动课程由活动课程发展而来，二者都具有自主性和实践性的特点。但是，活动课程的目标比较单一，如科技课程、文体课程等。研学实践活动课程的目标则强调综合、生成、体验，倾向于社会要求与学生需要的统一，注重发展学生研学实践教育课程能力、创新精神及良好的情感、态度与价值观。

第二，研学实践活动课程不同于研学实践学习。研学实践活动课程直接指向学生的个体需要，强调直接经验和间接经验的整合、课堂学习与社会实践的整合，以及自我、社会与自然的整合，强调在"做""课程""参与""探究"中进行。

第三，研学实践活动课程并不就是研究性学习。研学实践活动课程是一种基于学生的直接经验，密切联系学生自身生活，充分利用社区资源，体现对知识的综合运用的课程形态，它涉及课程开发、设计和实施等问题。

第四，研学实践活动课程并不是旅游。研究实践教育活动课程是以教育为核心，以旅行元素做载体的一种教育行为，任何旅游形式的活动，都不能代替研学实践教育活动。

（二）课程本身的原因

研学实践活动课程是一个新生事物，其特点及独特价值使得它的实施比实施学科课程的难度更大，灵活性更强。这也给研学实践活动课程的实施带来了一系列问题，具体表现为以下几个方面。

1. 研学实践活动课程的主题生成问题

研学实践活动课程是以主题为线索来组织的，因此，主题的确定是一个核心问题。研学实践教育课程主题的确定应尊重学生的兴趣，发挥学生的自主性，让学生在课程中发现问题、获得实践的体验和发展；同时，让学生学会发现和生成课题。但是，目前研学实践教育课程的主题多为研学实践教育师规定，没有放手让学生去确定主题，没有突出学生的主体性，限制了学生创造性的发挥。

2. 研学实践活动课程实施中方案的落实问题

课程方案是开展课程的基本规则和依据。由于小学生年龄还小，自控能力较弱，开展课程所需的知识和能力也比较缺乏，所以，课程中出现了困难、课程热情下降等问题，导致课程方案无法落实。

3. 研学实践活动课程资源的开发和利用问题

研学实践教育课程强调课程与生活、学校及社会的有机联系，它突破了传统课堂的局限，向社会生活领域和自然环境延伸，也正因为如此，研学实践活动课程资源的开发与利用显得尤为重要。

4. 研学实践活动课程实施中学生的兴趣转移问题

在研学实践活动课程实施初期，学生往往会表现出浓厚的兴趣和满腔的热情。但是，在课程的中后期，学生的兴趣往往会发生转移，出现与预期课程目标不相符的现象。这时，有的研学实践教育师强迫学生去参加课程，有的学生被动放弃，有的则中途放弃，都不能达到预期的效果。

5. 研学实践活动课程实施的整合问题

研学实践活动课程指定领域包括研究性学习、社区服务与社会实践、劳动技术教育与信息技术教育四个方面，整合这四个领域是研学实践活动课程实施的基本要求。但由于研学实践教育师的设计通常是以某一领域的主题为中心，或由于学生经验缺乏，结果就时常出现重视一个领域而忽视其他领域的现象。

（三）评价方面的原因

研学实践教育课程强调让学生通过课程来体验学习，在体验中将所学得的知识内化为自己的知识结构。因此，研学实践活动课程的评价是对过程的评价，也是在过程中的评价，评价贯穿于实施的整个过程。研学实践活动课程的评价关注学生的参与度、学生在过程中的收获，以及学生在课程中的情感、态度与价值观的形成，其目的在于了解学生状况，改变学生的学习方式，激发学生的学习动机，促进学生的发展。但是，目前不少学校和研学实践教育师认为升学考试没有这门课程，因而消极对待，应付心理较重；也有学校在评价时过多地关注课程的最后结果和课程过程产生的作品，如论文、报告、作品等，忽视对学生进行体验性评价，有的学校甚至还出现研学实践教育师给学生打分的现象。

（四）保障方面的原因

1. 校长

校长的远见、推动力、决策、优先安排等是促使研学实践教育师成功实施课程的重要因素。即使有专业研学实践教育师、专业指导，但如果缺乏校长的支持和努力，那么，研学实践活动课程的实施也只能是一种理想。目前，很多学校的校长仍然只注重学生的学科分数，对研学实践活动课程的重视还不够。

2. 研学实践教育师

研学实践教育师是研学实践活动课程有效实施的关键。与传统的学科课程的实施相比，研学实践活动课程的实施具有涉及因素多、时间长、场所多、安全要求高等特点，因此，部分研学实践教育师有畏难思想和情绪。加之多数研学实践教育师缺乏与该课程相关的知识、能力以及相关的学习培训，当碰到问题时，往往不知所措。

3. 家长的支持问题

孩子的成长和成功是家长送孩子进学校的直接目的。受传统观念的影响，家长把孩子能考上名牌学校、重点学校作为他们的最大愿望，把分数作为唯一的标准。许多家长不愿意让孩子把时间和精力花费在研学实践活动课程上，他们认为这会影响孩子正常课程的学习。因此，对研学实践活动课程给予的理解和支持不够。

4. 经费保障

任何一门课程的实施都还涉及经费问题，研学实践活动课程的实施更是如此。由于研学实践活动课程实施涉及的范围广，有的在校内进行，有的在校外进行，也有的在校内外同时进行；接触的人员多，既要与学校研学实践教育师、家长联系，又要向社会上的有关领导和专家请教；需要的设备多，如果是试验性研究，不仅需要一般的试验用品，更需要先进的技术设备……几乎一切课程的展开都离不开经费。但是，学校目前对研学实践活动课程实施投入的经费很少，有的甚至根本没有投入。

第六部分 研学实践教育课程评价

第一节　研学实践教育活动课程评价概述

一、研学实践教育活动课程评价的概念

（一）研学实践教育活动课程评价的定义

所谓研学实践活动课程评价，是指依据一定的标准和理念，运用一定的评价方法，对研学实践活动课程方案、实施过程以及结果等做出价值判断的过程。

研学实践活动课程评价不同于一般的学科课程评价，它主要针对的是学生在研学实践教育课程中的素质和品质发展状况。学科课程的评价多采用书面的、量化的、等级的以及比较客观的知识点考试的方法，而研学实践活动课程评价一般采用质性评价，不仅关注学生掌握知识的多少，更加关注学生在实践课程过程中的能力、情感、态度和价值观，因此，研学实践活动课程的评价理念和评价标准与学科课程存在着很大的差异。

（二）研学实践教育活动课程评价的作用

1. 促进研学实践活动课程的诊断与修订

通过评价可以发现正在形成或实施中的研学实践活动课程的优缺点，为课程方案的进一步修订提出建议。同时，研学实践教育课程在实施后能够收到哪些成效，只有通过评价才能全面衡量并做出判断。这种判断不仅有对目标达成程度的了解，而且有对效果的把握，甚至还包括对那些在预定目标之外的结果的把握，从而优化课程方案。

2. 促进学生的发展

研学实践活动课程的评价有助于促进学生个体的全面发展。首先，评价不仅注重学生知识、技能的掌握，而且关注学生在研学实践活动课程中的表现，尤其是关注学生在课程中情感、态度、价值观的发展；其次，评价依据学生的不同背景和特点运用不同的评价方法，客观判断每个学生不同的发展潜能，从而为每个学生的发展提出个性化建议；再次，研学实践活动课程的评价通过关注学生对评价过程的全面参与，能够促进学生进行自我反思，增强他们认识自我、激励自我、改造自我的能力，进而促进学生不断地成长。

3. 促进研学实践教育师的专业发展

首先，研学实践活动课程评价倡导把评价结果以恰当的、建设性的方式反馈给指导研学实践教育师，使研学实践教育师最大限度地认可与接受评价结果，从而建立起对自身更客观、更全面的认识，知道自己存在的不足，明确今后发展的方向，研学实践教育师在研学实践活动课程评价中不断反思，促使其专业不断成长。其次，评价能促使研学实践教育师认识研学实践活动课程的特点，掌握新的评价理论与评价技术，提升研学实践教育师的教育与科研能力，促进研学实践教育师的专业成长。

二、研学实践教育活动课程评价的理念

（一）评价要关注学生的发展

评价要关注学生的发展，要以促进学生心理素质的全面健康发展为宗旨，以学生为中心，从课程中挖掘发展因素，最终促进学生的发展。研学实践教育课程面向全体学生，重在促进每一个学生都能有所发展，学生的发展是评价研学实践活动课程质量的根本标准。研学实践活动课程评价在评价功能上应突破甄别与选拔功能，重视运用发展性评价，以促进每一个学生的进步与提高。

（二）评价要立足整体

研学实践教育课程评价要求把开发、实施、评价融为一体，而不是课程结束后才进行评价，同时，评价要关注学生整体发展状况。整体评价要求在评价中将学生在研学实践教育课程中的各种表现、行为以及课程产品，如研究报告、模型制作、主题演讲、心得体会等作为评价依据，将评价贯穿于整体课程过程中，并对研学实践教育课程、学生的表现加以整体观照与评价。

（三）采用多元化评价

多元化评价理念主要包括评价主体、评价内容、评价标准、评价方式的多元化。

1. 评价主体多元化

评价要改变单一由研学实践教育师评价学生的状况，实现评价主体的多元化。长期以来，以研学实践教育师为单一的评价主体，忽视了其他主体特别是学生主体的作用。实现评价主体多元化，就是使教育评价成为管理者、研学实践教育师、学生、家长共同参与、共同建构的课程，同时，应特别重视学生在课程中的自我评价和自我改进，使评价成为学会实践和反思、发现自我、欣赏他人的过程。

2. 评价内容多元化

研学实践教育课程评价应注重对学生综合素质的考察，不仅关注学生的知识掌握状况，而且注重学生创新精神、实践能力、心理素质、学习兴趣以及情感的体验等方面的进展。在评价时，不仅涉及对课程结果的评价，更要关注对课程过程的评价；不仅要关注学生的全面发展，还要关注研学实践教育师的专业发展、学校的课程建设情况等。

3. 评价标准多元化

研学实践教育课程评价标准应该尽可能多元化。在具体实施中，评价主体应注意用不同的标准去评价不同的对象。例如，对不同年级学生，评价标准应有一定层次；同一班级的不同学生，评价标准也应有差异。研学实践教育课程评价应根据学生的经验背景、智力发展水平和情感发展水平的不同而选择不同的标准，提出不同的要求，进行不同的评价。要承认学生的个别差异，充分尊重学生的这些差异，尊重学生独特的思维方式和课程方式，努力做到因材施评。

4. 评价方式多元化

研学实践活动课程的评价方式应灵活、多元，一般应将书面材料的评价与口头报告、课程展示评价相结合，将研学实践教育师评价与学生自评、互评相结合，将小组评价与组内个人评价相结合，在演讲、绘画、表演、写作、参观、访问等多种课程展开的过程中进行评价，同时还可以使用讨论、协商、交流等方式对学生进行评价。

（四）评价注重过程

　　研学实践教育课程的评价注重过程，是指评价不能仅仅针对得出的结论，而应重视学生课程的过程，揭示学生在课程过程中的表现以及他们是如何解决问题的。研学实践活动课程目标的重点在于培养学生的情感、态度和能力，而非传递特定学科的知识，所以评价时不应过多地看重学生知识获得的多少以及作品成果的优劣水平，而应特别关注学生参与课程的态度、创新精神以及所获得的直接经验。研学实践教育课程不能以成败论英雄，而更应关注学生的课程参与、探索和体验。

　　研究性学习是研学实践教育课程的一个重要领域，也是研学实践教育课程实施的基本方式，即用类似于科学研究的方式让学生主动地获取知识，形成认识。但其与科学家的研究毕竟不同，对小学生来说，研究性学习更多的是对探究过程的关注，让学生在过程中获得一种体验、一种经验，对他们进行一种科学研究的熏陶和培养，培养探究意识，重在过程而不在结果。所以，在评价上，要重视过程，要关注学生在参与课程过程中的表现和态度。

第二节　研学实践教育活动课程评价的内容与方法

一、研学实践教育课程评价的内容

（一）课程方案的评价

研学实践教育课程方案的评价主要是对课程主题选择及课程方案设计所进行的评价。对于课程方案本身的评价，要从课程方案的合理性、教育效能与可行性程度等方面进行。

1．课程主题的评价

（1）主题的时代性

主题的时代性是指主题选择是否富有时代感，是否贴近学生生活、贴近学生实际、反映社会焦点问题。因此，选取课程主题要有生活意义。

（2）主题的切合性

主题的切合性是指课程主题是否切合学生身心发展水平以及学生的知识经验水平，是否对学生有吸引力。应选择与学生经验和能力水平相当或略高于学生发展水平的主题，以满足学生的需要，从而更好地促进学生的发展。

（3）主题的可行性

主题的可行性是指课程主题大小是否适宜，学校与社区是否具备相应的条件与资源。另外，课程主题切口要小，避免假、大、空，切忌贪大求全。

2．对课程方案的评价

（1）课程方案的完整性

课程方案的完整性是指课程方案应包含课程方案的基本要素，如课程背景、课程目标、课程内容、课程方式、课程步骤、课程评价等，完整的方案应涵盖研学实践教育课程的主要内容。

（2）课程方案的科学性

课程方案的科学性是指课程方案的设计应科学、合理，如课程主题鲜明、课程目标明确、课程内容丰富多彩、课程方式多种多样。

（3）课程方案的操作性

课程方案的操作性是指课程方案中课程内容与课程方式具体、可行，切合实际，学校还应具备实施方案的指导力量、图书设施、课程场地和必要经费。

（4）课程方案的特色

课程方案的特色是指课程方案有自己的特色，视角新颖，思路独特，设计巧妙，对学生发展有独特的作用。

（二）实施过程的评价

研学实践教育课程评价要重点考查学生在实施过程中的参与程度与课程表现，关注学生在研学实践教育课程过程中的积极性、主动性以及操作行为、合作情况、课程体验等。

1．学生课程的参与态度

可以通过学生在课程过程中的许多外显行为表现出来，如学生参与课程的次数、出勤率，每一次课程的坚持时间，能否有始有终等。

2．学生在课程中的情感投入

可以通过学生参与研学实践教育课程的认真程度、行为表现等方面来评价，如学生是否努力完成自己所承担的任务，是否认真搜集资料、观察思考、动手动脑，是否主动提出课程设想、建议，能否按时完成课程任务。

3. 学生在课程过程中的合作情况

可以通过观察学生在课程过程中的人际交往情况，对学生在参与小组及班级课程中的合作态度和行为表现进行评价，如学生与同组同学的相处、交流合作情况，与指导老师的沟通交流以及与其他人员的合作交流情况，学生是否主动乐于帮助别人和寻求别人的帮助，主动和同学配合，乐于和别人一起分享成果等。

4. 学生在课程中克服困难、接受挑战的情况

研学实践教育课程过程中总是存在这样或那样的问题，需要学生面对问题、克服困难，完成课程任务。评价要关注学生克服困难、接受挑战的情况。例如，在课程中遇到困难是否能够迎难而上，是否主动提出解决问题、克服困难的设想和建议，是否能接受挑战、克服困难、坚持完成任务等。

此外，还要注重对研学实践教育课程实施过程中的指导研学实践教育师的评价。对研学实践教育师的课程指导评价侧重于对研学实践教育师在研学实践教育课程中的参与度，对研学实践教育课程的组织、管理、协调等指导情况进行评价。

（三）研学实践教育课程结果的评价

研学实践活动课程评价强调注重过程，但也并不意味着忽略对课程结果或成果的评价。研学实践活动课程最终要求对学生的课程学习情况做出鉴定，作为学生结业或毕业的依据，同时，也需要对研学实践教育师的教学工作进行考核。因此，对课程结果或成果的评价也是研学实践教育课程评价的重要内容。

1. 对学生课程结果的评价

对学生研学实践教育课程结果的评价主要指对学生通过参与研学实践教育课程后在知识、技能、能力以及情感态度等方面的发展状况进行评价。

（1）知识的评价

主要评价学生参与研学实践教育课程后在知识方面的收获，如获得新的知识、观念，扩展了知识视野，接触了一些新的知识领域等。但需要指出的是，研学实践教育课程评价对于知识获得的评价应区别于对学科教学中的知识掌握评价，与学科教学相比，它更加重视广度而不是深度，对知识掌握的要求也相对较低。

（2）课程技能与能力的评价

①搜集与处理信息的能力。可通过学生搜集信息的多少、方法、途径、真实性以及对信息的加工处理等方面来评价。

②设计与操作能力。评价学生在实践课程中对相关技能的掌握以及他们设计制作的能力。例如，研学实践教育课程中劳动技术教育、信息技术教育是以学生的操作性学习为主要特征，强调在技术运用过程中培养学生的操作与设计能力，强调规范操作与技术创新的统一。因此，可通过技术作品的表现形式对学生进行评价。

③学习方法和研究方法运用情况。主要评价学生对查阅资料、实地观察记录、调查研究、材料整理、数据处理、工具运用、操作程序、交往与表达等方面技能的掌握情况。

④探究能力发展状况。可以对学生在提出问题、解决问题过程中的表现及其对探究结果的表达进行评价。例如，是否敢于提出问题，以独特和新颖的方式着手解决问题和表达自己的学习结果；是否善于观察记录，能够综合运用相关的资料，采用多种方式生动形象地表达自己的学习结果；等等。

（3）情感态度的评价

评价学生通过研学实践教育课程在情感、态度和价值观方面是否有进步以及进步的程度。例如，学生的合作意识是否增强了；学习兴趣是否扩展了；环境保护热情是否增强了；等等。特别要考查学生的创新精神的发展状况，可通过学生在实际解决问题中表现出来的创新思维，创造性解决问题的表现、技巧，动手操作情况等一些具体的指标来反映。

2．对研学实践教育师专业发展的评价

评价内容包括：研学实践教育师是否更加理解研学实践活动课程开设的意义和价值；研学实践活动课程的指导能力（包括研学实践教育师对研学实践教育课程的设计、实施、组织、管理能力）是否加强；研学实践教育师研究能力的发展情况；研学实践教育师在指导学生进行研究的过程中，自己的研究能力和水平是否得到提高和发展；等等。

二、研学实践教育课程评价的方法

（一）研学实践教育课程评价的形式

1．量化评价与质性评价

从评价模式看，研学实践活动课程评价一般可以分为两种：一类是量化评价，另一类是质性评价。两种评价方法有着不同的假设、特点与要求。研学实践活动课程评价主要是对学生在研学实践教育课程实施过程中所获得的知识、技能以及有关情感、态度、价值观方面的改变与发展的评价，因此，除了量化评价，研学实践教育课程还经常采用质性评价的形式。

（1）量化评价

量化评价是指采用测量、问卷等方式，对学生课程的质量特别是知识获得、技能掌握进行评价，并用数值即分数加以表示。量化评价精确，较为客观，但难以反映学生的课程过程、情感体验等内部品质的变化。因此，还要采用质性评价。

（2）质性评价

所谓质性评价，就是力图通过自然观察、调查访谈，通过对评价对象的全面观察、深度访谈，充分地揭示和描述评价对象的各种特质，特别是情感态度。研学实践活动课程评价应重视质性评价的运用，同时采用其他评价形式。

2．口头评价与书面评价

从评价的具体表现形式来看，研学实践教育课程主要有口头评价和书面评价两种形式。

（1）口头评价

口头评价是一种师生面对面进行交流的评价形式，主要通过语言进行。口头评价基于对学生的日常观察。观察主要是对学生的行为、情绪情感、操作情况、课程状态等进行观看、知觉。通过观察，记录和描述学生在课程过程中的表现，以此作为依据，借助口头表达评价学生参与课程的情况。

口头评价要特别强调研学实践教育师评价语言的正确使用。研学实践教育师进行口头评价时，语言要简洁明了、通俗易懂，不能存在多义、歧义；评价应有目的性、针对性；另外，口头评价要坚持发展的观点，以正面评价为主，用发展的眼光去评价学生，不要轻易批评、指责甚至惩罚学生，允许学生在课程过程中存在各种差别，不要强求一律。以表扬、鼓励、激励为主，通过正面评价为学生营造一个比较宽松的、心理上安全的、能自由舒展身心的课程空间。

（2）书面评价

①评价表

评价表将评价内容放入事先制订的表格中，评价表要简明、直观，能反映学生课程进步的情况。评价表的制订要根据研学实践教育课程的具体内容进行，包含内容应涉及课程的主要方面，以便考查学生在课程中的表现与行为。

研学实践教育课程学生评价表

评价项目	具体内容	评价等级				评价来源
		☆	☆	☆	☆	
情感态度	积极参与课程					
	主动提出设想和建议					
	不怕困难和艰辛					
合作交流	主动和同学配合					同学评价
	乐意帮助同学					
	认真倾听同学的观点和意见					
	对班级和小组的学习做出贡献					
学习技能	课程方案构思新颖					父母评价
	会用多种方法搜集和处理信息					
	实践方法和方式，多样化					
实践课程	积极动脑、动口、动手参与					老师的评价与激励
	会与别人交往					
	课程有新意					
	关注社会、关注环境的意识					
成果展示	成长记录袋					
	表演、竞赛、汇报等					
	成果有新意					
回头看看，我的感想：						

注：评价等级用彩色五角星表示，红色五角星为 A 等；黄色五角星为 B 等；蓝色五角星为 C 等；紫色五角星为 D 等。获得 10 个以上的红色五角星就能评为"实践课程小能人"。

研学实践活动课程评价表

评价项目	评价要点	评价标准	评价等级			
			A	B	C	D
课程目标	目标明确	符合情感态度，实践能力，综合知识，学习策略的培养目标				
	内容综合	贴近学生的生活时间，社会实践，劳动技术实践，信息技术实践				
		内容综合、宽泛、新异，符合学生身心发展的规律，促进个性发展				
		丰富学生的体验，培养兴趣爱好				
		引入多种信息				
		围绕主体，运用多门学科知识				
	实践性强	次要主题分量适当，有操作性				
		难度适当，实践性突出				
课程过程	组织形式	走入社会面向大自然				
		组织形式多样				
	学生课程	方法得当，体现探究式学习方式				
		自主课程，主体性得到充分发挥				
	研学实践教育师指导	研学实践教育师是课程合作者、参与者、指导者				
		指导方法行事得当				
	课程步骤	课程导入贴切自然				
		学生亲自实践，动手、动脑、动口				
		课程拓展延伸				
		各实践环节有机结合				
课程效果	学生体验课程	自主思考，设计、操作和解决问题，有真实体验，陶冶情操，愉悦身心				
		多元评价贯穿于课程全过程				
	学生参与课程	学生主动课程面广，课程量大，获得实践锻炼				
		以课程促发展，能力得到提高				
		有一定的标新立异，有创新成果				
	学生知识面和学习策略	知识面有所拓宽				
		学习方法、方式多样、学会学习				
		具有创新精神和意识				

②分析性评语

书面评价仅仅靠评价表是不够的，还要重视研学实践教育师分析性评语的使用。分析性评语可以让学生全面认识自己在课程过程中的各种表现，激发学生参加课程的兴趣，强化学生参加课程的动机。例如，"方法太好了，可要细心呀""你肯定有高招""你准行"等这种带有肯定感情色彩的评语，能使学生感受到研学实践教育师的关爱，帮助学生树立自信心，激发他们对课程的兴趣。另外，对于课程中学生由于粗心而导致的过失、错误，研学实践教育师首先要肯定其长处，增强其自信，然后再提出殷切希望，促使学生改正缺点。例如，"搬开你前进的绊脚石——粗心，奋勇前进"或者"再细心一些，准行"，这样的评语能让学生感受到研学实践教育师的信任、尊重，从而愿意接受研学实践教育师的帮助，更加积极地投身到课程中去。

3．研学实践教育师评价与学生评价

从评价的主体来看，研学实践教育课程主要有研学实践教育师评价和学生评价两种形式。

（1）研学实践教育师评价

为了促进学生的发展，研学实践教育师要对学生在研学实践教育课程中的表现、行为、成绩与问题进行描述、分析和评判。通过研学实践教育师的评价，引导学生反思自己的实践课程，调动学生的课程积极性，提高学生的认识和情感水平。研学实践教育师评价要引导学生自觉记录课程过程，特别是重要的细节，如问题讨论、成果的分享及思考，主动审视自己学习的利弊得失，逐步完善自己的行为，拓宽自己的视野，达到自我反思、自我改进的目的。

研学实践教育师评价时应注意以下几点：①在评价时应注重研学实践教育课程的过程、方法，向他们解释在课程过程中的表现及解决问题应采用的方法；②研学实践教育师要运用多元的评价方式，重视学生的自我反思，达到促进学生自我教育的目的，让他们在课程中随时反思自己的思想、行为，看到自己的优势与不足，在情感、态度、意志、习惯等方面有所顿悟；③在研学实践活动课程评价的过程中应尊重差异，培养学生良好的个性；④在评价过程中应坚持正面评价，积极鼓励，对学生在课程中出现的闪光点要及时发现并给予表扬。

（2）学生评价

研学实践活动课程的评价应以学生的自我评价为主。让学生自我评价，其压力较小，学生可以充分畅谈自己参与课程的体验、经验和教训，自由地交换意见。同时，自我评价也可以使学生享受到民主风气的熏陶和自我教育。学生只有真正地参加到评价过程中来，其在评价过程中的主体地位才能得以提升。在研学实践教育课程中，小组合作的形式比较常见，他们共同策划完成任务，对彼此的个性、特点和任务完成情况最了解，对评价最有发言权。因此，可采用学生互评的方法。此外，按照研学实践教育课程的实施步骤，学生评价应涵盖学习准备评价、学习过程评价以及学习总结评价三个方面。

4．表演评价与实践评价

从评价的途径看，研学实践教育课程评价主要有表演评价和实践评价两种形式。

（1）表演评价

研学实践教育师对学生的评价可以通过学生的表演形式进行，如通过学生技能表演、角色表演、专题汇报等形式，对学生参与课程的态度、情感以及技能掌握情况进行现场考查。研学实践教育师在使用该形式时应注意对学生各种表演或竞赛的评价，关注学生参与表演或竞赛课程的过程和体验，避免将学生与学生之间的表演能力和竞赛能力进行横向比较，也不要过多地注重比赛结果。

（2）实践评价

该评价形式是指通过学生的具体实践行动对学生进行评价。在研学实践教育课程过程中的具体环节，如要求学生对有关专家或老师进行采访时，研学实践教育师可以对学生采访过程中语言的使用、与被采访人员的交往等具体实践行为进行评价。

（二）研学实践教育课程的评价方法

1. 档案袋评价

档案袋即成长记录袋，是对学生课程过程中的各种表现、作品及反思，是学生自身、同伴或研学实践教育师做出评价的有关材料以及其他相关资料的搜集和汇总。档案袋评价，又称成长记录袋评价、文件夹评价，是指通过成长记录袋的制作过程和最终结果，以学生的现实表现作为判定依据的评价方法。

学生通过自己的全程参与，学会自我反思和判断。档案袋评价有以下具体做法。

（1）让学生随意放

该做法体现了学生的主体性，尊重学生的课程成果。学生在记录袋中可以随意放入自己的任何作品，教师对放入记录袋的作品没有任何要求，可以是课程计划、调查问卷、搜集的资料、日记等。

（2）有指导地放

有些作品对于评价学生的成长并没有多大的意义，因此，在让学生随意放的同时，指导研学实践教育师对学生放入的作品提出一定的要求，学生要根据老师的要求有选择地放入一些作品。这种做法可以引导学生主动审视自己的作品。

（3）展示性地放

对于一些优秀的作品或者好的课程成果，研学实践教育师可以将这些作品与成果向全班同学展示，并让学生说出要放入这些作品的理由，这样可以引导其他学生对作品进行鉴赏，同时吸收其他同学好的经验和方法。

（4）设计小栏目

成长记录袋中研学实践教育师可以设计一些小栏目，如收获园、新发现等，让学生根据小栏目自定目标、自设标准、自选形式、自组内容，培养学生的反思能力和独立性，丰富档案袋的内容，以全面体现学生多方面的发展状况。

小组档案袋封面

组名		照片
组员		
爱好：		
你喜欢的实践课程：		
你喜欢的座右铭：		
奋斗目标（口号）：		

2. 小组评价法

小组评价法是指课程小组共同对其成员在整个课程过程中的表现、目标完成情况等方面进行评价。

（1）小组评价法的优点

小组评价法有一定的优点：可以发挥学生的集体智慧；允许小组中各成员发表自己的看法，调动学生参与课程的积极性；各成员之间彼此了解，更能做出具体、细致的评价；小组评价为研学实践教育师和专家做出评价提供了一些事实依据。

（2）小组评价法的实施步骤

①在课程开始之前，先向学生说明评价方法，鼓励学生积极表现，分好小组，让各小组学生一起学习，以便相互了解，掌握组内情况，为期末小组评价打好基础。

②在课程过程中，充分发挥小组的作用，让他们互相学习、互相评价、互相监督、共同提高，初步掌握小组评价过程。

③课程结束后，研学实践教育师组织小组成员进行小组讨论并记录讨论情况，同时给予一定的指导。

（3）使用小组评价法的注意事项

①评价中，研学实践教育师在认真讲解的基础上要具体指导评价过程，使学生尽快掌握评价方法。

②评价时，小组内允许提出不同意见进行讨论，如说出评价的理由、不同意别人的依据，再由小组全体成员讨论决定。如果意见还无法统一，可找研学实践教育师商讨解决。

③在评价过程中，研学实践教育师要抓住典型事例及时进行鼓励和教育。

3．学生自评法

学生自评法是指学生基于原有的自我认识，依据自身认可的评价指标和准则，对自身整体或某方面素质在研学实践教育课程过程中的发展所做出的认识和判断。评价的指标和准则既可由师生共同商讨制订，也可以由研学实践教育师提出，但必须为学生所认可和接受。

（1）学生自评法的作用

在研学实践教育课程过程中，学生既是实践课程的参加者，又是实践课程的设计者和创造者，学生对自己的实践课程具有第一发言权。学生自评法有以下作用：

①学生充分体验到研学实践教育课程过程成长的愉悦，发展健全的自我意识。

②促进学生提高参与课程的积极性和主动性，并将获得的知识纳入认知结构之中。

③让学生将自己课程的感受、体验书写出来，让他们自己感受自身的进步。

（2）学生自评法的注意事项

首先，自我评价法需要预先规定评价项目和评价标准，由学生对照着进行评价。可以将有关评价项目、评价标准列入表格，制成自我价表，发给评价对象，自评后立即收回。

其次，重视学生自我反思性的评价，通过学生的自我反思评价，提高他们辨别是非和自我教育的能力。对学生的各种课程方式要给予充分的肯定，不仅允许学生对问题的解决提出不同的方案，而且允许学生以丰富多样的形式表现自己所学。

再次，进行学生自评法并不意味着无视研学实践教育师的评价。学生自评与研学实践教育师评价两者相互为用、相互补充、相得益彰。研学实践教育师评价可以使学生客观、清醒地认识自我，修正自我评价的主观性；而学生自我评价则可以使研学实践教育师评价变得更为真实，使研学实践教育师更为全面、具体地了解学生的状况。

学生个人课程自评表

学生姓名		班级		小组	
集体课程总次数		你参加的次数		缺席原因	
你承担的具体课程任务		完成情况	好　　一般　　较差		
你完成任务的主动性	主动完成　　　在催促下完成				
小组讨论中你的发言情况	经常发言　　有时发言　　不太发言				
你与同学的合作情况	好　　　一般　　　很差				
你提了哪些积极性建议					
你查阅了哪些有关书籍和资料（填名称）					
你在课程中遇到哪些困难，如何克服的					
课程中，你印象最深的事情是什么					
你对自己在课程中最满意的是什么，收获最大的是什么					
你认为本小组课程组织得如何	很好　　　一般　　　很差				
你认为本小组课程中，最认真和贡献最大的人分别是谁					
组长意见					

4.课程观察法

课程观察法是指在评价中，根据评价项目和评价标准，研学实践教育师、家长、学生等课程相关人员在课程过程中观察学生在不同环境下的行为，记录每个学生的表现，并以此作为评价依据进行评价。

（1）课程观察法的优劣势

课程观察法简便易行，灵活性大，通过观察可以看到学生的优缺点及其课程的全过程。由于观察资料来源于直接经验，并不局限于事先规定的概念和指标，因此，资料较全面、深入，具有较高的客观性和真实性。但是，所观察资料多为定性资料，难以进行分类整理和统计。此外，观察局限于特定的时间、地点和少数个案，观察者无法判断被观察者是否具有典型性或代表性，因此观察结论很难推及全局。

（2）课程观察法的方式

①即时观察。在研学实践教育课程过程中，研学实践教育师对学生即时观察，抓住学生课程表现的细节展开评价。

②连续观察。在研学实践教育课程整个过程中，研学实践教育师有时难以确定对学生的观察时间，这时可对学生在课程中的表现进行连续观察，尤其是对学生的无意表现。因为当学生察觉到研学实践教育师对其观察时，往往会有意地做出研学实践教育师所期待的良好行为，其不好表现常常要在其无意行为中才能被发现。因此，研学实践教育师应灵活地、连续地观察学生的课程表现，有时候对学生的观察并不一定要让学生察觉到。

③阶段性观察。学生的成长是一个连续不断的过程，如何观察学生在成长中的变化，对评价工作意义重大。选择若干阶段进行阶段性观察，能获得有代表性的评价资料，是一种好方法。

（3）观察结果的记录方法

观察法的使用不仅涉及观察者进行观察的内容，还要关注对所观察情况的记录。使用观察法要预先明确评价角度、记述标准，按计划进行观察，尽可能客观处理。观察结果的记录主要有事项记录、行动目录、评定尺度三种方法。

①事项记录法。这是把学生的课程按发生的顺序进行实录、搜集原始资料的方法。采用这种方法要注意在记录的各阶段区别事实记录、判断记录和含有解释的记录。

②行动目录法。把想要观察的事项预先列表，发现与之相符的事项，立即校对并进行记录。这种方法对于观察者来说效率很高，一次能处理许多同类事项。但是，由于记录的机械性，不能反映行动的因果关系，所以有必要对课程中和产生的条件进行补充记录。

③评定尺度法。它是将学生的行动按事先制定的标准逐阶段评价记录的方法。这种方法是将所要观察的特征，用简短的文字设立不同程度的标准，使观察结果标准化，或者把评定尺度图式化，可以在直线上设不同的阶段点，在直线上做标记。

（4）使用观察评价法的注意事项

①观察应有全面性，要反映学生在不同场合下的行为表现。

②要提高研学实践教育师自身的观察能力。研学实践教育师要经常与学生在一起，要善于观察。

5．成果展示法

所谓成果展示法，是指将学生的小制作、小发明、科技小论文、设计图片和书画作品等具体成果公布于展台，将具有成果意义的各种奖杯、证书等公开展示，将课程训练的成绩以竞赛、演出等课程形式展出，由成果本身说明通过课程所取得的价值。

成果展示既是对学生在研学实践教育课程中各种表现和课程成果的小结，也是师生之间、生生之间共同学习和交流的过程，是学生发现自我、欣赏别人的过程。课程主题不同，课程过程和方法有所差别，展示形式也要多种多样。最常运用的有如下几种形式。

（1）充分利用教室，引导学生进行自我展示

研学实践教育课程的学习环境是开放的，学生的感受与体验也是丰富的，对它的评价亦应该是开放的。在实践中，通过引导学生进行展示性评价，使学生将实践课程中的丰富体验与收获通过多种形式展示出来，满足学生对评价的需要。例如，将学生在课程中的照片贴出来，办一个摄影作品展；将学生所写的课程过程中的体验办成手抄报展示出来；等等。此外，还可设置一个问题专栏，学生在课程过程中遇到或发现什么问题，有什么新的设想，可将其直接写在专栏里，其他同学可以一起参与讨论。

（2）开展成果交流课程，引导学生感受丰富的过程性体验

当一个主题课程或某一个阶段课程结束后，研学实践教育课程进入交流阶段，研学实践教育师要提供机会让学生进行交流。例如，某校某班学生开展的"社区小医生"课程结束后，学生将课程过程中发生的故事编成小品、快板、舞蹈等节目进行汇报，其中小品《我的访谈经历》描述了学生在一次访问调查课程中由于缺乏语言艺术遭到拒绝，后来改变访谈方法，取得成功的故事。该小品形式活泼，发人深省，并在班上引发了一场如何与人交往的讨论。学生成果展示交流形式多样，有的展示调查报告，有的展示反思日记，有的展示手抄报，还有的展示手工制作。通过展示，充分体现了学生在课程过程中丰富的情感体验。

（3）开展讨论会，引导学生将课程进行拓展

随着课程的展开，学生会遇到许多问题，因此，可组织学生开展一些讨论，使一些有问题的学生在听取大家的意见后，将课程不断深入下去。例如，在一次研学实践教育课程中，有一个学生在研究多功能黑板刷时遇

到了吸入的粉尘处理问题，在讨论会中，同学们纷纷发表意见，通过讨论，得出了在黑板刷中的小风扇后安装一个塑料袋的办法，帮助他解决了问题。

（4）随机展示，满足学生对评价的需要

有时，学生的成果不一定要在课程结束后才展示出来，一旦发现学生的闪光点和学生取得小小的成功时，指导研学实践教育师就应该满足学生展示的欲望，及时提供展示的机会。例如，三年级某班在"小当家"主题课程中，学生在家里学做水果拼盘、洗菜、择菜，并参加了班里举行的"厨房小帮手"比赛，学生还对课程过程进行了录像，老师将他们的课程录像在校园电视台播放。看着自己在课程中的表现，同学们对课程更感兴趣了。因此，这种做法能激励学生更好地、更自信地继续开展课程。

第七部分 研学实践教育课程成果展现

第一节　成果的提炼与展示

一、成果的提炼

（一）概念理解

字典中对"提炼"的一般解释是：由零散的、个别的、特殊的事物创造性地推出一类事物的一般性结论的研究过程与思维方式。

"提炼"强调的就是通过某种思维方式进行的研究过程，而研学实践教育课程恰恰就是强调过程性教育价值的课程。可以说，没有实践课程过程，也就没有这门课程本身，其课程的价值和意义便不复存在了。

（二）提炼的时间

与一般科研课题相比，研学实践活动课程在提炼成果的时间上有着极大的不同。所谓科研课题对成果的提炼，就是在研究工作全部按计划完成后，对整个过程及其结果进行提炼。而研学实践教育课程对成果的提炼则依靠学生在不断实践的过程中提出问题，并运用已有的知识和经验以及通过各种方式的学习来尝试解决问题，获得丰富的经验及解决问题的基本方法。这种提炼伴随着整个研学实践教育课程的全过程，并且会随时随地不断地产生。

（三）提炼的方式

一般科研课题的提炼方式是对整个过程及其结果进行整理、分析、总结，并用文字记载下来。这种对教育科研成果进行文字加工的过程，就是成果的提炼与表述。

研学实践活动课程的实践性、开放性、自主性、生成性的特点决定了其成果提炼方式的多样性。再者，由于研学实践教育课程在课程资源上具有极强的地域性特征，不同地区的自然条件、社会经济、文化状况、文化传统也千差万别，各地各校开展的课题层出不穷，因此成果提炼的方式很难统一。随着实践课程的不断展开，学生的认识和体验不断得到深化，创造性的火花不断迸发，新的课程目标和课程主题将不断生成，成果提炼的方式也会不断的事发生改变。

一般来说，提炼的方式包括讨论、写课程体会、访谈或采访、问卷调查与数据分析、绘图、摄影或录像。

（四）提炼的意义

成果的提炼是研学实践教育课程的重要环节，也是显示研学实践成果的重要形式，直接影响着研学实践教育课程成果的展示和推广运用。

（1）提炼是对问题的第二次研究，是聚焦信息进行处理的过程。

（2）提炼是一种综合，是对精华的提取，能够提高学生对信息的整合能力。

（3）提炼能够促使学生发现规律，从而提高学生解决问题的能力。

（4）提炼使研学实践教育课程成果的展示清晰明了。

（五）研学实践教育师如何指导学生提炼成果

在研学实践教育课程中，学生是积极主动的学习者，但这并不意味着可以忽视研学实践教育师的作用。研学实践教育师能否运用促进性的指导技能，对于成果的提炼能否取得预期效果具有决定性意义。

（1）在课程过程中，研学实践教育师要针对小学生的生活经验背景和知识基础，结合实例对学生进行一定的指导，如对搜集到的图片、文字、数据进行筛选、取舍。

（2）在课程过程中，研学实践教育师要及时了解学生开展研究课程的情况，有针对性地进行指导、点拨与督促。要对有特殊困难的学生或小组进行辅导，并创设必要条件。

（3）在课程实施过程中，研学实践教育师要指导学生采用写日记、录像、绘画、摄影等多种手段，把成果提炼出来，同时还要创造机会，指导学生及时对所提炼的成果进行交流。

（4）基于小学生的身心特点，研学实践教育师面临着既不能多管又不能不管的两难局面。研学实践教育师应改变传统的做法，注意保护学生的探究欲望，充分相信学生的自主性与创造性，允许学生在方法运用和成果获得上的层次差别，不要过分、过多地干预学生，求全责备。

二、成果的展示

（一）成果展示的必要性

学生开展一个课程后往往可以展示许多成果，如课程照片、搜集到的资料、排演的节目、自己的课程感想或收获、小组的评议和总结、亲手制作的作品、社会的反响等。当一个主题或某阶段课程结束后，研学实践教育师就要提供机会让学生进行展示交流。成果展示一旦获得成功，不仅能调动学生参与研学实践教育课程的积极性，锻炼学生的表达、交流和合作能力，还能引领学生学会关注生活、关注社会、关注自然。因此，创建多元的展示平台，将学生的成果进行展示，是很有必要的。

（二）成果展示的形式

1．平面展示

平面展示详细直观地记录着学生成长的一点一滴，涉及的地点较广，可以是教室一角、学校宣传栏或展示橱窗等。

平面展示所呈现的内容大致有学生的日记或体会、研究报告、手抄报、黑板报、照片或图画、表格或问卷调查、倡议书、手工作品等。

2．现场展示

现场展示符合小学生表现欲强的心理年龄特征和好动的个性，培养和锻炼了学生的胆量，活跃了学生的身心，是成果交流阶段最重要的形式。

现场展示呈现的形式大致有表演、宣传介绍、举行辩论赛、现场制作手工作品、推销（售卖）、发放宣传单、进行问卷调查等。

第二节　成果的宣传推广与应用

研学实践教育课程成果的推广应用是成果发挥作用并转化为现实的教育教学效益的过程，也是研学实践教育课程从理论走向实际的决定性步骤。

（一）成果本身是先进的，具有可接受性

1．创新性

在选择推广应用的研学实践教育课程成果时，首先必须判断该成果是否具有创新性。创新性的要求是：研学实践教育课程创作出来的有形或者无形的成果具有新视觉、新形式、新方法；或对现实问题的解决提出了新对策、新方案、新方法、新技术，对研学实践教育课程提出了新概念、新观点、新原理或对研究领域内长期难以解决的问题有所突破，提出了新的具体途径和方法。

2．典型性

成果的典型性在这里主要指成果要具有一定的代表性，成果所提供的内容反映了研学实践教育课程研究的基本原理，符合研学实践教育课程的客观规律，对教育、教学实践课程具有普遍的指导意义，能被学校和研学实践教育师普遍接受或采用，学之可得，用之有效，有公认的实践效果。

3．效益性

成果具有广泛的群众基础，已经在实际工作中引起了较好的甚至强烈的反响，取得了一定的效果和良好的社会影响，具有较高的应用价值。被推广应用的成果一般要经过专家评审鉴定或由有关方面做出肯定性评价，或投放市场进行流通。

4．美观性

研学实践教育课程往往创作出各种各样的产品，如手工制品、建筑模型、贴画漫画等。作为一个产品，首要要求就是美观。研学实践教育课程创造出来的产品也应该具有一定的美观性，使人一看就能产生愉悦感，并愿意进一步了解其创作背景，这才是一件成功的研学实践教育课程产品。

（二）接受者具有相应的生活经验、背景和认知倾向，与所推广的成果具有一致性

教科研成果的推广过程实质上是一个他人选择性接受的过程，成果只有通过接受者的自愿选择、采纳，才能推广成功。由于研究者在设计方案、方法时所需的条件以及他们的知识、经验、热情、技能等与接受者、应用者不可能完全相同，也就是说在环境、条件及群体上存在着差异性，而这种差异性直接影响着成果接受者对成果的采纳或排斥。一般来说，人们总是回避同自己的经验背景或原有认识倾向对立的信息，而积极接触与之协调的信息。因此，成果的推广和应用要取得实效，作为成果的接受方必须全面分析教育教学或管理的现状，收集、整理有关数据资料，为选择成果及推广做好准备。同时，还必须从学校和研学实践教育师的原有认知实际出发，区别对象，分清层次，在不同对象和不同层次上确定成果推广的内容和水平。

（三）推广策略有效可行，成果推广渠道畅通

要提高成果推广的效率，必须要制订一整套有效可行的推广策略。尽管不同成果的推广有不同的策略，不同条件的成果接受者采用的策略也不尽相同，但就成果推广的一般情况而言，在成果推广中至少要注意以下两点：

1．正确认识优秀成果

一项优秀成果的价值可以从两个方面来体现，一是其理论价值，二是其应用价值。就研学实践来说，最需要的是应用价值大、针对性强、可行性好的成果。学校需要推广的成果有几个前提条件，即现状的相似性、操作的可行性、效益的可靠性。这里有必要强调，在成果推广中应十分重视本地区、本学校的成果推广。从某种

意义上说，本地区、本学校的成果才是最有推广价值的成果。因为它不仅代表了本地区的先进做法，而且操作符合本地实际，针对性强。所以，我们要抛弃地域观念，在广为选择各地成果的同时，虚心接纳本地区的优秀成果，让其发扬光大。每学期一次的研学实践教育课程展示就显得尤其重要，它不仅给了学生一个展示成果的平台，还给了本校研学实践教育师一个总结的时机，更给了外校研学实践教育师一个借鉴的机会。

平日课程时，在学校建设研学实践教育课程成果小卖铺也是一个不错的选择。

2．要重视吸取优秀成果的精华

对优秀成果的推广，要树立正确的态度，不是照搬照抄，而是创造性地应用，这就需要在理解成果的同时，吸取成果的精华部分，然后结合实际设计推广方案。对某一成果精华的吸取也可以是多方面的，可以提炼其研究内容，也可以吸收成果的操作环节与课程要素精华，还可以采纳成果的操作模式，并在吸取他人成果的同时，进行创造性发挥。这样，才能使成果推广真正发挥效益。

假如研学实践教育课程没有了成果的推广与应用这一环节，就会流于形式，失去意义。赞赏能给人愉悦，能给人前进的动力。学生辛苦了一个学期所创作出来的东西，如果得不到他人的欣赏，得不到该有的建议，他们对研学实践教育课程的热情也会逐渐消退。所以，无论研学实践教育课程所选课题是什么，所产生的成果是无形的还是有形的，都需要对其成果进行推广与应用，这是对学生社会存在感的进一步肯定，也是学生投身研学实践教育课程积极性的源泉之一。

第三节　成果的交互与融合

一、与学科课程的交互与融合

学校教育中最为常见、最为有效的就是师生互动的课堂教学，不过基本上都是讲授和倾听的过程，使得学生的学习变得单一而乏味。而能很好弥补课堂教学这一缺陷的就是研学实践活动课程，它能很好地提升学生实践操作的能力，增加操作性知识的学习，既丰富了学校的教学内容，又让学生在快乐的操作中学习了各类课外知识，达到实践中教学的目的。因此，研学实践活动课程与其他学科课程具有等价性与互补性。

1．所学知识的交互与融合。

2．所得能力的交互与融合。

3．所获品质的交互与融合。

二、与社会生活的交互与融合

1．生活常识的交互与融合。

2．生活技能的交互与融合。

3．社会意识的交互与融合。

第八部分 研学实践教育安全保障体系

第一节　研学旅行实践教育安全政策与保障

历史是一面镜子，鉴古知今，学史明智。重视历史、研究历史、借鉴历史是中华民族五千多年文明史的一个优良传统。当代中国是历史中国的延续和发展。新时代坚持和发展中国特色社会主义，更加需要系统研究中国历史和文化，更加需要深刻把握人类发展历史规律，在对历史的深入思考中汲取智慧、走向未来。

以习近平新时代中国特色社会主义思想为指导，全面落实党的十九大精神和全国教育大会精神，以立德树人为根本任务，积极培育和践行社会主义核心价值观，深化基础教育改革，促进教育内涵发展。创新人才培养模式，丰富实践育人途径，全面推进素质教育，促进书本知识和生活经验深度融合，着力提高中小学生社会责任感、创新精神和实践能力，激发对党、对国家、对人民的热爱之情。

一、研学政策概述

"研学旅行"是指研究性学习和旅行体验相结合的校外教育课程。2014 年 7 月 14 日教育部发布了《中小学生研学旅行课程指南》，对中小学的学生研学团体的教学内容、时空跨度和安全责任机制等做出了 20 条规定，其中 4 条规定涉及安全方面，可见国家对研学旅行课程中安全的重视性。因此，需要始终把"安全第一，防患于未然"的原则放在首位。

2006 年 9 月新颁布的《中华人民共和国义务教育法》

第一章第三条规定：义务教育必须贯彻国家的教育方针，实施素质教育，提高教育质量，使适龄儿童、少年在品德、智力、体质等方面全面发展，为培养有理想、有道德、有文化、有纪律的社会主义建设者和接班人奠定基础。新法把素质教育写进法律，把素质教育由一种政府倡导行为转变为国家意志，代表了一个国家一个民族的根本利益和长远利益。

国务院办公厅关于印发《国民旅游休闲纲要（2013—2020 年）》的通知

国务院印发的《国民旅游休闲纲要（2013—2020 年）》中提出"逐步推行中小学生研学旅行"的设想。此前我国许多地区都有尝试把研学旅行作为推进素质教育的一个重要内容来开展。

2014 年 8 月 21 日国务院下发 31 号文件

《关于促进旅游业改革发展的若干意见》中首次明确了"研学旅行"要纳入中小学生日常教育范畴。

二、研学政策要求

2016 年教育部等 11 部门印发《关于推进中小学生研学旅行的意见》要求，各地要规范研学旅行组织管理。各地教育行政部门和中小学要探索制订中小学生研学旅行工作规程，做到"课程有方案，行前有备案，应急有预案"。学校组织开展研学旅行可采取自行开展或委托开展的形式，但须按管理权限报教育行政部门备案，并做好学生课程管理和安全保障工作。

三、建立安全责任体系

《关于推进中小学生研学旅行的意见》指出，各地要制定科学有效的中小学生研学旅行安全保障方案，探索建立行之有效的安全责任落实、事故处理、责任界定及纠纷处理机制，实施分级备案制度，做到层层落实，责任到人。

1．旅游部门

负责审核开展研学旅行的企业或机构的准入条件和服务标准。交通部门负责督促有关运输企业检查学生出行的车、船等交通工具。

2．学校

做好行前安全教育工作，负责确认出行师生购买意外险，必须投保校方责任险，与家长签订安全责任书，与委托开展研学旅行的企业或机构签订安全责任书，明确各方安全责任。

3．教育行政部门

负责督促学校落实安全责任，审核学校报送的课程方案（含保单信息）和应急预案。

4．公安、食品药品监管等部门

加强对研学旅行涉及的住宿、餐饮等公共经营场所的安全监督，依法查处运送学生车辆的交通违法行为。

5．保险监督管理机构

负责督促学校落实安全责任，审核学校报送的课程方案（含保单信息）和应急预案。

四、研学旅行的风险管理

风险管理一：依法依规，提升安全保障力

风险归因	风险表现	对策建议
缺乏安全制度保障	校外集体课程使得学生管理难度增加，安全风险增大	完善相关法律，构建常态化的学生安全保障制度
当前，研学旅行的相关安全制度并不完善，学校安全责任边界的划分亦不清晰。 同时，研学旅行具有集体性、实践性特征，学生参与数量多，校外环境不可控，涉及交通、食宿、卫生、旅行等诸多社会资源的聚集和整合，是一项十分专业的教育课程，但绝大多数学校并无专业性的研学实践教育师，对研学旅行的安全保障只能依靠主观意识判断，即使是研学实践教育师全程带队，也难以保证安全事故不发生	由于校外课程安全风险增大，法律责任也随之增加，学校迫于压力最终会以牺牲学生的全面发展为代价确保安全。因此，各地推进中小学研学旅行也是顾虑重重	一是制订研学旅行安全应急方案，包括采取安全的交通方式、课程开展前拟定详细的课程场地环境图、突发事件发生后的人员分工以及成立安全应急小组负责内外部安全事项联络等。 二是对学生进行安全教育，尤其是进行突发危险的自救演练。三是强化保险意识，购买校方责任险、学生平安险等，减轻学校的安全压力和责任

风险管理二："旅""学"平衡，研学为主、游为辅

风险归因	风险表现	对策建议
难以平衡研学与旅行的关系	研学旅行的最大问题就是"旅""学"难平衡	确定精准的教育目标和科学的课程实施方案
其一，学生属于未成年人，社会实践经验有限，对研学旅行的意义缺乏足够认识，因此，其自身在参与研学旅行的过程中无法有效平衡两者的关系。 其二，学校平衡两者关系的积极性不足，在应试教育体制下，由于没有科学的研学旅行评价机制，所以很多学校只是形式化、表面化和象征性地执行研学旅行政策。 其三，目前的研学旅行定位错位，缺乏规划性与主题性，旅行产品内容和形式单一，一些旅游产品除了增加名校参观外，与一般旅游无异	其一，重"学"轻"行"：把研学旅行作为课堂教学的延续，对于学生来说，只是学习场所和方式的改变，学习压力和学习目标与课堂学习并没有大的区别。 其二，重"旅行"轻"研学"：由于目的不明确或定位偏差，课程组织者更注重旅行的意义而非研学的意义，无法达到通过旅行实现研学的目的	精准定位教育目标，就是要将中小学研学旅行定位在"研学为主，旅行为辅"的基本方向上，避免实践形式的表面化、趋利化。 要实现这一目标，重点在于课程实施方案的科学化，课程内容设计要契合学生学习需要，同时培训专业研学实践教育师，让其掌握研学旅行所需的教育知识、组织能力、安全意识等，并建立与研学旅行相配套的教学评价机制，引导研学旅行围绕教学目标开展实践性课程。

从当前研学旅行市场上出现的问题来看，急需建立一套规范的研学旅行产品开发、经营、服务、管理规制和标准，保证中小学生的研学旅行能够真正得到质量保障和安全保障。

第一，学校自行开展研学旅行，要与家长签订协议书，明确学校、家长、学生的责任和权利。

第二，学校采取委托开展研学旅行，要选择有资质、信誉好的企业合作，并与企业签订协议书，明确委托企业或机构承担学生研学旅行的安全责任。

五、研学旅行前如何确保质量和安全

第一，明确责任主体和职责分工。

《关于推进中小学生研学旅行的意见》中明确规定，中小学生研学旅行由教育主管部门和学校有计划地组织安排，即明确了教育主管部门和中小学生所在的学校为第一责任主体；中小学校要成立专门机构，具体负责研学旅行计划的拟定、组织和实施。其他相关部门同样肩负着与自身职责相关的责任，如产品部门应该履行对参与研学旅行产品开发经营企业的资质审核和业务监管责任，并会同教育主管部门对研学旅行产品的质量规格进行标准审定和技术把关等。

第二，建立研学旅行经营者准入制度。

按照国家相关规定，经营旅游服务产品的企业应该取得相关资质。除经营旅行服务的旅行社要按照相关要求取得资质外，如景区、博物馆、艺术馆、工厂和作坊、农业园区等从事研学旅行产品的开发和经营，是否需要取得相关资质或具备一定的门槛条件，包括经营研学旅行服务的旅行社是否需要在取得一般旅行社经营资质的基础上，增加研学旅行经营资质或达标条件，都需要在现有法律法规框架下进行专门研究，并建立相应的准入制度。

第三，完善产品和服务的标准体系。

中小学研学旅行涉及不同年级，各个年级学生的知识体系、认知能力各有不同。因此，应以年级为基础，从产品的内容结构和深度、知识体系、参与程度、产品形态、服务标准、安全要求等，建立详细、系统的标准，既作为研学旅行产品研发、经营者的参照，也作为业务主管部门进行监管、考核或验收的依据。

第四，加强市场监管。

应从各自的职责出发，加强对研学旅行市场的监管，积极做好对研学旅行产品的质量、价格、安全等监管，特别是要从保障中小学生人身安全的角度，制订安全出行标准，建立安全审查制度、安全监督检查制度，确保责任到人。

六、服务提供方基本要求

（一）主办方

1.应具备法人资质。

2.应对研学旅行服务项目提出明确要求。

3.应有明确的安全防控措施、教育培训计划。

4.应与承办方签订委托合同，按照合同约定履行义务。

主办方人员配置

1.必须派出一人以上作为主办方代表，负责督导研学旅行课程按计划开展。

2.每20名学生为一个研学旅行团队，宜配置一名带队老师，带队老师全程带领学生参与研学旅行各项课程。

3.非学生的研学旅行必须选出一名班长负责研学旅行课程的督导工作。

（二）承办方

1.应为依法注册的旅行社。

2.连续三年内无重大质量投诉、不良诚信记录、经济纠纷及重大安全责任事故。

3.应设立研学旅行的部门或专职人员，亦有承接100人以上中小学生旅游团队的经验。

4.应与供应方签订旅游服务合同，按照合同约定履行义务。

承办方人员配置

1.应为研学旅行课程配置一名主题课程组长，主题课程组长全程随团课程，负责统筹协调研学旅行各项工作。

2.应至少为每个研学旅行团队配置一名安全员，安全员在研学旅行过程中随团开展安全教育和防控工作。

3.至少为每个研学旅行团队配置一名研学旅行导师，研学旅行导师负责制定研学旅行教育工作计划，在带队老师等工作人员的配合下提供研学旅行教育服务。

4.应至少为每个研学旅行团队配置一名导游人员，导游人员负责提供导游服务，并配合相关工作人员提供研学旅行教育服务和生活保障服务。

5.研学旅行导师和导游人员可以由一人担任，但导游必须经过专业培训和考核晋升为导师。

七、研学旅行的安全管理与规范

（一）制定流程化制度

1.申报审批流程。

2.家长告知、自愿参与课程协议等。

3．集合汇报、请假、销假。

4．风险排查，如天气、交通工具等。

5．队列制度，集体出行不能落单，队列行进。

6．行动前动员，激发全体人员高度的责任心。

（二）明确领导

领导小组负责根据本校的实际情况制订安全出行预案并加以落实。领导小组一般为四人，一个组长、三个副组长。三个副组长分别负责组织协调、传播新闻、技术和后勤保障。

（三）明确责任人

采取分层负责制，责任到人，形成高效的汇报机制。具体安排负责人员注意包括但不限于以下四个方面：

1．随行医护人员

需聘请具有职业资格的医护人员随团提供医疗及救助服务。

2．随行生活老师

负责孩子们的衣食起居，物资、物料的协调。

3．带队老师

课程现场的直接负责人。

4．传媒（后勤）老师

负责课程报道、新闻发言和每天与家长沟通协调关系等。

八、360°全方位安全保障

第一层面：事前预防

1.研学方案的风险分析

针对不同的目标群体制订相应的研学方案。例如：小学四、五、六年级；初中一、二、三年级；高中一、二、三年级。

2.行前安全培训

实施系统化、标准化的行前安全培训。

3.境外旅行保障计划

额外补充商业保险作为保障，最高100万元意外保障、100万元医药补偿。

第二层面：事中控制

六大模块，多角度全方位进行安全保障。

1.交通安全的把控

与符合车辆运营规范要求的主体签订协议。

2.住宿安全的把控

与符合营业要求资质的接待主体签订协议。

3.营地安全的把控

与符合营地规范要求的主体签订协议。

4.饮食安全的把控

与符合餐厅营业要求的主体签订协议。

5.游览安全的把控

与符合景区规范要求的主体签订协议。

6.财产安全的把控

与家长及学生的协议及保险。

第三层面：事后处理

1.六大模块

交通安全备书、财产安全备书、游览安全备书、饮食安全备书、营地安全备书、住宿安全备书。

2.基本原则

抢先救济，及时汇报，依法办案，实事求是，尊重科学。

3.基本要求

（1）5分钟内上报。

（2）组织或指挥相关部门立即抢险，并通知相关部门。

4.应急处理措施

（1）抢救方案：调动救援力量，及时开展。

（2）伤员抢救：立即与急救中心或就近医院联系。

（3）事故现场取证。

（4）自我保护。

九、研学旅行基地设施规范

1.接待设施

应设研学服务中心、咨询台、休息场地和研学课程场所。

应设饮水处、方便座椅、遮阳避雨场所和卫生设施。

宜设私人物品寄存处。

基地内游步道应线路通达、标识醒目，并设有无障碍通道和道路照明系统。

应配置通信、网络、移动信号覆盖和邮政设施。

2.交通设施

外部交通应有县级以上公路，安全便捷，站牌指示醒目。

内部线路规划合理、布局规范，设有内部交通设施。

应设置专用停车场。

确认出行师生购买意外险，必须投保责任险，与家长签订安全责任书。

路线需提前踩线（包括道路路口、课程场地）明确预案分工；

（1）应按照以下要求选择交通方式

①单次路程在400km以上的，不宜选择汽车，应优先选择铁路、航空等交通方式。

②选择水运交通方式的，水运交通工具应符合GB/T 16890的要求，不宜选择木船、划艇、快艇。

③选择汽车客运交通方式的，行驶道路不宜低于省级公路等级，驾驶人连续驾车不得超过2h，停车休息时间不得少于20min。

（2）应提前告知受众人员及受众人员监护人相关交通信息，以便其掌握乘坐交通工具的类型、时间、地点以及准备有关证件。

（3）宜提前与相应交通部门取得工作联系，组织绿色通道或开辟专门的候乘区域。

（4）应加强交通服务环节的安全防范，向受众人员宣讲交通安全知识和紧急疏散要求，组织受众人员安全有序地乘坐交通工具。

（5）应在承运全程随机开展安全巡查工作，并在受众人员上、下交通工具时清点人数，防范出现滞留或走失。

（6）遭遇恶劣天气时，应认真研判安全风险，及时调整研学旅行行程和交通方式。

（7）交通安全责任状况书

甲方：×××学校

乙方：×××××

丙方：××××客运有限公司

为明确甲方、乙方、丙方权利义务关系，经三方协商一致，订立本合同，甲方授予乙方与客运公司合作租赁其客运车辆。

如在合作使用过程中出现以下问题：

第一，在组织课程过程中，出现交通意外事故造成车损，将由丙方车辆承担全部责任，与甲方无关。

第二，在组织课程过程中，出现交通意外事故造成车上乘员伤亡，将由乙方和丙方及其承运的车辆承担全部责任，并承担全部医疗费用，与甲方无关。

第三，在组织课程过程中，汽车丢失或其他形式的损失，将由丙方承担责任，与甲方无关。甲方乘员应严格遵守乘车规定，不得超员。

第四，在组织课程过程中，一切路桥费、停车费由丙方司机负责。

第五，如因乙方原因中途退回包车，将由乙方承担全部责任，与甲方无关。

第六，租车结算。当日课程结束，三日内结清全部费用。

第七，有关合同一切争议，应友好解决；如协商不成，由当地法院诉讼解决。

3.餐饮设施

餐饮设施的选址、布局合理，营业面积及餐饮设施满足接待要求。

餐厅环境、空气质量、卫生标准、就餐设施需符合规定。

餐厅设施无安全隐患。

各班带队研学实践教育师组织学生排队就餐，提前询问是否需要清真食品，准备餐食中不能有刺（鱼类）、猪肉、易发生食物中毒的食品（如豆角等）。另外，不可有地区发生动物疫情类的食品。

应以食品卫生安全为前提，选择餐饮服务提供方。

应提前制订就餐座次表，组织受众人员有序进餐。

应督促餐饮服务提供方按照有关规定做好食品留样工作。

应在受众学员用餐时做好巡查工作，确保餐饮服务质量。

4.住宿设施

应男女分区，集体住宿，设施安全、卫生洁净。

应设有安全和紧急避险通道，配置警戒设施。

可设野外露营点，选址科学合理，帐篷搭建安全规范并设警示区。

（1）应以安全、卫生和舒适为基本要求，提前对住宿营地进行实地考察，主要要求如下：

①应便于集中管理；

②应方便承运汽车安全进出、停靠；

③应有健全的公共信息导向标识，并符合 GB/T 10001 的要求；

④应有安全逃生通道。

（2）应详细告知受众学员入住注意事项，宣讲住宿安全知识，带领受众学员熟悉逃生通道。

（3）应在受众学员入住后及时进行首次查房，帮助受众学员熟悉房间设施，解决相关问题。

（4）必须安排男、女受众学员分区（片）住宿，女生片区管理员应为女性，开展巡查、夜查工作，必要时需在住宿区内安装安全电子监控（红外线）。

（5）选择在露营地住宿时还应达到以下要求：

①露营地应符合 GB/T 31710 的要求；

②在实地考察的基础上，对露营地安全评估，并充分评价露营接待条件、周边环境和可能发生的自然灾害等对学生造成的影响；

③应制订露营安全防控专项措施，加强值班、巡查和夜查工作。

5.安全设施

应配置齐全，包括：应急照明灯、应急工具、应急设备和处置设施。

应标识醒目，包括：疏散通道、安全提示和指引标识等。

应在出入口等主要通道和场所安装闭路电视监控设备。

基地内不应存放易燃、易爆、腐蚀性及有碍安全的物品。

基地内禁止吸烟、燃放鞭炮和使用明火。

应对各种安全隐患和紧急情况制订应急预案。

6.卫生设施

基地厕所布局和环境卫生应符合要求。

应设置特殊人群使用的卫生间和无性别厕所。

应合理布局垃圾箱，分类回收，图示标志符合要求。

应对空气质量进行监测，PM2.5 和有害气体限值应符合标准。

十、随行车辆设施与服务规范

随行人员中应有带队老师、随行医护、生活老师、后勤保障老师。

1.车辆设施标准

车辆为 80%入座率，需每天早、中、晚定期消毒，车辆均为符合标准要求并接待过研学培训的车辆。

根据地域特点安装冷暖空调，车内行李架应设置闭锁机构，能防止坠物。

车内设呕吐袋和常用晕车、急救物品。

应备有废弃物处理箱，宜固定密封。

设安全门或紧急出口，且有明显标志。

前排座椅应配备安全带，其他座椅全部配备安全带。

应配备适用的消防器材，并确保有效。

备件箱工具、备胎、备件齐全，摆放整洁有序。

2.司机

出发前应提前踩线，了解线路路程、路况，控制路程时间，规划好沿途停车休息地点及路途中是否有卫生间。

驾驶员应持有相应车型的合格驾驶证，具备相应车型五年以上的驾驶经验；。

服务人员保持个人卫生，面容整洁，发型整齐，美观大方。

接待过程中应穿着公司统一发放的可识别制服，工号牌置于左胸衣服外围易识别处。

注意服饰礼仪，衣着得体，服装整洁，不穿拖鞋。

出车前和服务过程中，不食带异味食品。

驾驶车辆时，不吸烟，不使用移动电话，不随地吐痰或向车窗外吐痰、扔弃废物。

开车过程中保持精力充沛，严防疲劳驾驶，行车前应保证充分休息，连续行车三小时后应休息恢复体力。

3.随行医务人员

需聘请具有职业资格的医护人员随团提供医疗及救助服务。

最好具有副高以上职称的内、外科和急诊科医生或从事保健工作 3 年以上的高年资主治医生；护士应取得护士执业资格，在干部病房工作 3 年以上。

4.带队老师、随行老师、后勤保障

应当由学校领导带队，为每个班级配备不少于 3 人的随行人员（随行人员数量与学生数量比例不低于 1:15）。

应选择年轻、身体健康、对突发事件有处理能力的人带队。

后勤保障老师应在出行前建立研学旅行群,群内每名学生仅能进入一名家长,老师应与家长随时保持联系，拍摄课程照片或小视频发送到群内，便于家长了解孩子的研学情况。

十一、安全教育

1.工作人员安全教育

应制订安全教育和安全培训专项工作计划，定期对参与研学旅行课程的工作人员进行培训。

培训内容包括：安全管理工作制度、工作职责与要求、应急处置规范与流程等。

2.研学旅行中的学生安全教育要求

（1）应对参加研学旅行课程的学生进行多种形式的安全教育。

（2）应提供安全防控教育知识读本。

（3）应召开行前说明会，对学生进行行前安全教育。

（4）应在研学旅行过程中对学生进行安全知识教育，根据行程安排及具体情况及时进行安全提示与警示，强化学生的安全防范意识。

十二、研学质量和安全案例分析

1.失败案例

案例 1

某中学 100 多名学生由学校老师带队，踏上了研学公司组织的北京名校研学之旅。不曾料想，五天的研学之旅却成了噩梦的开始，宾馆在六环外、房间发霉、床单大块污渍，很多孩子因为害怕只得挤在一个房间睡觉，甚至是哭求着家长早些回家，原本的研学项目也"缩水"，不尽如人意。不少家长表示，研学本是一件好事，现在却给孩子们带来了很大的伤害。

案例 2

孙女士今年给孩子报名了某培训机构推出的"城市生存"主题的研学，让孩子在城市中进行推销等以锻炼孩子，虽然没有门票等费用，但一周多的研学课程收费近 8000 元，加上孩子自己购物等花费，暑假研学支出费用近 10000 元。花费不菲，至于效果，孙女士表示"暂时不明显，刚回来前两天，还知道自己叠被子。但过了一周，又恢复到以前的老样子了，书包袜子随手就扔"，只花钱没有效果。

案例 3

即将升入初中的刘杰，去年参加过类似的博物馆游学课程，进了展厅，他发现带队老师就是照着说明牌念，同学们的问题也解答不了，"挺没意思的"，刘杰说。

还有的"游学"更省事。在国博、自然博物馆展厅中，一些"游学"带队老师，会给学生发"任务单"，然后解散，让学生从说明牌上寻找答案，还美其名曰"自主发现"，流于形 形式。

2．成功案例

案例 1

某安全教育基地，不但具备消防安全实践区、交通安全体验区、自然安全体验区、防恐防暴实践区和素质拓展课程区五大版块，而且配备地震模拟平台、风级体验屋、大巴逃生、飞机逃生模型、模拟街区、废墟体验屋、事故车辆展示、消防器材等丰富的安全教育设施。并以独创的公共、家庭、校园、自然、交通、心理安全"六大安全体系"为基础，通过场景体验让孩子认识生活中各种潜在的危险，学习安全知识和自救技能，真正将安全知识转化为自我保护的能力。

案例 2

某研学产品围绕"百年工业看上海"这一主题，学生设计的研学方案是从衣、食、住、行四个角度来管窥上海的工业化进程，由此确定的行走路线为：上海纺织博物馆（衣）—上海梅林食品有限公司（食）—上海城市规划展示馆（住）—上海铁路博物馆（行）。学生选择的课题涉及多学科知识，单学科研学实践教育师以一己之力难以开展有效指导。因此，本次研学邀请了语文、历史、政治等学科研学实践教育师以及校外教育专家共同指导。在行走过程中，师生间易结成亦师亦友、教学相长的研学共同体，研学实践教育师转型为学生"创想"和"创为"的引领者。在此过程中，研学实践教育师也可以适时地将上海的城市精神与民族精神传递给学生。

第二节　研学实践教育的应急处置方法

为加强对研学实践教育的安全管理，保障师生安全，确保课程安全有序地开展，特制订安全应急预案。

1．研学实践教育线路设计

实地考察安全系数高、具有教育意义的目的地，精心设计研学课程旅行路线，避免出现安全隐患。

2．研学实践教育交通保障

委托并监督旅行社选择资质齐全的车队，安排车况良好的车辆和素质高、经验丰富的专业司机。

车辆实行一人一座，原则上一班一车。班级人数超过车总共座位，安排与其他班级拼车。每车选派一到两位责任心强的老师作为辅导员，要求车上辅导员知道本车及本班拼车学生手机号码及车号，同时告知车上学生所有车辆辅导员的手机号码。上车、饭前必须确定人数，然后向带队人员汇报，确保无人员走失。

要求师生遵守交通规则，统一课程，不得单独课程。

必须安排工作经验丰富、协调能力强的辅导员，有较强的交通安全意识，及时提醒司机检查车辆，发现事故隐患及时提出更换车辆的建议，协助和监督司机做好安全工作。

3．交通事故应急处理

立即组织抢救。发生交通事故出现伤亡时，辅导员应立即拨打"120"求救，并组织现场人员迅速抢救伤员，如不能就地抢救，应立即安排车辆将伤员送往离出事地点最近的医院救治，同时立刻通知带队领导及学生家长。

保护现场，立即报案。事故发生后，应尽一切努力保护现场，并尽快报案。报公安"110"或交通事故"122"报警台，请求派相关人员赶赴现场调查处理。

迅速向"研学领导小组"课程领导报告。将受伤者送往医院后，辅导员应迅速向"研学领导小组"课程领导报告交通事故发生及旅游者伤亡情况，按领导指令开展下一步工作。"研学领导小组"课程领导应在同一时间报上级行政管理部门并通知学生家长。

做好本团其他同学的安抚工作。交通事故发生后，辅导员应做好团内其他学生的安抚工作，继续组织安排好参观游览课程。事故原因查清后，要向学校老师及学校负责人说明情况。

写出书面报告。交通事故处理结束后，辅导员要写出事故报告。内容包括：事故的原因和经过；抢救经过；治疗情况；事故责任及对责任者的处理；学生的情绪及对处理的反映等。报告力求详细、准确、清楚。请学校负责人或班级带队老师在报告落款处署名。

4．餐饮卫生保障

原则上选择大学食堂就餐，如需在外安排就餐需选择干净卫生、手续齐全的餐厅。

辅导员要提醒师生不在小摊贩上购买食物，团队就餐前应检查食物、饮料有无异味变质的情况，如有以上情况应及时更换食品，并向"研学领导小组"课程领导汇报。

如发现旅游者食物中毒，辅导员应设法催吐并让食物中毒者多喝水以加速排泄，缓解毒性；同时迅速联系随团老师及学校负责人，立即将患者送医院抢救，请医生开具诊断证明，随即报告"研学领导小组"课程领导小组并追究供餐单位的责任。

5．财物安全保障

辅导员随时提醒学生保管好自己随身携带的财物。发生财物丢失，辅导员积极配合寻找。贵重物品丢失，寻找无果，拨打"110"报警。

6．治安安全保障

在研学课程中，遇到歹徒行凶、诈骗、偷窃、抢劫等，导致学生身心及财物受到损害的，统称治安事故。

辅导员要提醒学生：贵重物品不要随身携带，离开游览车时不要将证件或贵重物品遗留在车内。

辅导员要始终与学生在一起，注意观察周围环境，经常清点学生人数；车行途中不得随意停车让无关人员上车，若有不明身份者拦车，辅导员应提醒司机不要停车。

发生治安事故，辅导员应：

保护学生人身及财产安全。辅导员应挺身而出保护学生，将当事学生转移到安全地点，力争追回钱物；如有学生受伤，应立即组织抢救。向"研学领导小组"课程领导报告治安事故发生的情况并按领导指令开展工作，情况严重时，请领导亲临指挥、处理。

安抚学生的情绪。治安事故发生后，辅导员应采取必要的措施，安抚学生的情绪，力争课程按行程计划进行。

写出书面报告。辅导员应写出详细、准确的书面报告，除报案内容外，还应写明案件的性质、采取应急的措施、侦破情况、受害者和其他成员的情绪及有何反映、要求等。

7．预防走失

辅导员在出发时要强调行程安排、注意事项、集合时间及地点，告知学生手机号码。每次上车时清点人数。如发生走失应及时处理。

组织寻找。辅导员立刻组织学生寻找走失学生，安排其他已经到了的学生在车上等待。

及时汇报。及时将相关情况报告给学校负责人。

报警。积极组织寻找，立刻拨打"110"报警。

向领导汇报。立刻向负责人报告走失同学的情况。

安抚学生。找到后，安抚走失学生的情绪。时间允许的情况下，继续行程。

8．纪律要求

为了确保课程的顺利开展，辅导员要配合老师教育参加研学游的同学遵纪守法，牢固树立安全意识，自觉遵守有关法律法规，要有良好的公德意识，有严明的组织纪律观念，认真服从学校、领队研学实践教育师和旅行社的管理，如违反相关规定或法律法规，造成不良后果的，由本人承担责任，返校后，学校应根据校规校纪严肃处理。

全体师生遵守参观点的规定，遵守交通规则，随团统一课程，不得单独课程。

9．"研学游领导小组"安全事故突发事件应急处理原则是"迅速、快捷、高效，以人为本，保护生命，学生第一"。

10．对在突发事件中处理不力、渎职的相关责任人坚决追究其相关责任。

第九部分 研学实践教育主题课程参考

☆北京研学实践教育主题课程——人文篇

我到北京上大学研学系列活动课程

研学主题：穿越历史长河。

研学特色：在课程中通过朗诵、选择、分享、影像等方式，联系语文、数学、历史、政治、美术等学科内容，在行走的课堂中收获知识。

研学目标：

1. 体验中华文化的博大精深，

2. 了解中国近代史的风云变幻。

3. 了解古建筑的气魄非凡。225

4. 了解王侯将相的兴衰成败。

5. 感受中华民族的灵魂所在。

研学时间：4晚5天。

研学对象：8~16岁中小学生。

研学任务：在导师的指导下，完成课程要求的作业。

研学品牌：行知立德。

研学实施要求：

1. 学生在去研学前，通过书籍或网上查询课程相关情况。

2. 将研学旅行方案告知家长，其中包括研学旅行费用具体项目，取得家长的理解和支持。

3. 主办方与承办方共同成立领导机构，分工落实责任分工负责。

4. 明确学生出行所带的相关物品（禁止携带各类刀具、打火机、火柴等危险物品）。

5. 进一步强调安全要求（乘车分组）。

6. 在课程过程中告知学生应注意个人安全。

7. 告知出发时间、返回时间，家长应到学校接学生。

8. 学校根据这次研学旅行特点布置相关作业（包括：文章表达、摄影展示、制作分享等）。

9. 制定科学有效的中小学生研学旅行安全保障方案，做到层层落实，责任到人。做好行前安全教育工作，主办方负责确认出行前购买意外险。

课程方案

第一天：前往北京（参考班次）

【课程安排】

指定时间到指定地点集合。

在辅导老师的带领下准时前往北京，开始愉快的研学旅行……

12:00　午餐。

第一课时：非遗基地——艺麓园

艺麓园沿袭明清时期宫廷建筑的风格，以木质结构为主体，结合北京传统皇家四合院的经典样式，融合了具有北方特色的园林艺术建筑特点。以"瑞气和光"牌楼为起点，经由檐廊、走道，进入一进院、二进院、三进院、后花园，关公祠堂等建筑而构成的大型近代古建筑群落。整体坐北朝南，纵向延伸，千回百转，层次分明。布局上承袭了中国传统建筑文化精髓——"天人合一"的和谐思想与风水学完美搭配，讲求中轴对称。

在老师的带领下去深度体验传统文化，穿汉服、诵论语、感恩礼……

【艺麓园研学任务】

A：感恩礼仪——开营仪式。

B：国学课堂——聆听经典。

C：传承非遗——动手实践。

第二课时：爱心俱乐部——爱心与责任的体现（返回营地车上进行）

A：小小主持人。

B：评选记者及摄影师。

在课程中，我们相识、相知，体验与人交往的兴奋和快乐，感受友情的珍贵和爱的鼓励。拿出自信和实力，竞争营队的记者、摄影师吧！相信自己："我能行！"

18:00　晚餐。

第三课时：安全教育

A：由退役军人进行军事管理的简单训练。

B：聆听或观看安全教育内容，并互动安全问题解答，牢记安全第一。

C：跟随老师朗诵营规。

第二天：爱我中华

第一课时：天安门广场

1. 寻找着电视画面中天安门给我们的印记，置身于全世界最大的城市中心广场，仰望毛主席永恒不变的英容，"好好学习，天天向上"朗朗的声音在耳边回响。

2. 人民英雄纪念碑前留个影。

3. 远观人民大会堂，预想明天的你会胸配代表证再次走进这里！

第二课时：故宫博物院

高大的红墙围起了紫禁城的神秘，巍峨的殿宇尽显皇城的至高无上，气势恢宏的御路，承载着千年的历史足迹……

【故宫研学任务】

A：分组"按图索骥"，每组分发一些故宫老照片，大家一起去寻找所对应的历史故事及答案，找到答案最多、时间用的最短的组获胜。

B：认真观察古建筑的风格及工艺，为晚上榫卯手工课做知识的积累。

C：了解王侯将相的兴衰成败，说说皇宫里的历史事件、人物。

12:00　午餐。

第三课时：中国国家博物馆

国家博物馆是一座以历史与艺术为主，系统展示中华民族悠久文化历史的综合性博物馆。集文物征集、考古、收藏、研究、展示于一身，将系统收藏反映中国古代、近现代、当代历史的珍贵文物。

【国家博物馆研学任务】

A：背诵中国历史朝代顺序歌：

三皇五帝始，尧舜禹相传；夏商与西周，东周分两段；春秋和战国，一统秦两汉；

三分魏蜀吴，二晋前后沿；南北朝并立，隋唐五代传；宋元明清后，皇朝至此完。

B：在研学课程中，按照时间、事情发展的顺序等逻辑顺序，梳理历史框架，完成研学手册。

C：每组选择一个代表性的宝藏，并熟记其前世故事、特点等。

D：分享宝藏故事，作为一名国宝守护者，你将如何守护国宝？

18:00 晚餐。

第四课时：手工体验课堂——榫卯工艺

榫卯工艺，被称为中国传统木构建筑的灵魂，整幢房子未使用一根铁钉，却能使用几百年甚至上千年。榫卯是极为精巧的发明，这种构件连接方式，使得中国传统的木结构成为超越了当代建筑排架、框架或者刚架的特殊柔性结构体，不但可以承受较大的荷载，而且允许产生一定的变形，在地震荷载下通过变形抵消一定的地震能量，减小结构的地震响应，在人类制造史上堪称奇迹。体验榫与卯的结合，感受木材之间高低长短的巧妙组合，深刻体悟这件令世界惊艳的中国工艺。

【研学课程任务】

A：每名营员独立完成一件作品。

B：分享收获。

第三天：登长城访名校

第一课时：中国建筑与军事防御——居庸关长城

天高云淡，望断南飞雁，不到长城非好汉，屈指行程二万里……登长城，做好汉！还记得我们学过的《长城》吗？让我们站在长城诵长城吧！

【长城研学任务】

A：参与"少年强则国强，为祖国加油"签名课程。

B：居庸关长城名字的由来？

C：长城在我国历史上起到什么样的军事防御作用？

12:00 午餐。

第二课时：清华大学或北京大学

漫步在水木清华，感受着百年名校的校风、校训，从晚清到民国，从抗日战争到解放战争，从新中国成立再到如今的飞速发展，每一个历史瞬间，都有清华学子的身影……

北京大学既有皇家园林的宏伟气度，又有江南水乡的秀丽飘逸，未名湖、博雅塔和图书馆构成全国高校最著名的景观之一塔湖图……

【清华大学研学任务】

A：清华学堂成立于哪年？清华大学的校训是什么？

B：清华大学对社会的贡献？

C：清华大学对你的人生有什么指导意义？

第三课时：奥运精神——奥林匹克公园

怀着激动的心情，营员们来到了北京奥林匹克公园，"鸟巢"庄严巍峨，运动健儿曾在这里谱写了一首积极、拼搏、友爱的世界史诗！"水立方"近在眼前……

【奥林匹克公园研学任务】

A：奥运知识抢答！

B：说说你对鸟巢体育馆的建筑灵感和意义。

C：你知道水立方建筑结构的概念吗？

第四天：课本中的北京

第一课时：卢沟桥

北京有句歇后语"卢沟桥的狮子——数不清"，让我们怀着骄傲与自豪踏上这座闻名世界的桥梁，数一数到底有多少只狮子？站在桥上聆听着老师的讲解，你是否真正了解了它的历史意义及建筑特点呢？

【卢沟桥研学任务】

A：结合课文，说说中国石拱桥的结构特点。

B：说说卢沟桥事变的形势意图。

C：卢沟桥由于年代久远，正面临着失修问题，请你从保护文物角度提出一条合理化的建议。

第二课时：中国抗日战争纪念馆

中国人民抗日战争纪念馆是全国唯一一座全面反映中国人民抗日战争历史的大型综合性专题纪念馆，坐落于中华民族全面抗日战争的爆发地——北京卢沟桥畔的宛平城内，是国家一级博物馆。随着声光电的模拟场景，我们回到"七七"事变的主战场——卢沟桥战役……

【中国抗日战争纪念馆研学任务】

A：集体诵读《少年中国说》（节选内容）。

B：牢记使命，勿忘国耻，许下誓言。

12:00　午餐。

第三课时：颐和园

还记得你曾经读过的《颐和园》吗？它是我国目前现存规模最大、保存最完整的皇家园林，让我们随着课文穿越其中，漫步长廊，倚亭远望美不胜收……

【颐和园研学任务】

A：三山五园是哪些地方？

B：你知道颐和园在清朝时期发生过哪些重要的历史事件？

C：颐和园里移步换景，你都能说出有哪些景点？

D：拍下你认为最美的景色。

第四课时：才艺展示

这是一个舞动青春、激情四射的舞台，展现你的风采，展示你的才艺，这是专为快乐的营员搭建的舞台，这是一台青春激荡的晚会！

第五天：博物馆之约

第一课时：首都博物馆（或自然博物馆）

走进北京的历史——首都博物馆，北京建都 800 多年来，以皇城为背景，形成了内容丰富、博大精深的民俗文化，漫步其中，仿佛穿越了一般……

【首都博物馆研学任务】

A：完成研学手册上的内容。

B：哪个展厅是你最喜欢的，并说明原因。

C：通过参观，你对老北京的历史和风俗有哪些深入的了解？

12:00　午餐。

14:00　送站。

【结束寄语】

有经历，才学会脚踏实地。

有梦想，才学会规划未来。

有知识，文化变成最好的气质。

有见识，阅历筑成更高的格局。

读万卷书，行万里路！研学旅行在路上！期待我们下次再见！

【服务标准】

（略）

课程设计：郝爱敏　赵　烨　刘玉发　田海兰

联系方式：郝老师 13701398665；田老师 13811414734。

☆北京研学实践教育主题课程——科技篇

我到北京上大学研学系列活动课程

研学主题：科技殿堂吸收能量。

研学特色：探索人工智能的奥秘，通过动手、动脑的实践课程，让青少年去相信，很多问题都可以通过知识和创新得到解决。

研学目标：激发创新潜能，培养创新精神，提高科学兴趣，培养观察问题和解决问题的能力。

研学时间：4 晚 5 天。

研学对象：8～16 岁中小学生。

研学任务：在导师的指导下，完成课程要求的作业。

研学品牌：行知立德。

研学实施要求：

1．学生在去研学前，通过书籍或网上查询课程相关情况。

2．将研学旅行方案告知家长，其中包括研学旅行费用具体项目，取得家长的理解和支持。

3．主办方与承办方共同成立领导机构，分工落实责任分工负责。

4．明确学生出行所带的相关物品（禁止携带各类刀具、打火机、火柴等危险物品）。

5．进一步强调安全要求（乘车分组）。

6．在课程过程中告知学生应注意个人安全。

7．告知出发时间、返回时间，家长应到学校接学生。

8．学校根据这次研学旅行特点布置相关作业（包括：文章表达、摄影展示、制作分享等）。

9．制定科学有效的中小学生研学旅行安全保障方案，做到层层落实，责任到人。做好行前安全教育工作，主办方负责确认出行前购买意外险。

课程方案

第一天：前往北京（参考班次）

【课程安排】

指定时间到指定地点集合。

在辅导老师的带领下准时前往北京，开始愉快的研学旅行……

12:00　午餐。

第一课时：中国科技馆

14:00　进入科技的殿堂——中国科技馆

从古代四大发明到磁悬浮列车，跨越千年的科技互动实践定会让你驻足忘返；亲手做实验，如怒发冲冠、月球漫步、控制伸缩球、观看高压发电等，我们在笑声与惊叹声中思考，激发青少年探索科技奥秘的热情，培养青少年观察、发现、创新的能力。

【科技馆研学任务】

A：与侏罗纪恐龙合影。

B：科学乐园里驾驶"飞船"看"地球"；穿越时空隧道，模拟太空探索课程；了解自来水的原理。

C：了解机器人的特点，体验机器人现场画素描。

D：观看球幕电影或者 4D 电影。

第二课时：爱心俱乐部——爱心与责任的体现（返回营地车上进行）

A：小小主持人。

B：评选记者及摄影师。

在课程中，我们相识、相知，体验与人交往的兴奋和快乐，感受友情的珍贵和爱的鼓励。拿出自信和实力，竞争营队的记者、摄影师吧！相信自己："我能行！"

18:00　晚餐。

第三课时：安全教育

A：由退役军人进行军事管理的简单训练。

B：聆听或观看安全教育内容，并互动安全问题解答，牢记安全第一。

C：跟随老师朗诵营规。

第二天：筑梦航天

第一课时：天安门广场

1. 寻找着电视画面中天安门给我们的印记，置身于全世界最大的城市中心广场，仰望毛主席永恒不变的英容，"好好学习，天天向上"朗朗的声音在耳边响。

2. 人民英雄纪念碑前留个影。

3. 远观人民大会堂，预想明天的你会胸配代表证再次走进这里！

第二课时：故宫博物院

高大的红墙围起了紫禁城的神秘，巍峨的殿宇尽显皇城的至高无上，气势恢宏的御路，承载着千年的历史足迹……

【故宫研学任务】

A：分组"按图索骥"，每组分发一些故宫老照片，大家一起去寻找所对应的历史故事及答案，找到答案最多、时间用的最短的组获胜。

B：认真观察古建筑的风格及工艺，为晚上榫卯手工课做知识的积累。

C：了解王侯将相的兴衰成败，说说皇宫里的历史事件、人物。

12:00　午餐。

第三课时：中华航天博物馆（或中国航空博物馆）

中国运载火箭技术研究所（北京航天博物馆）如遇政策性关闭改为航空博物馆。

中华航天博物馆隶属于中国航天科技集团公司，坐落于北京中轴线、天安门南约十公里处的中国航天发祥地——中国运载火箭技术研究院内，1992 年 10 月落成开馆，展出面积一万多平方米，是目前亚洲地区规模最大的航天科技类专业展馆。这里记载着中国航天的历史变迁，展厅内通过翔实的图文史料、丰富的馆藏展品、现代化的交互设备，再现我国航天事业的光辉历程。目前，馆藏的实物展品主要有东方红一号卫星（备份星）、长征系列运载火箭、返回式卫星回收舱、神舟四号飞船返回舱及返回舱主伞、火箭发动机、首个中国航天日在天安门广场国旗杆上悬挂使用的国旗和部分军品型号展品等。中华航天博物馆充分发挥社会职能，一直以普及航天知识、传承航天文化、弘扬航天精神为己任，为广大航天爱好者搭建了交流学习的平台。

中国航空博物馆从中国古代的航空发明与发现到当代使用的高空高速歼击机，从近代引进国外的航空器到国产的各种类型飞机，从自行制造的第一架初教机、第一架歼击机到具有独特设计格局的轻型歼击机歼-12，完整地记载着新中国的航空工业发展和人民空军的发展历史。

【航天博物馆研学任务】

A：了解长征系列运载火箭的各级结构，运载火箭的实际功能，中国事业的发展历史。

B：什么是中国航天精神。

C：完成不低于 300 字的观后感。

18:00　晚餐。

第四课时：手工体验课堂——榫卯工艺

榫卯工艺，被称为中国传统木构建筑的灵魂，整幢房子未使用一根铁钉，却能使用几百年甚至上千年。榫卯是极为精巧的发明，这种构件连接方式，使得中国传统的木结构成为超越了当代建筑排架、框架或者刚架的特殊柔性结构体，不但可以承受较大的荷载，而且允许产生一定的变形，在地震荷载下通过变形抵消一定的地震能量，减小结构的地震响应，在人类制造史上堪称奇迹。体验榫与卯的结合，感受木材之间高低长短的巧妙组合，深刻体悟这件令世界惊艳的中国工艺。

【研学课程任务】

A：每名营员独立完成一件作品。

B：分享收获。

第三天：实践与探索

第一课时：中国建筑与军事防御——居庸关长城

天高云淡，望断南飞雁，不到长城非好汉，屈指行程二万里……登长城，做好汉！还记得我们学过的《长城》吗？让我们站在长城诵长城吧！

【长城研学任务】

A：参与"少年强则国强，为祖国加油"签名课程。

B：居庸关长城名字的由来？

C：长城在我国历史上起到什么样的军事防御作用？

12:00　午餐。

第二课时：中国科学院（如遇政策性关闭改为天文馆）

中国科学院是中国自然科学最高学术机构、科学技术最高咨询机构、自然科学与高技术综合研究发展中心，具备完整的自然科学学科体系，物理、化学、材料科学、数学、环境与生态学、地球科学等学科整体水平已进入世界先进行列，一些领域方向也具备了进入世界第一方阵的良好态势。在这里，我们将跟随科学家，一起体验科学的魅力。

根据学生的年龄及中国科学院安排，前往下列研究所学习。

中国科学院动物研究所/国家动物博物馆

中国科学院力学研究所/风洞实验室

中国天文台基地

中国科学院生物物理研究所

中国科学院微生物研究院

中国科学院地质与地球物理研究所

中国科学院植物研究所

中国科学院物理研究所

【中国科学院研学任务】

根据所到研究所的研学内容，设定相应的研学任务。

第四天：人工智能

第一课时：人工智能项目——走进机器人世界

一次时间短、距离近的微研学；

一次炫酷未来科技 BigBang；

一次智慧和人工智能的碰撞；

一次成长与收获的独立体验。

机器人素养教育不只是机器人研究、设计、搭建、编程、优化的科技知识与技能教育，也是一种怎么能让自己生活和学习变得更好的思维和方法的教育，让我们跟随老师走进机器人的世界吧……

【人工智能研学任务】

A：人工智能理论普及。

B：机器人竞技赛。

C：通过体验从而对人工智能有更加深入的体会和认知，在课程中让同学们提高发现问题并会解决问题的能力。

12:00　午餐。

第二课时：智能化园林艺术——北京园博园

北京园博园主要用于展示国内外造园艺术以及园林绿化新技术、新材料、新成果，向全社会推广绿色生态环保理念，展现节能环保的新材料、新技术、新工艺和再生水、太阳能、风能等低碳环保技术的科学、合理利用等。

园区内灌溉系统采用目前世界最新的基于互联网的智能自动控制系统，可做到精准灌溉，它可以根据气象数据，按照降雨量等调整灌溉水量，也可以根据不同季节植物需水规律进行灌溉，以达到适时适量灌溉，节约用水。

【园林研学任务】

A：园博园再生水利用什么方法使水质达到国家三类以上标准？

B：用什么方法可以增加水体的含氧量？

C：对智能化园林的观后感。

第五天：名校闭营（清华大学或北京大学）

第一课时：清华大学（或北京大学）

在清华学子的陪伴下，漫步在水木清华，感受着百年名校的校风、校训，从晚清到民国，从抗日战争到解放战争，从新中国成立再到如今的飞速发展，每一个历史瞬间，都有清华学子的身影……

在清华大学举行闭营仪式，立志做科技人才，为祖国贡献自己的一分力量！

【清华大学研学任务】

A：清华学堂成立于哪年？清华大学的校训是什么？

B：清华大学对社会的贡献？

C：清华大学对你的人生有什么指导意义？

12:00　午餐。

14:00　送站。

【结束寄语】

有经历，才学会脚踏实地。

有梦想，才学会规划未来。

有知识，文化变成最好的气质。

有见识，阅历筑成更高的格局。

读万卷书，行万里路！研学旅行在路上！期待我们下次再见！

【服务标准】

◆一站服务·贴心备至：全程一站式贴心服务。

◆集体住宿·温馨舒适：营地教育，温馨如家。

◆用餐便捷·干净卫生：环境优越，营养放心。

◆行程交通·保驾护航：专业车队，空调巴士。

◆辅导老师·关怀备至：全程陪同，同行同乐。

◆保险完备·额外保障：责任保险，意外保险。

◆医疗配备·专业医务，全程跟踪，安全而归。

课程设计：郝爱敏　赵　烨　刘玉发　田海兰

联系方式：郝老师13701398665；田老师13811414734。

☆黄金寨——生命之源水文化科学研学活动课程

研学主题

黄金寨——生命之源水文化科学研学课程。

研学特色

1. 文化，是以水为载体，以人与水的关系为纽带形成的一种独特的文化形态，是中华文化的重要组成部分。

2. 加强水情教育的需要。

3. 中央一号文件提出，要加大力度宣传国情水情，提高全民水资源保护意识，要把水情教育纳入国民素质教育体系和中小学教育课程体系。

4. 丰富研学产品的需要。

5. 整体而言，目前国内水教育较国外水教育起步晚，知识零散、不系统，公众关注但行动少。水教育课本、培训、实验室、课外课程不完善，有特色有深度的水文化研学产品比较少见。

黄金寨是一幅天然的水墨画卷，随四季更替而景色不同。这里的山是浓浓淡淡的墨，一笔一笔远。水是浅浅深深的绿，一层一层深。人在湖中如游在画中，人在山上则景在心中。可谓是，青山绿水黄金寨，出画入画皆是景。

研学目标

1. 对日常饮用水一次追根溯源；

2. 行走纯净水源地；

3. 来自大自然的清凉；

4. 探索龙泉水工厂；

5. 采访大自然搬运工。

研学时间

1天。

研学对象

4~6年级学生。

水资源分析

我国是一个水资源短缺的国家，水资源时空分布不均。近年来我国连续遭受严重干旱，旱灾发生的频率和影响范围不断扩大，持续时间和遭受的损失不断增加。目前全国600多个城市中，有400多个城市缺水，其中100多个城市严重缺水，而北京、天津等大城市目前的供水已经到了最严峻时刻。与此同时，由于人口的增长，到2030年我国人均水资源占有量将从现在的2200立方米降至1700~1800立方米，需水量接近水资源可开发利用量，缺水问题将更加突出。因此，节约水资源，强化水资源稀缺意识已刻不容缓，大家需从我做起，从自身做起，节约每一滴水。

研学任务

1. 人与水的关系是什么？

2. 水与生命的关联因素是什么？

3. 水与自然的关系是什么？

4. 水与环境的自然关系是什么？

5．水与其他……

研学链接

略。

研学实施要求

1．加强领导，明确职责

各中小学校要加强对此项研学工作的统筹规划和管理指导，各中小学校建立校长负总责、分管领导主管、与相关部门协作的组织实施机构，要把走进敬业研学实践纳入学校教育教学计划，根据教育教学计划灵活安排研学实践时间。制定研学旅行工作方案和应急预案，推动研学旅行工作有序开展。

2．加强实践，推动落实

按照逐步调整、渐进深化、持续完善的策略，在方案总体框架范围内，根据区域学生实际情况，自主有序推进中小学生研学旅行各项工作目标任务落实。

3．加强引导，落实经费

本次研学旅行课程，家长自愿交费，逐步探索建立政府、学校、社会、家庭共同承担的多元化经费筹措机制，鼓励通过社会捐赠、公益性课程等形式支持开展研学旅行。

4.加强安全，履行责任

制定科学有效的中小学生研学旅行安全保障方案，做到层层落实、责任到人。各中小学做好行前安全教育工作，主办方负责购买确认出行师生的意外险，检查学生出行交通工具安全，学校面向中小学师生开展生命健康安全教育，提高应急救护能力。

石家庄市教育局规定 1 日研学课程教学安排

项目	时间	地点	流程安排	备注
集合	7:30	学校操场	各校负责人安排领队老师带领学生集合，清点人数，提醒注意事项，安排乘车事宜。每车保证有两位研学实践教育师，保障学生安全	领队老师要提前做好学生课程要求和安全事项的教育工作
抵达	8:30	黄金寨	（1）学生抵达黄金寨正门，各团队清点人数，在"寨大门"前集合。 （2）按照班级所分团队排队。 （3）讲解一天课程内容及时间安排	学生需准备笔、本等学习用具
参观生命之源	8:40	生命之源	（1）按照班级分组，分发服装和帽子。 （2）讲解员带领学生参观水源上的微生物，聆听大自然的搬运工创造的经典历史故事。 （3）在厂区前合影	研学实践教育师配合分发服装，并告知学生不要将其弄脏弄丢
水物馆全观	9:35	生命之源展厅	（1）基地研学实践教育师讲解课程意义、课程内容和相关安排。 （2）讲解员介绍龙泉水和大事记及生命之源馆的简介	按照团队集合

续表

项目	时间	地点	流程安排	备注
走进科学——生命之源	10:00	展览馆10个展厅	（1）考察水源：了解龙泉水发展历史，填写任务单，并完成团队创意合影秀。 （2）龙泉水故事：跟随研学导师的脚步，了解龙泉水的故事。 （3）探秘水源：走进水源地，品尝取水。 （4）创新环保：了解水环保，找到讲解员完成任务单填写。就水源保护开展成长话题采访课程。 （5）了解制水工艺、新型节约能源、灌装、成品等流程赢得龙泉标奖章。 （6）完成研学手册——水资源调查。 （7）完成研学手册——节约用水	整体而言，目前国内水教育较国外水教育起步晚，知识零散、不系统，公众关注但行动少。水教育课本、培训、实验室、课外课程不完善，应进行有特色有深度的水文化研学，提高全民水资源保护意识，把水情教育纳入国民素质教育体系和中小学教育课程体系
午餐	12:00	敬钢餐厅	接待午餐三菜——汤标准餐	标准化、卫生
知识竞答总结	14:00	水展览馆正厅	（1）水知识竞答赛，评选优秀奖、一等奖和最佳奖。 （2）研学实践教育师总结本次课程，为优秀学生颁发"生命之源"奖品	知识竞答赛获奖者颁发不同奖品
返程	15:30		课程结束后，安排学生以"水-生命之源"为主题的征文、绘画、微视频、照片、板报作品等展现研学课程成果	学校统一安排，并推荐20篇作文、绘画作品参赛

服务标准及收费明细

市教育局统一价格 168 元，包括：交通、餐费、保险、体验费用、研学手册、研学导师等。

1. 往返交通：空调旅游大巴、有多年驾驶经验的司机。

2. 用餐地点：工厂食堂。

3. 旅行社责任险+旅游意外保险。

4. 课程全程有研学实践教育师陪同。

5. 课程期间行程安排会根据天气等因素做调整，以保证度过一个愉快的行程。

6. 行程接待人员含研学导师、研学辅导员、专业课程讲师。

7. 研学导师：1 车配 2 名研学导师全程接待。

8. 研学品牌：探索大本营。：

9. 研学安全等级：5 级，无风险。

10. 联系我们：13785178797。

☆感受天山精神，探究水的力量，携手雪莲花，与群鹰共舞

——大美新疆天山峡谷自然研学

研学主题：天山峡谷自然研学

设计单位：新疆雏鹰团文化传播有限公司（18699068608 微信同号）

设计人员：黄宝存、李俊玲

研学导读：

天山是世界七大山系之一，位于地球上最大的一块陆地欧亚大陆腹地，天山东西横跨中国、哈萨克斯坦、吉尔吉斯斯坦和乌兹别克斯坦四国，全长 2500 千米，南北平均宽 250～350 千米，最宽处达 800 千米以上。天山是世界上最大的独立纬向山系；天山同时也是世界上距离海洋最远的山系和全球干旱地区最大的山系。

这里雪峰插云，冰川晶莹，群山蜿蜒，危崖耸立，峡谷深邃，林木葱郁，花草满坡，泉瀑淙淙，空气清新，景色迷人。

清代诗人洪亮吉在《天山歌》中写道："天山之石绿如玉，雪与石光皆染绿。半空石堕冰忽开，对面居然落飞瀑。青松岗头鼠陆梁，——竟欲餐天光"，正是这种瑰丽景色的逼真写照。

著名的雏鹰团总部及乌鲁木齐最美的少年营地就在这里。

这里既是优良的天然牧场，也是学生开展心理拓展、研学旅行、营地教育、冬夏令营、野外生存的天然课堂。

天山有多深？雪山有多高？小溪水哪来的？瀑布是怎么形成的？雪莲长在哪里？漫天老鹰是什么景象？……让我们一起参加研学旅行，一起探寻神秘天山……

课程目标：

1. 了解峡谷的地质地貌，感受自然的雄奇壮阔。

2. 对山涧小溪追根溯源，明白水是怎么来的。

3. 了解高山瀑布的构成，感受自然的鬼斧神工。

4. 近距离触摸天山雪莲，深入了解雪莲，更好地保护雪莲。

5. 深入雪岭鹰谷了解鹰，了解鹰的生存环境。

6. 通过水土流失及遍地垃圾进行反思，培养环保意识。

课程时间：每年 6～8 月为最佳时段，1～3 天均可。

课程对象：中小学生。

人数要求：50 人。

课程地点：乌鲁木齐天山大峡谷休闲培训综合体（雏鹰团总部）。

综合体于 2018 年由雏鹰团创始人黄宝存先生携手天山小峡谷、恐龙山庄、鑫水山庄、杨家大院负责人联合创立。

综合体位于北天山支脉喀拉乌成山北麓山区，距乌鲁木齐市区 60 多千米，附近分布有天山大峡谷、天山小峡谷、灯草沟、沙沟、鹰沟等 5 条大小沟谷；雏鹰团总部、天山小峡谷、恐龙山庄、鑫水山庄、杨家大院等

9 座营地；雏鹰团心理训练场、天山雪豹拓展等 5 座拓展基地、滑雪场 1 座、徒步线 7 条、马帮线 5 条、会议室 10 座。

这里可同时容纳 1500 名学生开展心理拓展、研学旅行、营地教育、冬夏令营、探险穿越等吃住学习。

研学任务（学生提前一天准备相关资料）：

1. 天山峡谷有哪些地质地貌？是如何形成的？

2. 山涧为什么有水？泉水是如何形成的？小溪的源头在哪里？

3. 雪莲瀑布是如何形成的？一线天瀑布是如何形成的？如何理解水的力量？巨石瀑布是如何形成的？瀑布的水是从哪里来的？瀑布的山顶有什么？

4. 天山雪莲的生长需要什么环境？天山雪莲的功能是什么？近距离触摸雪莲有什么感觉？

5. 为什么会同时有成千上万只老鹰汇集？鹰的生存环境是什么样的？鹰是如何捕猎的？

6. 水土流失是如何形成的？云杉为什么都在阴面成长？为什么常见的旱獭没有了？松鼠都去哪了？

研学链接：

1. 四年级下册语文《七月的天山》。

2. 二年级语文《小溪》。

3. 三年级语文《瀑布》。

4. 二年级语文《小鹰学飞》。

课程详情：

第 1 天，领略水的力量，探寻雪莲秘境

上午：在雏鹰团总部营地开营、分队、分发地图、派发任务书、领取食品物资，开启研学之旅。顺小溪前行，中途有一山涧冰泉，全队在此进行任务探究，并进行阳光午餐。

下午：前面就是路的终点——美丽的牧场、善良好客的牧民，让我们一起探究水的起源、品尝水的纯净，学习野外生存技能，动手搭建露营帐篷。

晚上：我们将在牧场露营，手捧一杯飘香的奶茶，望着没有任何遮挡的满天繁星，回忆一天的所学，静静畅想自己的未来。

第 2 天，瀑布一线天、雪莲花之歌

上午：在 300 米的艰苦跋涉下，我们终于找到了传说中的瀑布，

三个决然不同的瀑布呈品字形分布在我们周围,一起感受雪莲瀑布的大气、震惊一线天瀑布的诡奇、惊讶巨石瀑布的这一汪清泉。

下午:周边分部有数十朵雪莲花,或高或低,或远或近,观察它的外形、研究它的生存环境、触摸它的圣洁。

天山雪莲,又名叫"雪荷花",当地维吾尔语称其为"塔格依力斯",属菊科凤毛菊属多年生草本植物。它是新疆特有的珍奇名贵中草药;生长于天山山脉海拔 4000 米左右的悬崖陡壁之上。人们奉雪莲为"百草之王""药中极品"。

晚上:我们将在下午完成雪莲任务后到达雪岭鹰谷,搭建营地,在此露营。

第 3 天,我和老鹰有个约会

上午:让我们认真观察鹰的生活环境,探究鹰的捕猎方式,近距离观察鹰的生活方式。根据问题完成研学任务。

下午:三天的研学就要结束了,既震惊于自然的神奇,又开阔了眼界、增长了知识。结束前我们将对表现优秀的同学及团队颁发纪念奖励。

师资配备:总指挥 1 名、研学导师 2 名、安全卫生员 1 名、跟队老师 1 名

保障服务:

车辆:专业旅游准新大巴,技术精湛的老司机。

住宿:高品质,防水防风,保暖露营套装。

用餐:统一采购、统一发放、统一就餐、露天共享。

饮水:随身携带保温水杯,携带烧水设备,所有用水均为优质天然矿泉水。

物资:备用露营装备、急救药箱、安全器械、绳索装备等安全标准由专人负责。

费用:交通、保险、师资、课程、餐饮、住宿、装备、研学手册等。

研学建议:

1. 洗漱用品:毛巾、牙具、拖鞋。

2. 穿舒适的衣服、运动鞋,带纸巾、保温水杯。

3. 学习用具:研学手册、笔、研学包。

4. 不建议携带手机、相机等贵重物品。

研学评价:

1. 基本评价(研学导师根据评价要素填写积分表)。

2. 小队互评(根据评价要素填写团队评价表)。

3. 学生自我评价(根据评价要素填写自我评价表)。

☆国家级非物质文化遗产——凤凰苗族银饰见学

一、课程导读

凤凰苗族银饰手工技艺是苗族最喜爱的民间传统工艺，主要用于苗族妇女的审美装饰，品种多样，色彩鲜艳，装饰系统全面。苗族银饰还是一种最集中、最全面、最系统的风情风俗习惯的展示。

这次我们的"凤凰苗族银饰见学"之旅，让你从体验开始，从感受谈起，亲身感受苗族银饰的形式美和外观美。

为什么苗族银饰有极高的观赏价值和实用价值呢？下面我们一起来研学讨论这个话题！

二、课程目标

1．参观凤凰苗族银饰，了解银饰的历史文化，学习银饰发展的有关知识。

2．考察凤凰古城的历史风貌，感受非物质文化遗产的博大精深。

3．让学生思考如何将银饰继续传承，让民族工艺得以永远存续！

三、课程特色

1．见访中融入民族元素，课程充满趣味，发挥学生的主动性，全方位地去感知、去探索。

2．亲身体验参与银子的制作流程，带走属于自己的银手镯。

3．体验凤凰地道美食——酸菜鱼。

银可以用来杀灭细菌，抗生素也可以用来杀灭细菌，那么银有什么特点呢？

（一）广谱

大多数抗生素只对几种细菌有效，即使广谱抗生素也只能杀灭 10～20 种不同的细菌。而且，大多数杀灭细菌的抗生素不会杀灭真菌/酵母菌、寄生虫或病毒；抗真菌类的抗生素对细菌、病毒、寄生虫等无效。

银由于作用谱广而在抗微生物药物中独树一帜。据 1978 年美国科学文摘报道，银能杀灭 650 种不同的病原体；和抗生素不同，银是"均等机会的破坏者"，它不加区分地有效杀灭各种细菌（G^+和G^-菌、产芽孢菌）、真菌/酵母菌、病毒、支原体和寄生虫等。

电解产生的胶体银能够杀灭许多细菌，包括斯氏普罗威登斯菌，一种在 20 世纪 70 年代对除阿米卡星外的所有抗生素都耐药的细菌。胶体银还能杀灭溶组织阿米巴原虫的胞囊。磺胺嘧啶银在全球的医院里使用，用于预防烧伤感染，能杀灭几十种细菌、72 株疱疹病毒中的 95%、疟原虫以及各种酵母菌包括毛霉、曲霉、黑根霉、白色念珠菌的 50 种不同临床分离株。

（二）高效、速效

极低浓度的胶体银就能杀灭各种酵母菌/真菌，包括白色念珠菌、近平滑念珠菌、热带念珠菌、光滑球拟酵母菌、黑曲霉等。2.2ppm 的胶体银（每百万份水，2.2 份银）就能杀灭草履虫。胶体银甚至对游泳池里的脊髓灰质炎病毒也有效，浓度可以低至每升水含银 0.015mg（十亿分之十五）。

据《英国医学杂志》报道，用 500ppm 的银溶胶治疗口炎性腹泻，10 秒钟内共存大肠杆菌被杀灭，6 分钟内所有微生物都被杀灭。剂量为 1 或 2 德拉克马或更多（约 7.5ml），一天 2～3 次。即使是体温超过华氏 101 度接近死亡的病人，76～118 小时内，大便成形，没有泡沫。

败血症是由感染性损伤或分娩引起的，没有抗生素，严重的病人经常会死亡，而且死亡者总是妇女。1996 年的《美国妇产科协会杂志》发表了一篇论文，描述了胶体银治疗败血症的过程。其中一例静脉注射 5ml，3 天内，病人体温下降，症状减轻；另一位病人，每隔 48 小时静脉注射 5ml 胶体银，一共 3 次，10 天后康复出院。还有一个严重败血症的病例，间隔 24 小时注射 2 次胶体银，48 小时后，她的体温和其他症状恢复正常。

（三）长效

银的颗粒大小、分散度与银的浓度同等重要，甚至更重要。银是以悬浮颗粒的形式存在于液体中。理想的胶体银，其颗粒直径应该在 0.1 微米以下，最好为 0.001～0.01 微米之间。如此微小的尺寸，每个银颗粒都是 5～20 个银原子形成的微簇，带正电荷。由于颗粒很小，而且带电的颗粒可以互相排斥，于是银颗粒可以不受重力的作用而悬浮在水中几个月甚至几年。由于每个颗粒包含 5～20 个银原子，随着时间的推移，单个银原子逐渐从微簇中脱落，缓慢释放，起到持续杀菌的作用。

四、课程时间

两天一晚。

五、课程对象

小学三年级以上。

六、课程地点

湘西凤凰县。

七、课程详情

第 1 天，了解非物质文化遗产

上午：神秘湘西欢乐开营

领取任务书、研学专用背包，开启研学之旅；在中国凤凰苗族银饰锻造技艺传习所中了解银饰悠久的历史文化；了解苗银产生的地理环境、自然资源、人文背景及各种先进的制作工艺；学习现代银饰发展的有关知识；研学课题讨论，完成相关课题。

下午：探秘凤凰古城、寻找遗失宝藏

青色的石板路，古朴典雅、风格独特的民居……在凤凰古城老街中追寻历史脚步，聆听钧瓷的悠久历史故事，小队联盟，来场智慧的比拼，寻找遗失的宝藏，你准备好了吗？

晚上：宁静的夜

体会凤凰古城夜的宁静，与伙伴们畅谈所学，填写研学日记。

用餐：中餐（吉首市）、晚餐（凤凰古城）。

住宿：凤凰古城。

第 2 天，体验银饰创作技艺，感受民族文化魅力

亲手 DIY 一件原创作品，把银块或银条放在木桩或案板上，用小铁锤子轻轻敲打，变成自己想要的图形，加以打磨修整，一件精美的银饰工艺品因此而产生……

一边品尝当地特色农家菜（血粑鸭、酸菜鱼），一边了解制作过程。

用餐：早餐、中餐（凤凰古城）。

苗族银饰的"传承之美"，极具艺术效果。

八、研学链接

科目	年级	课题	内容
科学	五年级下册 第一组	《物质的变化》	让学生明白世界是由物质组成的，物质是可以变化的

九、保障服务

课程保障：

1．研学导师：著名导师专业指导，专业辅导员任研学导师，陪护研学旅行的全程。

2．研学手册：研学导师严格按研学旅行课程实施手册，指导营员完成课程手册。

3．课程评价：研学导师根据营员在研学旅行中的表现，进行多维度综合评价。

4．研学包：精心制作的研学包让学生在课程中有更高的体验度。

5．优秀分享：在研学旅行课程中鼓励学生分享所见所想，展现优秀的自我风采。

安全保障：

我们的用车：与车队签订常年的合作协议，空调旅游车，每人一正座，专业的旅游车队，驾驶员技术精湛，操作娴熟。

我们的住宿：温馨舒适的宾馆2～3人间，空调、独卫独浴。领队夜间执勤站岗，为你的安全随时待命。

我们的用餐：符合卫生局要求的餐厅，干净卫生围桌餐，荤素搭配，营养合理。

我们的课程：安全教育、趣味猎奇等丰富多彩的内容贯穿整个旅途，让欢乐声荡漾在你所走过的每一个角落，渲染美丽的天空。

十、费用

交通、用餐、住宿、门票、保险。

十一、研学建议

1．洗漱用品：毛巾、牙具等。

2．穿舒适衣服、鞋子，带纸巾、水杯（可手提便于携带的、散热较快的）。

3．雨具：折叠太阳伞。

4．学习用具：研学手册、笔、研学包。

5．零用钱：不需要太多，建议换成10或20面值的零钱。

6．不建议携带手机、相机等贵重物品。

十二、评价

1．对苗族银饰的认识评价。

2．对亲身体验感受的评价。

3．其他。

☆九秋风露越窑开，夺得千峰翠色来

——慈溪上林湖越窑见学

1. 单位名称

浙江风光国际旅行社，电话：13867814977。

2. 单位品牌

风光研学。

3. 产品设计人员

规划设计者：桂建军、曾旭丹、高囡波。电话：13867814977。

4. 安全指数

五级。

5. 产品执行人员

本产品现有执行人员20名。

6. 适合学生参与的年龄段

本课程适合12～17岁的学生。

7. 产品实施单次接待量

最大接待量1100人，最少接待量100人（可另议协商）。

8. 年产值估算

2000万元。

一、课程导读

越窑青瓷的缘起

中国青瓷从创始到鼎盛再到衰退，先后经历了汉、魏晋、五代十国、唐宋、元明清等朝代。两千多年的发展史，造就了璀璨多姿的青瓷文化。青瓷以敦厚的造型、拙朴的颜色和清醇的艺术风格给中国悠久的陶瓷史、手工业史增添了古朴而华美的思想内容。

越窑是我国最古老的历史名窑，上林湖是当时越窑青瓷的发源地和生产中心，是一座天然的露天青瓷博物馆。越窑青瓷从东汉到北宋末南宋初延续烧制了一千多年，至唐鼎盛，是举世闻名的海上陶瓷之路的起碇地，当时烧制的秘色瓷为青瓷中的精品。

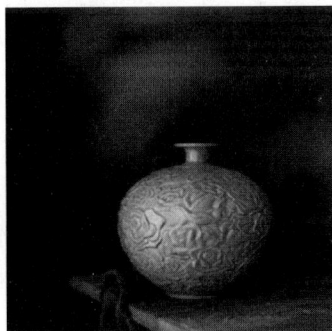

二、课程目标

1. 参观上林湖越窑遗址博物馆，近距离参观出土文物，探究学习青瓷文化的发展与未来以及相关青瓷名品的鉴赏。

2. 实地考察上林瓷苑，体验青瓷从制坯、烤制、上釉的全过程。

3. 让学生思考青瓷的未来发展方向，以及如何展现青瓷的美学。

皇家特供、中国最神秘的瓷器长什么样？

在中国陶瓷考古界，有一个流传了千年的谜团，那就是秘色瓷。

一生挚爱瓷器的清朝乾隆皇帝曾发表感慨：李唐越器人间无。

是的，秘色越器，它大概是中国瓷器史上最神秘的瓷器了。古人用"姿如圭璧，色如烟岚"来形容它，诗人用"九秋风露越窑开，夺得千峰翠色来"来赞讼它。

在法门寺地宫被打开之前，没有人能回答。

直到法门寺地宫的 13 件青瓷出土，当看到物帐碑上明明白白说明这些就是秘色瓷的时候，我们终于揭晓了谜底。

秘色瓷位于法门寺地宫中室的银香炉之下

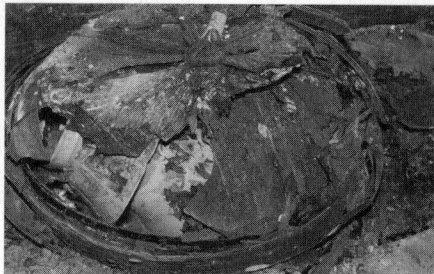
法门寺秘色瓷出土场景

三、课程特色

1．课程设计中动静相结合，有现场考古，拓展小游戏，发挥学生的主动性，激发学生的探索心和求知心。

2．与浙江省工艺美术大师青瓷工艺传承人孙威一起制作青瓷，并带走属于自己的青瓷作品。

3．观看慈溪瓯乐团的《听瓷》，与瓯乐共赴一场唐风宋韵之约。

4．探访鸣鹤古镇，深入了解越地的文化历史。

四、课程时间

三天两晚。

五、课程对象

小学三年级以上。

六、课程地点

慈溪市上林湖越窑。

七、课程详情

第 1 天，领略青瓷的魅力，寻找历史的遗珠

上午：在上林湖遗址博物馆开营，领取任务书、研学专用背包，听取安全员研学实践营安全须知，开启研学之旅。

下午：解密窑址考古，在上林湖越窑遗址与中国青瓷历史上最为迷人灿烂的时期相逢。

晚上：慈溪大剧院观看瓯乐团的《听瓷》，与瓯乐共赴一场唐风宋韵之约。

用餐：中餐（浒山城区）、晚餐（浒山城区）。

住宿：浒山城区。

什么秘色？

唐代越窑，当时是全国青瓷之首，而秘色瓷又是青瓷中的精品。它的神秘在于它是进贡朝廷的特质瓷器，只有皇室成员可以使用，平民布衣几乎没机会见着它。

一般认为，秘色瓷就是指那些被进贡给皇帝使用的越窑精品瓷器。

但是到了宋代以后，由于原材料供给出现严重问题、燃料不足引起烧造困难等诸多原因，朝廷窑政抑制青瓷生产，精美绝伦的瓷器在南宋孝宗时期便消失在历史舞台。

唐五瓣葵口凹底斜腹秘色瓷碟

唐五瓣葵口大凹底秘色瓷盘

关于秘色瓷器的记载越来越模糊，秘色瓷的产地、实物都成了谜。

唐代法门寺地宫出土秘色瓷八棱净瓶

直到 20 世纪 50 年代，上林湖因为修建水库而开始了考古调查，最终确立了上林湖后司岙是"秘色瓷"最主要的烧造地。

"上林湖"，这个清清亮亮的名字，一跃成为青瓷界的"网红"。

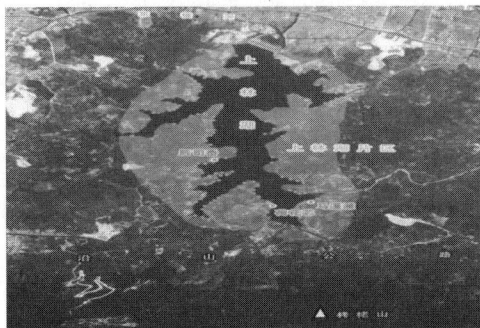

上林湖后司岙考古现场卫星图

瓯乐|听瓷

第 2 天，在省级工艺大师的指导下体验青瓷的制作工艺，感受传统制瓷工艺的魅力

上（下）午：选土、淘洗、陈腐、打浆、压滤、揉泥、拉坯、装饰、素烧、修坯、上釉、装窑、烧制，最终制成釉彩晶莹鲜润的越窑青瓷。

晚上：鸣鹤古镇小五房，与小伙伴畅谈所学，填写研学日记。

用餐：早餐（浒山城区）、中餐（时代农庄）、晚餐（上林农庄）。

住宿：鸣鹤古镇。

第 3 天，探究古代青瓷

上午：探访鸣鹤古镇，感受古镇风貌，搡麻糍、做老鼠糖球、现包年糕饺，体验江南古镇的纯朴乡情。

下午：鸣鹤古镇小五房鉴赏各类青瓷，品尝传统小吃，观摩各类青瓷花器的插花作品，感受青瓷不但可以束之高阁陈列于博物馆，同时也可以融入生活，在点滴中展现出雅致的生活方式。

用餐：早餐、中餐（鸣鹤古镇）。

"鸣鹤"，其名字的由来是与唐初时当地虞氏望族有关。唐代大书法家虞世南的孙子虞九皋，字鸣鹤，青少年时文才为人们所推重。在唐元和年间（公元 806－820 年），虞九皋中进士，可惜及第不久，在长安英年早逝，家乡人为纪念他，就用"鸣鹤"来命名这里。鸣鹤历史悠久，文化积淀深厚，山水风光秀美，素有"鹤皋风景赛姑苏"的美誉。

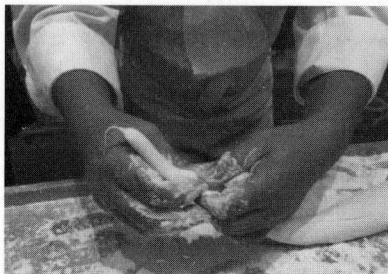
制作老鼠糖球

镶嵌云鹤纹梅瓶

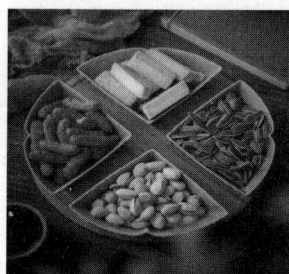
秘色食盒|扇形

八、研学链接

科目	年级	课题	内容
美术	五年级下册	珍爱国宝——古代的陶瓷艺术	了解中国古代陶瓷艺术发展的历史与特点。在欣赏陶瓷艺术的过程中，认识中国陶瓷艺术在人类文化史上所做出的贡献，增强学生的民族自豪感

九、保障服务

课程保障：

1. 研学导师：著名导师专业指导，专业辅导员任研学导师，陪护研学旅行的全程。

2. 研学手册：研学导师严格按研学旅行课程实施手册，指导营员完成课程手册。

3. 课程评价：研学导师根据营员在研学旅行中的表现，进行多维度综合评价。

4. 研学包：精心制作的研学包让学生在课程中有更高的体验度。

5. 优秀分享：在研学旅行课程中鼓励学生分享所见所想，展现优秀的自我风采。

安全保障：

用车：与车队签订常年的合作协议，空调旅游车，每人一正座，专业的旅游车队，驾驶员有 15 年 A 照经验，技术精湛，操作娴熟。

住宿：温馨舒适的宾馆 2 人一间，空调、独卫独浴；五叶级特别民宿，体验精致的江南院落，2 人一间，空调、独卫独浴。领队夜间执勤站岗，为你的安全随时待命。

用餐：符合卫生局要求的餐厅，干净卫生围桌餐，荤素搭配，营养合理。

课程：安全教育、趣味历奇等丰富多彩的内容贯穿整个旅途，让欢乐声荡漾在你所走过的每一个角落，渲染美丽的天空。

十、费用

交通、用餐、住宿、门票、保险。

十一、研学建议

1．洗漱用品：毛巾、牙具等。

2．穿舒适衣服、鞋子，带纸巾、水杯（可手提便于携带的、散热较快的）。

3．雨具：折叠太阳伞。

4．学习用具：研学手册、笔、研学包。

5．零用钱：不需要太多，建议换成 10 或 20 面值的零钱。

6．不建议携带手机、相机等贵重物品。

十二、评价

1．对青瓷文化的认识评价。

2．对亲身体验制作的评价。

3．其他。

☆古墓——博物馆大冒险

一、选题背景

洛阳是十三朝古都，跨越时间长达千年有余。洛阳城北的邙山是中国人终极归宿的代名词，邙山上陵墓多得"几无卧牛之地"，更有6代24帝长眠于此，分布之密、数量之多、延续年代之久，堪称中国之最。唐代诗人王建曾写诗道："北邙山头少闲土，尽是洛阳人旧墓。旧墓人家归葬多，堆着黄金无买处。""生在苏杭，葬于北邙"，"邙岭无卧牛之地"，这些当地俗言，更是形象地道出了这个世界罕见、中国最大的古代陵墓群的墓葬之稠密。

本选题课程具有以下三大特点：

一是内容极具吸引力。邙山上布满了大大小小数十万计的古墓葬，数百座高大巍峨的古墓冢，在邙山土岭上星罗棋布，森然壮观。光武帝刘秀、魏文帝曹丕、晋武帝司马炎、北魏孝文帝元宏等数十位帝王，张仪、狄仁杰、贾谊等数千位将相名流，扶余王、泉男生等众多外邦国王，乃至刘禅、李煜等亡国之君，都安息在洛阳邙山。至于一般达官贵人家的墓葬，更是不计其数。这里被讲究厚葬的历代达官贵人们视为建造墓穴的风水宝地。据传这些古墓中埋藏了大量的金银珠宝，所以这里的盗墓之风也曾极度盛行。如今走在北邙山头，仍可见众多大小不一的坑洞，这些坑洞都是由一种著名的盗墓工具生成的，这便是著名的洛阳铲。

二是探究空间足。典型墓葬有西汉中后期贵族卜千秋壁画墓。壁画为卜千秋夫妇乘蛇（小龙）和三头凤在西王母之信使持节仙翁（方士）、仙女和虹龙、枭羊、朱雀、白虎等神兽护卫下在空中飞升之情景。东汉出行图壁画墓表现墓主人生前出行之宏大场面，有车骑一百多乘。另外，还有正始八年墓、北魏孝文帝之孙清河王元怿第二子常山王元劭墓、南平王元玮墓、唐代定国大将军安菩夫妇墓等。更有魏宣武帝景陵，与其父孝文帝之长陵遥遥相望。

三是学生兴趣浓。近年来，随着《鬼吹灯》《盗墓笔记》等小说和电影走红，古墓题材的影视文学除了给人们带来惊悚和刺激，还有对中国古代墓葬文化的好奇和探索。洛阳北郊邙山冢头西村的古墓博物馆（又称洛阳古代艺术博物馆）极大地满足了人们的这一需求，该馆复原历代典型古墓葬二十三座，上自西汉，下迄北宋，是中国唯一一个以古代墓葬为主的主体性博物馆，同时也成为目前世界上第一座古墓博物馆。

二、学情分析

经过研学实践学习与研究，8年级的学生具备了一定的分析能力和历史基础。主要体现在以下几方面：

一是有实践的基础。他们已经具备了初步的网上查资料，搜集、处理信息和调查、采访的能力，基本掌握了进行汇报展示的方法。

二是有探究的欲望。国家导向的中国文化复兴，需要展现给学生最为真实的历史，此次实践课程恰好为学生探究提供了平台，相信学生在积极主动的实践研究中，收获会更多。

三是有便利的条件。洛阳拥有独一无二的墓葬资源和众多博物馆，学生完全有条件去实践、去访问、去调查，增强人文积淀。

三、主题课程的目标

（一）设计思路

以墓葬的文化内涵为核心，以小课题研究为基本形式，从自己感兴趣的问题入手，自主制定研究方案，通过合作调查、采访、参与实践、信息搜集与处理、表达与交流、展示与评价等探索课程，了解中华民族的历史，增强学生对历史、对家乡的热爱之情。

（二）课程总目标

1．认知与技能

（1）通过课程，对古代的墓葬形式、壁画艺术、建筑特点等有更全面的了解。

（2）通过课程，对研究性学习的方法、步骤有进一步的了解。

2．过程与方法

（1）通过小课题研究，引导学生自主发现问题、提出问题，并寻求各种途径处理解决问题，促进实践课程能力的提高。

（2）通过小组合作调查、采访、汇报交流，促进学生的协作探究精神、学习交流能力、相互欣赏的意识的生成以及学生人际交往能力、口头表达能力、自我评价能力等的提高。

3．情感态度与价值观

（1）以小课题研究的形式，通过合作小组的集体研究，使学生对自己的成果有喜悦感、成就感，感受与他人合作、交流的乐趣。

（2）通过课题研究，增强学生对家乡、对历史以及考古的热爱之情，增进学生对文化传统知识的探究心理，鼓励学生不断学习、不断创新。

四、课程实施的过程

（一）准备阶段

1．确立课程目标

课程目标包括：定主题、生成子课题、设计并完善方案，为实施研究打好基础。

2．课程过程

（1）产生主题，展开讨论

谈谈对考古的理解，教授考古知识，引起学生思想和情感上的共鸣，学生们纷纷讲述自己的兴趣点，生成本次实践课程的主题——"古墓大冒险"。

学生展开头脑风暴式讨论，提出了一大堆问题，如：不同时期的墓葬形式有什么区别？考古和盗墓有什么区别？常见的陪葬品有哪些？参观古墓有什么收获？洛阳铲的使用方法是什么？

（2）归纳指导，生成子课题

将相关或相近的问题归类，生成子课题，如：考古与盗墓有什么不一样？

①盗墓的由来：盗墓的鼻祖是谁？分为哪些形式？有哪些工具？相关的故事有哪些？

②考古的知识：考古有什么原则？文物保护的现状？考古有什么工具？……可引申出壁画保护、青铜器纹饰、陶瓷器的修复的研究。

③历史的知识：唐代历史、宋代历史、北魏历史的相关研究。

④文物保护方式：古墓的渗水问题、壁画的风化问题、遗址的探寻与开发……

（3）建立课题小组，设计小课题研究方案

①学生根据自己的兴趣、爱好、特长等，2~4人自由组合研究小组，兼顾同组异质。

②以小组为单位，初步讨论、设计子课题的课程方案。（导师随即以指导者、参与者、合作者的身份参与各小组的课程，重点指导选题要"近"而"小"，即贴近生活，切入口小，易于实践）

（4）交流课题方案，指导完善

①小组介绍自己的课题研究方案。

②其他小组成员评价并提建议。

③导师指导评价。

④小组修改、完善，确定课题研究方案。

（5）导师强调实践课程要注意的问题及事项

①有目的地搜集材料，在课程中运用观察、调查、访问等方法。

②准备一些必要的设备。

③及时记录采访内容，写好课程日记、感悟。

④注意实践课程的安全。

（二）课题实施阶段

1．课程时间

课程时间为：1周。

2．课程方法

以小组为单位邀请指导老师或家长一起搜集有关资料、参与有关的实践课程、采访有关人员，也可个人实践。

3．课程过程

（1）实践过程的指导

学生基本掌握上网查资料、问卷调查的方法，导师就比较笼统地提出要求。本次实践课程的指导重点——以小组为单位进行采访实践课程。

按预定的方案采访有关人员，并进行录音、拍照、摄像。

事前准备工作包括：明确采访目的，确定采访内容，设计采访提问，确定采访记录形式；电话联系，预约时间；分工准备设备，有需要的邀请辅导老师或家长随去。

如采访博物馆讲解员，了解墓葬文化内涵，可预设以下问题：

①你害怕进入古墓吗？

②通过参观墓葬我们能学到什么？

③你觉得考古和盗墓有什么关系？

④北魏孝文帝改制的意义是什么？

采访实施：采访时，1人提问，其他同学做好采访记录或进行录音、录像。采访结束时及时请家长或被采访者对本次、本组课程进行过程性评价，并及时整理材料，写好研究日记、感悟等。

（2）学生实践课程

①体验考古探寻。

②体验制作唐三彩。

③体验文物修复。

④参与洛阳博物馆文物大会。

（三）中期指导阶段

1．课程时间

课程时间为课内 2～3 课时。

2．课程目标及过程

（1）各小组组员对本组资料进行汇总、整理、分析、研究、删选，形成结论。

（2）学生对实践课程过程进行反思，必要时进行查漏补缺。

（3）完成简单的结题报告。

（4）讨论汇报展示的内容和形式。

（5）做好展示时的人员分工。

（四）课题成果展示阶段

1．课程的具体目标

（1）培养团队合作与协调精神以及学生的组织、表达能力等。

（2）培养勇于质疑、深入探究问题的能力。

2．课程时间

课程时间为课内 2 课时。

3．课程过程

（1）导师小结前阶段小课题研究情况，导入新课。

（2）各小组展示课题成果，个性化、最优化地展示主要的研究成果。其他同学做好小评委工作，学习该小组最值得学习的地方，提出中肯的意见和建议，并客观地填写评价表。

"古墓大冒险"研学实践教育课程互评表

研究主题（组长）最值得学习之处、需要改进之处以及综合评价（五星）
1
2
3
最佳协作小队：
最佳探究小队：

评价的主要标准：

小组评价标准为：选题范围适中，具有科学性和可行性；研究过程重实践，展示材料围绕主题；小组成员分工协作，参与积极，仪态大方；成果形式多样而有创新，汇报条理清楚，重点突出。

队员评价标准为：仪表大方、语言表达流畅、声音响亮、口齿清楚。

几个小组展示的方式及基本过程：

◆胡服骑射

形式：讲故事。

内容：课题研究目的阐述，讲述北魏宣武帝故事和孝文帝改制的历史。

◆壁画大搜索

形式：展示讲述。

内容：参考国家宝藏，讲述一幅壁画背后的故事。

◆考古知识我普及

形式：快板歌谣（幻灯片、手抄报）。

内容：展示手抄报上收集的知识，与同学一起做科学普及。

每组汇报结束，其他同学可补充，也可提出质疑，课题组成员做出积极回应。如：有的补充"现代墓葬制度由我来看"，有的质疑"挖掘出的墓葬能保护好吗？"

然后，学生完成小评委工作，根据评价标准，给每个小组打1个星级等次，再评选出2个最佳小队和4位最佳队员，并进行简单点评。

（3）导师小结并延伸

导师将所收集的嘉兴端午民俗文化节课程报道做成简报，展示给学生看，最后连同学生的研究资料、手抄报装订成成果集，供大家传阅。

（五）课程评价阶段

1．课程的具体目标

（1）通过评价小组，培养集体主义精神和团队合作精神。

（2）通过小组评价组员，培养相互欣赏的意识和实事求是的精神。

（3）通过组员自评，正确认识自我，建立自信，促进自我的发展。

2．课程时间

课程时间为课内1课时。

3．课程过程

首先由老师说明评价的意义和要求，然后开始学生自评、学生互评和导师评价。

（1）各小组按照评价表互评，注意公平公正、实事求是。

课题小组团队评价表

课题名称：

组长：

小组成员：

指标	权重	评价要素	分项权重	评价分值	分项成绩
开题	20	1．选题的科学性与可行性	10		
		2．课题计划内容、任务、分工、进度安排、表述等	10		
过程	50	3．小组成员出勤率	5		
		4．记录的完整性、及时性	10		
		5．课程记录的真实性	10		
		6．小组的团队合作精神	10		
		7．课程预期目标的达成率	10		
		8．材料的规范与完整性	5		
结果	30	9．研究成果（成果的可靠性、可信度、创新水平、成果表达形式与内容）	20		
		10．现场答辩（全员参与情况、语言表达、仪态仪表、应答能力）	10		
满分值	100	课题组成绩：			

（2）学生自我评价，各小组对团队成员进行评价，然后导师进行综合评价。注意首先以小组成绩为基础，然后兼顾个人表现，通过自评和互评得出个人成绩。

评价要素	分项权重	分项成绩
1．通过课程，对考古有了更深的了解	20	
2．形成了一定的查找、搜集、整理信息的能力	20	
3．能将自己的研究成果创造性地通过不同的形式向大家展示	20	
4．养成了在生活中发现问题、处理问题的能力	20	
5．通过实践课程，对所获得的成果有喜悦感、成就感，感受与他人协作交流的乐趣，学会欣赏别人	20	
合计		
我对本次课程的感受：		

五、课程后的反思

（一）课程亮点

1．选题切入点独特

选择了洛阳独一无二的资源，极具吸引力。

2．"古墓"主题性强，涵盖知识面广

学生参与积极性高，不同条件、不同能力的学生都能找到感兴趣的话题。如家里有电脑的可以上网查资料，观看网络新闻；有书的可以看书；有摄影、摄像设备的可以拍照、录像。总之，只要努力，学生都能很好地完成研究任务，历史也可以学得非常有趣。

3．选题开放性强

对于主题研究，导师不做统一要求，没有固定方法，完全由学生自己选择小课题、自己决定研究方式和汇报形式，导师只强调重实践，不允许从网上找点资料仅仅照着读一遍就算完成任务，而是关注学生在研究过程中获得的丰富多彩的学习体验和个性化的表现。

4．发挥导师的指导与示范作用

研学实践教育课程的实施带来导师角色的根本性转变，使导师由传统的主导者、支配者转变为支援者、合作者、参与者，强调导师的指导作用。导师和学生一起做研究，尽量参与学生的实践课程，如做三彩、修文物、学考古，还示范性地做简报。这样既能帮助学生拓展知识、开阔眼界，又能突出学习重点，落实认知目标，还为学生搜集、筛选、处理信息做了示范，同时师生间也达到合作与分享的效果。

（二）困惑之处

1．方法指导跟不上研究步骤

学生独立开展研学实践教育课程的时间并不长，而要完整地经历研究过程：从自主选题、设计方案、亲身实践、撰写研究报告、制作幻灯片到进行个性化的展示。这一过程涉及语文写作、数学统计、信息搜集、幻灯片制作等各方面的知识和能力，学生可以说什么都得从头学，但不可能一下子全学会。一般每一个课题重点学一种研究方法，其他用到什么学什么，甚至只是个别指导。

2．研究有待于进一步深化

随着研究的深化，出现了新的问题，产生了新的小课题，然而由于对导师的要求高，国家考古也处于完善阶段，太多的历史谜团无法解开，不一定能够满足学生的探究。

六、课程相关附件（略）

1．课程前问卷统计表。

2．"古墓大冒险"小课题研究方案兼结题报告表。

3．家长或被采访者对小组课程的评价表。

☆做湘江船长，保护母亲河

一、研学背景

《教育部关于培育和践行社会主义核心价值观进一步加强中小学德育工作的意见》中提出：改进实践育人。各级教育部门和中小学校要广泛开展社会实践课程，充分体现"德育在行动"，要将社会主义核心价值观细化为贴近学生的具体要求，转化为实实在在的行动。

《中小学生综合实践活动课程指导纲要》突出强调设计与实施研学实践活动课程，要引导学生运用各门学科知识分析解决实际问题，使学科知识在研学实践中得到延伸、综合、提升。学生在研学实践教育课程中所发现的问题要在相关学科教学中进行深入分析，要防止用学科实践环节取代研学实践教育课程。

二、研学目标

"我是湘江小船长"社会实践体验式课程让学生化身船长，走进驾驶舱。在游船上学习宝贵的游船安全知识、落水急救措施，亲身体会作为小小船长的使命和责任。课程中让学生们学习如何自己穿戴救生衣、充当小小礼仪员，让学生在游玩中探索世界、感知快乐、学会合作、吸纳科学知识、感受传统文化和礼仪、培养独立坚强品格、开拓孩子视野，从而让学生们发现最好的自己，体会到这是一次不一样且有意义的游船社会实践课程。

三、课程设置

与学科老师一起设置课程，与我们的课本和课外阅读读本相呼应，并由学科老师在出行前统一布置研学课题，让孩子做到学中玩、玩中学，在户外进行不一样的学习。在研学过程中，学生会有一本课程研学手册，每日记录所学所感，每个小组选择完成一个课题研究，团队分享，学习互促。通过此次研学课程的学习可以让学生们了解到游船知识、河流知识、环保知识，让学生们从小就树立爱护大自然的环保意识。

四、参与对象

1~6年级小学生。

五、课程介绍

★第一课：组建研学小队

组建研学小队，制订研学团队规则，成团课程，培养团队的协作精神。

★第二课：驾驶舱上课

1. 船长讲解驾驶舱的结构组成，每次组织八名学生排队参观驾驶舱。

2. 化身船长，体验日常开船的流程。

3. 湘江的基本情况以及本省河流资源的介绍。

★第三课：船舱互动

1. 老师讲解游船安全知识、落水急救措施，亲身体验作为船长的使命和责任。

2. 让学生学习如何自己穿戴救生衣、充当小小礼仪员。

3. 亲身感受湘江，深入了解水资源的珍贵，让学生们学会保护水资源，从自身做起，树立环保意识。

★第四课：成果展示

总结课堂1：把你这次研学旅行的照片整理成回忆相册，添加文字，记录美好的青春。

总结课堂2：向家人、朋友、同学分享你这次研学旅行的感想、趣事，展示你的收获。

总结课堂3：以班级为单位制作黑板报或手抄报，展示研学收获。

六、研学课程

集合时间	课程地点	课程内容
09：00	三馆一厅码头	签到、集合、分组
09：20	登船	组员就座，老师致欢迎词
09：40	驾驶舱上课	每次组织八名儿童排队参观驾驶舱，讲解老师进行驾驶舱知识讲解
10：00	船舱上课	讲解老师进行游船安全知识演练，教授保护母亲河知识、大江大河知识、环保知识
11：20	船舱互动	讲解老师进行互动提问，发放小礼品
12：00	三馆一厅码头	排队下船返回集合地点，结束研学课程

七、课程拓展

（1）摄影图片展：保护母亲河课程照片。

（2）主题班会：围绕做湘江船长、保护母亲河等内容展开分享。

八、安全提示

1. 乘船时系好安全带。

2. 请不要在船上嬉戏打闹。

3. 在参观时，请爱护环境，不要乱扔垃圾。

4. 参观时遵守秩序。

5. 课程中统一行动，相互帮助，不能独自离开和私自行动。

6. 游船内禁止大声喧哗和追逐打闹，禁止携带国家规定的违禁物品。

九、服务体系

1. 安全保障

（1）医务方面：全程配备经专业医务培训的研学领队，配置医疗箱和常备药品。

（2）安保方面：船上配有专业安全员，确保研学营员游船的安全。

（3）通信方面：研学领队每天以微信的方式向家长汇报营员状况，让家长及时了解研学营员的旅途生活。

（4）跟踪服务：公司质量监督部门 GPS 系统 24 小时跟踪监控团队服务质量。

（5）保险方面：为所有研学营员购买保险（旅行社责任险和旅游意外伤害险）。

（6）膳食方面：膳食由公司出行前制订研学营养菜单，落实餐厅卫生标准。

2. 特别声明

（1）研学营员报名时，请家长提供与研学营员有效证件完全相符的名字及证件号码，以及研学营员准确身高。

（2）研学营员如有特殊病史，并可致突发疾病的，患有心脏病、高血压、强迫症、哮喘病、夜游症、癫痫病、血液病、未愈合骨折、传染病、皮肤病、过敏性体质等疾病的或有其他特殊病史的请勿报名参加，否则由此产生的一切后果自理。

（3）因遇自然天气、冬季暴风雪、道路塌方、春运高峰等不可抗力因素造成课程延误或者取消，所产生的损失费由家长承担。我司在保证研学营员安全的情况下，将损失降到最低。

（4）研学营员若因自身原因解除合同，其损失按出发前 4～6 天退团，扣除研学课程费用总额的 20%；出发前 1～3 天退团，扣除研学课程费用总额的 40%；当日退团，扣除研学课程费用总额的 60%。

（5）以上课程会根据实际情况在不减少课程安排的情况下有所调整（如因天气、景点、抵达时间或安全原因等影响）。

十、评价体系

（一）成绩评定

课程采用记分制评定。评定要求：评价要突出对能力和综合素质的考查，发挥评价的正确导向功能，要坚持以学生发展为本，切实体现素质教育面向全体的要求；强调能力立意，重视运用所学知识和技能分析问题、解决问题的能力考查；加强与社会实践和学生生活实际的联系，注重考查实践能力；增强探究性，注意引导创新意识和能力的培养；注重综合性，注意与其他学科的内在联系和知识结构体系的整体把握能力；坚持教育性，体现积极的价值取向，体现科学精神与人文精神，强调人与自然、社会协调发展的现代意识；体现时代性，引导学生关注国家、人类和世界的命运，使学生发展变化的过程成为学生的评价结果的有机组成部分。

（二）课程评价

本次课程为了让学员们更直观地分析自己的学习情况，针对课程设置了评分要素，总分为 10 分。

评分要素	学分	学习内容	最终成绩
游船知识	3	通过船长的讲解，了解游船的结构、游船的平常开船流程，以及了解本省河流知识	
安全知识	3	通过专业导师的讲解，自己亲自完成穿戴救生衣，了解水上安全知识；完成研学手册中所设计的任务和报告，形成深度思考和记录的习惯	
环保知识	3	通过专业导师的讲解及自学等形式，了解水资源的珍贵，学会保护水资源，从自身做起，树立环保意识	
综合拓展	2	配合导师，认真完成素质拓展类的课程，通过课程，认识团队的力量和自身的不足，完善自我；认真聆听队员的建议和意见，提升人际能力，尊重队员，提高语言表达能力	
研学记录	2	在活动课程中完成相应的内容和报告，增强记忆能力，形成记录的习惯；课程结束后，对当天课程做一次全面的总结和分析，写一篇研学报告；对自己的表现进行自我评价	
综合成绩	10	综合以上表现，得出个人得分	

（三）组员互评

组名：　组员：　评价人：　综合得分：		
评分要素	事例说明	得分
纪律（25 分）		
团队协作（25 分）		
创新精神（25 分）		
实践能力（25 分）		

☆领略生命灵动之美

一、研学主题

领略生命灵动之美。

二、课程时间

50 分钟.。

三、参与人员年龄

5 岁以上。

四、安全级别

五级。

五、产品特色

根据学生的年龄特点、学科教学内容需要来进行设计本课程，坚持走"寓教于乐，知行合一"的路线，培养学生的研学实践能力和自主学习能力。

通过八匹马的不同形态的标本，可以让学生清晰地看到马的形态、内脏结构、骨骼运动姿态，同时通过问答的形式让学生参与思考，再通过问题引出有关马的知识。八匹马的设计灵感取自徐悲鸿的《八骏图》，进而引发有关艺术的思考。

六、研学背景

根据《教育部等 11 部门关于推进中小学生研学旅行的意见》，研学旅行的重要意义在于：立德树人、培育核心素养、践行核心价值观。同时也是为贯彻党的教育方针，推进素质教育全面实施，培养学生的创新精神和实践能力。

生物学在国家与社会发展当中已经成为越来越重要的学科。生物学是研究生命现象和生物课程规律的科学，是自然科学六大基础学科之一，与人类的生存发展、工农业生产、新技术革命有着密切的关系；现代生物技术如克隆、基因转移等正在影响着人类的未来；未来生物学一定会得到长足的发展。

马是我们比较熟悉的动物，但是我们大多数人都只是知道它的外形，对于马的生活习性、生理结构、在人类发展过程中的作用却知之甚少，所以需要设置一节单独讲马的课程，来对马有一个完整的了解。

七、研学课程目标

1. 充分利用马塑化标本生动性和观赏性，从多个角度提出有关马的问题，让学生参与回答，充分发挥学生的主观能动性，调动起学生的兴趣。

2. 让学生能够全方位地认识马及其用途。

3. 锻炼学生整合信息的能力。

八、研学实施流程

1. 马的生活习性

（1）从对马的主观感受开始说起，引出学生自己对马的认识。

（2）讲解马的生活习性和习惯，让学生对马产生兴趣，促使他们进一步对马做出了解。

2. 马的生理结构

以问题、参观和讲解的形式，让学生认识马的生理结构，包括心、肝、脾、胃、肾的位置，进而引申出哺乳动物的特点。

3．与马有关的诗句和成语

以互动的形式让学生分组比赛，看哪一组说的有关马的诗句和成语多，评出优胜奖，并给予奖品奖励。

4．与马有关的运动

让学生回答和马有关的运动有哪些，讲解这些运动的起源，以及我国在这些运动中的优秀运动员，通过运动员的事迹让学生意识到努力的重要性。

5．与马有关的艺术

从徐悲鸿的《八骏图》开始，逐步讲解世界上有关马的名画，并说明徐悲鸿在画《八骏图》时的学习精神及其事迹，进行爱国主义教育。

6．马所具有的精神

马性情温和，是和平主义者，倡导学生学习马的精神，并运用到生活当中。

7．师资配备

邢现锋、王永超、吉晓磊、刘会民、张帅。

九、研学保障

课程保障：

1．研学导师：著名导师专业指导，专业辅导员任研学导师，陪护研学旅行的全程。

2．研学手册：研学导师严格按研学旅行课程实施手册指导营员完成课程手册。

3．课程评价：研学导师根据营员在研学旅行中的表现，进行多维度综合评价。

4．优秀分享：在研学旅行课程中鼓励学生分享所见所想，展现优秀的自我风采。

安全保障：

1．用车：与车队签订常年的合作协议，空调旅游车，每人一正座，专业的旅游车队，驾驶员技术精湛，操作娴熟。

2．用餐：符合卫生局要求的餐厅，干净卫生围桌餐，荤素搭配，营养合理。

3．课程：安全教育、趣味历奇等丰富多彩的内容贯穿整个旅途，让欢乐声荡漾在你所走过的每一个角落，渲染美丽的天空。

十、研学收获

1．通过参观马的塑化标本，从而对马有更加全面的认识。

2．学习马的精神，对于今后的学习生活具有重要意义。

3．了解有关马的艺术和运动，知道马的运动的起源。

十一、研学评价

评价项目	评价要点	学生自评	学生互评	学校评价	家长评价	社会评价	综合评价
参与评价态度	1. 认真参加每一次课程						
	2. 努力完成自己承担的任务						
	3. 做好资料的整理和处理						
	4. 主动提出自己的想法						
	5. 乐于合作，能跟同学沟通，尊重他人						
获得的体验	6. 善于提问，乐于研究，勤于动手						
	7. 有责任心						
	8. 能自己进行反思						
	9. 实事求是，尊重他人的想法与成果						
	10. 不怕苦，勇闯难关						
学习方法的掌握	11. 能通过多种途径获取信息						
	12. 能运用自己的知识解决问题						
实践能力的发展	13. 有求知心、好奇心						
	14. 独立思考，自主学习，主动发现问题、提出问题，寻求解决办法						
	15. 积极实践、发挥个人特长、施展才能						

☆微观世界的神奇生命细胞

一、研学主题

微观世界的神奇生命细胞。

二、课程时间

120 分钟。

三、参与人员年龄

5 岁以上。

四、安全级别

五级。

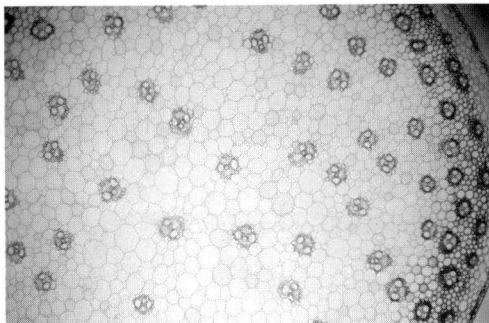

五、研学背景

根据《教育部等 11 部门关于推进中小学生研学旅行的意见》，研学旅行的重要意义在于：立德树人、培育核心素养、践行核心价值观。同时也是为贯彻党的教育方针，推进素质教育全面实施，培养学生的创新精神和实践能力。

从 1665 年英国物理学家罗伯特·胡克（Robert Hooke）发现细胞到 1839 年细胞学说的建立，经过了 170 多年。在这一时期内，科学家对动植物的细胞及其内容物进行了广泛的研究，积累了大量资料。1759 年，C.F. 沃尔夫在《发生论》一书中已清楚地描述了组成动植物胚胎的"小球"和"小泡"，但还不了解其意义和起源的方式。1805 年，德国生物学家 L. 奥肯也提出过类似的概念。1833 年，英国植物学家 R. 布朗（Robert Brown）在植物细胞内发现了细胞核；接着又有人在动物细胞内发现了核仁。到 19 世纪 30 年代，已有人注意到植物界和动物界在结构上存在某种一致性，它们都是由细胞组成的，并且对单细胞生物的构造和生活也有了相当多的认识。在这一背景上，施莱登（Matthias Jakub Schleiden）在 1838 年提出了细胞学说的主要论点，第二年施旺（Theodor Schwann）提出"所有动物也是由细胞组成的"对施莱登提出的"所有的植物都是由细胞组成的"的观点进行了补充。这就是《细胞学说》的基础。20 年后，另一位德国科学家魏尔肖（Rudolf Virchow）做出了另一个重要的论断：所有的细胞都必定来自己存在的活细胞。至此，以上三位科学家的研究结果加上其他科学家的发现，共同形成了比较完备的细胞学说。

1665 年，英国科学家虎克（Hooke）用显微镜观察植物的木栓组织，发现由许多规则的小室组成，他把观察到的图像画了下来，并把"小室"称为细胞。因此，他既是细胞的发现者，也是命名者。

在 17 世纪，许多显微镜的制作者，同时也是生物体微观结构的研究者。"工欲善其事，必先利其器"。荷兰著名磨镜技师列文虎克（A. van Leeuwenhoek）用自制的显微镜，观察到不同形态的细菌、红细胞和精子等。意大利的马尔比基（M. Malpighi）用显微镜广泛观察了动植物的微细结构。

六、研学课程目标

1. 观察细胞，简单阐述细胞的构成。

2. 学习并掌握显微镜的使用。

3. 正确规范显微镜的使用规范步骤，发展试验能力。

4. 能画出细胞，并拼出不同的细胞拼图。

5. 树立科学意识，培养正确的科学态度。

6．细胞对我们生活的影响，细胞的相关延伸。

七、产品特色

学习显微镜的操作使用，利用显微镜观察细胞，通过观察进行细胞拼图设计与制作。

八、研学实施流程

1．学习显微镜的操作

将学生进行分组，跟随老师学习显微镜的操作流程，并实际模拟显微镜的操作。

2．了解细胞并观察

通过显微镜观察玉米纵切细胞、洋葱表皮细胞等，通过电视投影观察每种细胞的区别，能区分不同的细胞，了解细胞的构造。

3．你拼我猜

采用拼图的方式让轮流学生进行细胞拼图，然后由最后一位同学猜拼图上的是那个细胞。

4．师资配备

邢现锋、王永超、吉晓磊、刘会民、张帅。

九、研学保障

课程保障：

1．研学导师：著名导师专业指导，专业辅导员任研学导师，陪护研学旅行的全程。

2．研学手册：研学导师严格按研学旅行课程实施手册指导营员完成课程手册。

3．课程评价：研学导师根据营员在研学旅行中的表现，进行多维度综合评价。

4．优秀分享：在研学旅行课程中鼓励学生分享所见所想，展现优秀的自我风采。

安全保障：

1．用车：与车队签订常年的合作协议，空调旅游车，每人一正座，专业的旅游车队，驾驶员技术精湛，操作娴熟。

2．用餐：符合卫生局要求的餐厅，干净卫生围桌餐，荤素搭配，营养合理。

3．课程：安全教育、趣味历奇等丰富多彩的内容贯穿整个旅途，让欢乐声荡漾在你所走过的每一个角落，渲染美丽的天空。

十、研学收获

1．认识细胞，能简述细胞的组成。

2．能熟练操作显微镜，并简述显微镜的操作步骤。

3．认识并区分洋葱表皮细胞、玉米种子细胞等。

4．简述并举例说明细胞对生活的影响以及应用。

十一、研学评价

评价项目	评价要点	学生自评	学生互评	学校评价	家长评价	社会评价	综合评价
参与评价态度	1. 认真参加每一次课程						
	2. 努力完成自己承担的任务						
	3. 做好资料的整理和处理						
	4. 主动提出自己的想法						
	5. 乐于合作，能跟同学沟通						
获得的体验	6. 善于提问，乐于研究，勤于动手						
	7. 有责任心						
	8. 能对自己进行反思						
	9. 实事求是，尊重他人的想法						
	10. 不怕苦，勇闯难关						
学习方法的掌握	11. 能通过多种途径获取信息						
	12. 能运用自己的知识解决问题						
实践能力的发展	13. 有求知心、好奇心						
	14. 独立思考，自主学习，主动发现问题、提出问题，寻求解决办法						
	15. 积极实践、发挥个人特长						

十二、课程实施场所

郑州生命与健康博物馆。

十三、联系人和电话

邢现锋：18838156296。

☆有趣的植物王国

一、研学主题

有趣的植物王国。

二、课程时间

120 分钟。

三、参与人员年龄

5 岁以上。

四、安全级别

五级。

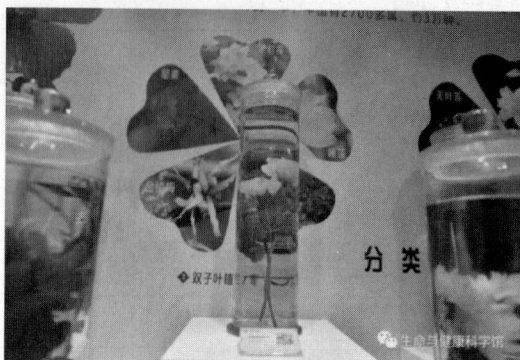

五、产品特色

通过参观植物进化展区和讲解老师的实操培训，更加深入了解植物在自然界中的作用性和植物的经济作用、药用价值。

六、研学背景

根据《教育部等 11 部门关于推进中小学生研学旅行的意见》，研学旅行的重要意义在于：立德树人、培育核心素养、践行核心价值观。同时也是为贯彻党的教育方针，推进素质教育全面实施，培养学生的创新精神和实践能力。

随着地球上自然地理环境的变迁，植物在复杂的地质运动中发展着；在一定的地质时期中占支配地位的类型，其优势在发展过程中被较为进化的另一类植物所取代，这时植物界就发生了质的变化，进入了一个新的发展阶段。一些类群的自然绝灭常伴随着新类群的形成，植物界的发展过程就是这样从低级向高级，从简单到复杂，不断地变化。

七、研学课程目标

1. 了解藻类植物→苔藓植物→蕨类植物→裸子植物→被子植物。

2. 从水生到陆生，由低等植物到高等植物。

3. 观察植物标本 100 多种，了解水生植物、微小世界植物发生了哪些变化；植物的根、茎、叶、花、果不同种类有哪些特征。

4. 人类大部分食物都来自被子植物，学会辨认生活中哪些常见的食物属于被子植物。

5. 植物在日常生活中的作用以及价值。

八、研学实施流程

1. 了解植物的分类

根据植物进化展区的各个展柜知识，了解植物从低等到高等的进化。

2. 提出问题

根据知识将学生分组，每组选出一位组长，由组长组织组员提出问题，根据问题找出对应的答案。

3. 学以致用

根据每组掌握的知识介绍自己所在组的植物特点，举出常见的植物、植物的特点、在日常生活中的作用。

4. 评价

根据每组的表现评价，奖励相应奖品。

5. 体验叶脉书签的制作

略。

6．师资配备

邢现锋、王永超、吉晓磊、刘会民、张帅。

九、研学保障

课程保障：

1．研学导师：著名导师专业指导，专业辅导员任研学导师，陪护研学旅行的全程。

2．研学手册：研学导师严格按研学旅行课程实施手册指导营员完成课程手册。

3．课程评价：研学导师根据营员在研学旅行中的表现，进行多维度综合评价。

4．优秀分享：在研学旅行课程中鼓励学生分享所见所想，展现优秀的自我风采。

安全保障：

1．用车：与车队签订常年的合作协议，空调旅游车，每人一正座，专业的旅游车队，驾驶员技术精湛，操作娴熟。

2．用餐：符合卫生局要求的餐厅，干净卫生围桌餐，荤素搭配，营养合理。

3．课程：安全教育、趣味历奇等丰富多彩的内容贯穿整个旅途，让欢乐声荡漾在你所走过的每一个角落，渲染美丽的天空。

十、研学收获

这次的研学课程是一次亲近自然、了解植物进化的过程，是一次开阔眼界、享受美好的经历，孩子们在植物世界与植物和谐相处，让保护自然、爱护自然的种子深扎在每个孩子的心里。

十一、研学评价

评价项目	评价要点	学生自评	学生互评	学校评价	家长评价	社会评价	综合评价
参与评价态度	1．认真参加每一次课程						
	2．努力完成自己承担的任务						
	3．做好资料的整理和处理						
	4．主动提出自己的想法						
	5．乐于合作，能跟同学沟通						
获得的体验	6．善于提问，乐于研究						
	7．有责任心						
	8．能对自己进行反思						
	9．实事求是，尊重他人的想法						
	10．不怕苦，勇闯难关						
学习方法的掌握	11．能通过多种途径获取信息						
	12．能运用自己的知识解决问题						
实践能力的发展	13．有求知心、好奇心						
	14．独立思考，自主学习，主动发现问题、提出问题，寻求解决的办法						
	15．积极实践、发挥个人特长						

☆生命在于运动

一、研学主题

生命在于运动。

二、课程时间

90 分钟。

三、参与人员年龄

5 岁以上。

四、安全级别

五级。

五、产品特色

用展品完整展现了人体运动系统的各个结构，包括骨骼、骨骼肌和关节，丰富的展品带来了强大的视觉冲击力，让学生印象深刻。

通过视频和体验骨骼拼装来让学生学习运动的机理和过程，了解人体骨骼的位置。

通过展品展示各种骨折手术的实施方式，植入固定钢板的位置，能够让学生大致对手术实施过程有一定的了解。

六、研学背景

根据《教育部等 11 部门关于推进中小学生研学旅行的意见》，研学旅行的重要意义在于：立德树人、培育核心素养、践行核心价值观。同时也是为贯彻党的教育方针，推进素质教育全面实施，培养学生的创新精神和实践能力。

生命在于运动，运动是生命之本。人体的运动系统主要是负责人体的各种运动，对于学生来说，他们知道运动，但是不知道运动的机理，以及运动时人体发生的变化；都知道多运动有好处，但是大部分学生却不知道如何在运动中保护自己，如何做到适量运动，由此设计本节课程来讲述运动的机理、运动的过程，以及指导学生如何更好地运动。

在日常生活中，我们一个不起眼的小动作，可能都会给我们的身体带来很大的危害，所以我们要时刻注意哪些动作和姿势有害，并加以规避。

七、研学课程目标

1. 认识人体运动系统。

2. 了解人体的骨骼和肌肉。

3. 学会适量运动和在运动中保护自己。

4. 纠正日常生活中的不良姿势。

5. 认识医学上骨折手术的方法。

八、研学实施流程

1. 运动系统

通过参观展品、观看视频并重点讲解运动系统对于人体所起到的作用，了解运动机能、运动的机理和运动过程身体产生的变化。

2．认识骨骼和肌肉

通过展品知道人体有多少块骨骼、有多少块肌肉，知道人体最大的骨头和最小的骨头，掌握一些有关人体的知识。

3．如何更好地运动

先进行互动，询问学生平时都做哪些运动、平时的运动量有多少，选出几个运动量大的学生，让他们分享运动的过程，鼓励他们在运动中好的习惯，指出不好的习惯，如游泳时不能直接跳入水中，因为容易在水中抽筋，应该先进行热身，再让学生分享自己在运动中经历的事情。通过这种分享的方式让学生知道在进行运动时需要怎么做才能保护好自己，才能使运动真正地强身健体。

4．纠正不良姿势

先通过"脊柱侧弯"展品来讲解脊柱侧弯的危害，体验脊柱互动设施，让学生摆出正确的坐姿和平时会有的坐姿，可以直观地感受正确的坐姿和不正确的坐姿对脊柱的影响的不同，倡导学生坐姿一定要正确，平时发现同学的坐姿不正确了要提醒他改正，这样才能保证脊柱健康。最后再普及一些不正确的坐姿可能造成的影响，让学生意识到危害，起到警示的作用。

5．了解骨折手术

通过医学骨折手术展品展示骨折手术的实施位置，以及不同骨骼骨折的处理方法，激发学生对医学的兴趣。

6．师资配备

邢现锋、王永超、吉晓磊、刘会民、张帅。

九、研学保障

课程保障：

1．研学导师：著名导师专业指导，专业辅导员任研学导师，陪护研学旅行的全程。

2．研学手册：研学导师严格按研学旅行课程实施手册指导营员完成课程手册。

3．课程评价：研学导师根据营员在研学旅行中的表现，进行多维度综合评价。

4．优秀分享：在研学旅行课程中鼓励学生分享所见所想，展现优秀的自我风采。

安全保障：

1．用车：与车队签订常年的合作协议，空调旅游车，每人一正座，专业的旅游车队，驾驶员技术精湛，操作娴熟。

2．用餐：符合卫生局要求的餐厅，干净卫生围桌餐，荤素搭配，营养合理。

3．课程：安全教育、趣味历奇等丰富多彩的内容贯穿整个旅途，让欢乐声荡漾在你所走过的每一个角落，渲染美丽的天空。

人体肌肉骨骼示意图

十、研学收获

1．了解人体的运动系统。

2．了解人体的骨骼和肌肉的分布和作用。

3．学会在运动中保护自己的方法。

4．知道自己平时的很多坐姿不正确，以后需要注意自己调整坐姿，保护好自己的脊柱。

5．了解骨折手术的方法。

十一、研学评价

价项目	评价要点	学生自评	学生互评	学校评价	家长评价	社会评价	综合评价
参与评价态度	1．认真参加每一次课程						
	2．努力完成自己承担的任务						
	3．做好资料的整理和处理						
	4．主动提出自己的想法						
	5．乐于合作，能跟同学沟通						
获得的体验	6．善于提问，乐于研究						
	7．有责任心						
	8．能对自己进行反思						
	9．实事求是，尊重他人的想法						
	10．不怕苦，勇闯难关						
学习方法的掌握	11．能通过多种途径获取信息						
	12．能运用自己的知识解决问题						
实践能力的发展	13．有求知心、好奇心						
	14．独立思考，自主学习，主动发现问题、提出问题，寻求解决办法						
	15．积极实践、发挥个人特长，施展才能						

十二、课程实施场所

郑州生命与健康博物馆。

十三、联系人和电话

邢现锋：18838156296。

☆我们都是小医生

一、研学主题

我们都是小医生。

二、课程时间

120 分钟。

三、参与人员年龄

5 岁以上。

四、安全级别

五级。

五、产品特色

利用心肺复苏等实操仪器，让孩子们亲身体验急救的操作方法。

六、研学背景

根据《教育部等 11 部门关于推进中小学生研学旅行的意见》，研学旅行的重要意义在于：立德树人、培育核心素养、践行核心价值观。同时也是为贯彻党的教育方针，推进素质教育全面实施，培养学生的创新精神和实践能力。

急救实训是培养学生自主学习和可持续发展能力的基本保障，也是实施素质教育和培养全面发展人才的重要途径，该课程凸显基础性、工具性和实用性。

七、研学课程目标

1. 了解日常生活中会遇到的各种危险。

2. 知道生活中遇到相关危险的自我救治。

3. 现场实操，掌握心肺复苏的操作程序及操作要点。

4. 知道被狗咬伤怎么处理、被蜜蜂蛰了怎么办、煤气中毒如何急救以及流鼻血的正确处理办法。

八、研学实施流程

1. 日常危险

将 10 名学生分为一组，每组由组长带领。提出我们日常生活中可能会遇到的危险，并根据自己的知识分享救治方法。

2. 情景模拟

一部分学生扮演医生，一部分扮演病人，剩余学生扮演路人，模拟晕倒、吃食物噎到、骨折、溺水等相关危险，让学生进行相关施救。

3. 学习正确的自救知识

通过以上操作，老师在旁讲解相关危险对应的正确救治方法，指导正确的救治步骤。

4. 师资配备：

邢现锋、王永超、吉晓磊、刘会民、张帅。

九、研学保障

课程保障：

1．研学导师：著名导师专业指导，专业辅导员任研学导师，陪护研学旅行的全程。

2．研学手册：研学导师严格按研学旅行课程实施手册指导营员完成课程手册。

3．课程评价：研学导师根据营员在研学旅行中的表现，进行多维度综合评价。

4．优秀分享：在研学旅行课程中鼓励学生分享所见所想，展现优秀的自我风采。

安全保障：

1．用车：与车队签订常年的合作协议，空调旅游车，每人一正座，专业的旅游车队，驾驶员技术精湛，操作娴熟。

2．用餐：符合卫生局要求的餐厅，干净卫生围桌餐，荤素搭配，营养合理。

3．课程：安全教育、趣味历奇等丰富多彩的内容贯穿整个旅途，让欢乐声荡漾在你所走过的每一个角落，渲染美丽的天空。

十、研学收获

学习了急救知识，遇到突发事件可以及时有效地做出正确反应，对提高抢救成功率、减少致残率，均具有重要意义。

十一、研学评价

评价项目	评价要点	学生自评	学生互评	学校评价	家长评价	社会评价	综合评价
参与评价态度	1．认真参加每一次课程						
	2．努力完成自己承担的任务						
	3．做好资料的整理和处理						
	4．主动提出自己的想法						
	5．乐于合作，能跟同学沟通						
获得的体验	6．善于提问，乐于研究						
	7．有责任心						
	8．能对自己进行反思						
	9．实事求是，尊重他人的想法						
	10．不怕苦，勇闯难关						
学习方法的掌握	11．能通过多种途径获取信息						
	12．能运用自己的知识解决问题						
实践能力的发展	13．有求知心、好奇心						
	14．独立思考，自主学习，主动发现问题、提出问题，寻求解决办法						
	15．积极实践、发挥个人特长						

十二、课程实施场所

郑州生命与健康博物馆。

☆中医药文化

一、研学主题

中医药文化。

二、课程时间

60 分钟。

三、参与人员年龄

5 岁以上。

四、安全级别

五级。

五、产品特色

利用大量的展板来描述中医的发展史，了解中医的发展历程，体会中医的博大精深。通过对中医药器具和人体穴位模型的参观和体验感受真正的中医诊疗过程。种类繁多的中药材和中药材标本的展示说明了中医药的范围非常广泛。

六、研学背景

根据《教育部等 11 部门关于推进中小学生研学旅行的意见》，研学旅行的重要意义在于：立德树人、培育核心素养、践行核心价值观。同时也是为贯彻党的教育方针，推进素质教育全面实施，培养学生的创新精神和实践能力。

中医是我国"三大国粹"之一，最早起源于三皇五帝时期。《黄帝内经》是我国最早的一部医术，后经过华佗、孙思邈、李时珍等中医名家的发展，逐渐成为我国特有的一门学问。

七、研学课程目标

1．了解中医的起源。

2．认识一些常见药材。

3．认识中医药器具。

4．简单掌握一些中医知识。

八、研学实施流程

1．通过参观展板并讲解中医的起源和发展历程，介绍几位有名的中医名家以及他们的事迹。

2．参观中药材和中药材标本，认识一些常见的、常用的中药材。

3．参观中医药器械和工具，并讲解各种器械和工具的作用。

4．了解中国传统医学，让大家掌握一些中医养生小知识，并认识一下常见药材，推动中医中药的发展。

5．师资配备：

邢现锋、王永超、吉晓磊、刘会民、张帅。

九、研学保障

课程保障：

1．**研学导师**：著名导师专业指导，专业辅导员任研学导师，陪护研学旅行的全程。

2．**研学手册**：研学导师严格按研学旅行课程实施手册指导营员完成课程手册。

3．课程评价：研学导师根据营员在研学旅行中的表现，进行多维度综合评价。

4．优秀分享：在研学旅行课程中鼓励学生分享所见所想，展现优秀的自我风采。

安全保障：

1．用车：与车队签订常年的合作协议，空调旅游车，每人一正座，专业的旅游车队，驾驶员技术精湛，操作娴熟。

2．用餐：符合卫生局要求的餐厅，干净卫生围桌餐，荤素搭配，营养合理。

3．课程：安全教育、趣味历奇等丰富多彩的内容贯穿整个旅途，让欢乐声荡漾在你所走过的每一个角落，渲染美丽的天空。

十、研学收获

1．认识了中医药文化，了解了中医的发展史。

2．认识了一些常见的中草药及其用途。

3．了解了中医药器械和工具的用途。

4．掌握了一些中医知识。

十一、研学评价

评价项目	评价要点	学生自评	学生互评	学校评价	家长评价	社会评价	综合评价
参与评价态度	1．认真参加每一次课程						
	2．努力完成自己承担的任务						
	3．做好资料的整理和处理						
	4．主动提出自己的想法						
	5．乐于合作，能跟同学沟通						
获得的体验	6．善于提问，乐于研究						
	7．有责任心						
	8．能对自己进行反思						
	9．实事求是，尊重他人的想法						
	10．不怕苦，勇闯难关						
学习方法的掌握	11．能通过多种途径获取信息						
	12．能运用自己的知识解决问题						
实践能力的发展	13．有求知心、好奇心						
	14．独立思考，自主学习，主动发现问题、提出问题，寻求解决办法						
	15．积极实践、发挥个人特长，施展才能						

☆地球如此多娇

一、研学主题

地球如此多娇。

二、课程时间

60 分钟。

三、参与人员年龄

5 岁以上。

四、参加人数

100 人。

五、安全级别

五级。

六、产品特色

从地球生态系统开始讲起，逐步讲解各个生态系统中存在的人类破坏环境的行为，再从城市生态系统的形成与特点出发，引申到如何保护环境和恢复生态系统的方法，逐步深入，让学生能够树立正确的观念。

七、研学背景

根据《教育部等 11 部门关于推进中小学生研学旅行的意见》，研学旅行的重要意义在于：立德树人、培育核心素养、践行核心价值观。同时也是为贯彻党的教育方针，推进素质教育全面实施，培养学生的创新精神和实践能力。

目前全球范围内环境恶化，空气污染、温室效应、土地荒漠化、水体富营养化等环境问题层出不穷，已经严重影响到了我们的身体健康。有数据表明，全球癌症发病率持续上升，尤其是在城市中生活的人们，更应该注意，因为城市生态系统是人为生态系统，并不能够独自完成生态循环，需要其他生态系统的供给，同时每天还会产生大量生活和工业垃圾，这些问题应该依靠我们大家共同去解决。

八、研学课程目标

1．了解地球上各种生态系统。

2．认识到环境破坏的严重性。

3．树立保护环境、从我做起的观念。

九、研学实施流程

1．认识生态系统及其分类

6 人一组进行讨论，每组选择一个生态系统，或者抽签选出每组负责的生态系统，在展区进行搜索信息，并整理成 5 分钟左右的介绍生态系统特点和组成的演讲稿，每个小组推选出一位学生进行演讲，然后有研学导师进行评分，选出评分最高的小组，并授予奖励。

2．了解各生态系统的问题及原因

各组重新抽取生态系统，根据自己的经验和收集到的信息进行演讲，并由研学导师进行打分。

3．认识人工生态系统——城市生态系统的形成和特点

重点讲述城市生态系统的形成和特点，倡导学生要爱护环境，不乱扔垃圾，不随地吐痰，减少使用塑料袋，爱护花草树木等。

4．如何更好地保护环境

倡导学生在户外课程和外出旅游时要将垃圾带回，不在野外使用明火，防止火灾的发生等。

5．师资配备：

邢现锋、王永超、吉晓磊、刘会民、张帅。

十、研学保障

课程保障：

1．研学导师：著名导师专业指导，专业辅导员任研学导师，陪护研学旅行的全程。

2．研学手册：研学导师严格按研学旅行课程实施手册指导营员完成课程手册。

3．课程评价：研学导师根据营员在研学旅行中的表现，进行多维度综合评价。

4．优秀分享：在研学旅行课程中鼓励学生分享所见所想，展现优秀的自我风采。

安全保障：

1．用车：与车队签订常年的合作协议，空调旅游车，每人一正座，专业的旅游车队，驾驶员技术精湛，操作娴熟。

2．用餐：符合卫生局要求的餐厅，干净卫生围桌餐，荤素搭配，营养合理。

3．课程：安全教育、趣味历奇等丰富多彩的内容贯穿整个旅途，让欢乐声荡漾在你所走过的每一个角落，渲染美丽的天空。

十一、研学收获

1．了解了地球上各种各样的生态系统的特点和功能。

2．认识到城市生态系统的特点和作用。

3．学习日常生活中爱护环境的行为。

4．树立了爱护环境、从我做起的环保观念。

十二、研学评价

略。

十三、课程实施场所

郑州生命与健康博物馆。

十四、联系人和电话

邢现锋:18838156296。

☆大美新疆研学之旅

一、研学主题

探秘新疆发现之旅。

二、研学背景

根据《教育部等 11 部门关于推进中小学生研学旅行的意见》，研学旅行的重要意义在于：立德树人、培育核心素养、践行核心价值观。同时也是为贯彻党的教育方针，推进素质教育全面实施，培养学生的创新精神和实践能力。

天山天池是集自然与文化于一体的 5A 级景区，位于博格达山北坡的山腰上（海拔 1900 余米），因其生物多样性与秀丽的自然景观带，以及独特的自然之美，2014 年被评为世界自然遗产地。

在天池上感受美丽的风景，通过收集不同的植物，让学生们研究植物的多样性。

吐鲁番是古丝绸之路上的重镇，早在新石器时代，就有了人类课程。当时吐鲁番市的人们以狩猎、采集为主。进入奴隶社会后，生产方式逐渐转变为以农业为主，并渐渐在吐鲁番盆地定居下来。这里有近 80% 的少数民族，在历史的长河中，它们也形成了自己独特的民俗文化。

三、研学课程目标

1. 训练观察能力、动手能力，培养解决问题的能力；激发保护自然环境的迫切感，了解植物在大自然中的重要性。

2. 提升学生的审美观。

3. 积累学生的人文积淀，提升学生的文化自信。

4. 培养学生民族团结一家亲，爱家乡、爱各族人民的情怀。

五、课程时间

7 天。

六、课程对象

8～12 岁的小学生。

七、参加人数

100～300 人。

八、研学任务

通过对葡萄的采摘、品尝及老师的引导讲解，了解葡萄的生长环境、过程及晾晒要求。

学会跳维吾尔族麦西来甫舞蹈，深入了解少数民族的民俗文化。

在喀纳斯，与当地图瓦小学的学生们举行民族团结一家亲课程。

通过作画，提升心灵美。

初识汗血宝马，探寻新疆古生态文明。

通过各种方式，深入探究新疆的民俗文化。

九、研学实施流程

第 1 天:一山一水——世界天池植物解密

研学地点：天池

上午：营员入营，进行开营仪式，介绍学习地点和安全警示，派发任务书，领取物品物资。之后乘车前往天池（约 90 分钟），到达后进行午餐。

下午：进入天池景区，欣赏美景后，带领学生来到植物研学地点，采集植物，学生自己先观察，分组提问探讨。最后，解答不了的问题由专家统一解答。

晚上：完成当天的任务，并进行总结，分组进行，互谈感受。

第2天:穿越城市中的沙漠——沙漠寻宝大串联

研学地点：鄯善

上午：早上乘动车抵达鄯善，赴库木塔格沙漠，"库姆塔格"维吾尔语意为"沙山"，国家重点风景名胜区，是世界上唯一与城市相连的沙漠，有"城中沙漠"之称。因千百年来风向交汇点始终在鄯善老城南端，从未向北移动，故未把鄯善城淹埋，是世界治沙史上"绿不退，沙不进"奇观的缩影，也是浓缩了世界各大沙漠典型景观的博物馆，更是诠释古楼兰王国消失的最后一片圣地。在这里，老师将带领营员们进行沙漠探险车课程及滑沙等其他课程。

下午：大家来到葡萄庄园。葡萄庄园是目前新疆规模最大最具民族特色的集住宿、餐饮、休闲、娱乐、歌舞互动、民俗展示于一体的综合性旅游服务企业。游学从欢乐和美食开始，营员们在感受西部风情后，看高空表演"达瓦孜"。还可边看古丽们灵动的舞姿、听木卡姆悠扬苍茫的歌声，边品尝各种水果、点心、烧烤等美食，进行集歌舞、各类美食及歌舞互动于一体的水果宴，与大家一起互动、一起学跳维吾尔族舞蹈。

晚上：分组总结，讨论当天的感受。

第3天:记录葡萄生长过程，体验采摘晾晒的乐趣

研学地点：吐鲁番

上午：乘动车前往吐鲁番，抵达葡萄沟。在葡萄长廊下，尽情感受葡萄成熟的盛况及喜悦。走进维吾尔族大叔家，进行葡萄采摘、品尝体验。营员们经过小组讨论，先说出吐鲁番的葡萄为什么这么甜的原因、葡萄的生长过程等问题的结论，再由当地专业的种植大叔给营员们一一进行解读，大家一起讨论出葡萄的晾晒要求。

提出问题：

（1）仔细观察葡萄架下的葡萄后，告诉老师什么样的葡萄最甜。

（2）葡萄的晾晒过程，需要注意哪些问题？为什么有的葡萄干是黄色的，而有的是绿色的？

（3）葡萄生长一般需要多久？要注意哪些问题？

下午：专业的维吾尔族老师教麦西来甫舞，和维吾尔族孩子互动跳舞，体验少数民族的民俗文化。乘动车返回乌市，晚上乘火车赴北屯。

晚上：火车上。

第4天:赏仙境，共建民族团结一家亲

研地点：喀纳斯

上午：早餐后登上观鱼亭，看日出云海（视天气情况定），俯瞰喀纳斯湖，欣赏喀纳斯湖晨曦、雾景，漫步湖边木栈道。倾听湖怪的秘密……中午和图瓦小学孩子交流互动，进行捐赠书包仪式，举行民族团结一家亲课程。

下午：赴著名的图瓦人村庄之一——禾木。

晚上：入住禾木木屋。

第5天:观图瓦古村美景　（或体验图瓦民俗文化）

研学地点：禾木

上午：早餐后，在禾木观景台拍照，感受大自然的气息，并根据情况进行实地写生课程或者进行图瓦人的民俗文化互动课程。

下午：根据车次返回北屯。

晚上：乘火车回乌市。

第6天:访汗血宝马，探秘新疆古生态

研学地点：乌市

上午：下火车后，进行早餐，来到野马古生态园。野马古生态园园内收集保护了硅化木、黑铁陨石、普氏野马、汗血宝马等大量珍贵古生态资源，成为全国独一无二的文化旅游主题景区，让营员们全面了解新疆的生态、文化及汗血宝马等。

下午：午餐后赴馕文化产业园参观制馕过程，体验做馕。

晚上：观看《千回西域》表演。《千回西域》是新疆乃至全国最高水准的立体全景式主题演出剧目。它将古西域乐舞、丝路历史文化、新疆各民族歌舞风情有机融合，形成独特创新的空间表演艺术，打造新疆歌舞之乡世界级品牌。以西域的历史典故、绚烂的西域文化为基点，多民族风情歌舞、杂技艺术交融荟萃于一体，运用现代高科技虚拟现实艺术营造如梦如幻、身临其境的意境，给人以强烈的感官震撼，再次让孩子们深度感受了丰富的西域文化。

第7天:与新疆本土文化融合

研学地点：乌市

早餐后，大家一起来到国际大巴扎，它集伊斯兰文化、建筑、民族商贸、娱乐、餐饮于一体，是新疆旅游业产品的汇集地和展示中心，是"新疆之窗""中亚之窗""世界之窗"。小营员们再次感受新疆巴扎的风貌，之后闭营、送机，小营员们载着满满的收获和喜悦返回温暖的家。

十、产品特色

通过走进天山天池及吐鲁番，感受当地的地形地貌，带着任务开展探究，再加上专业讲师的讲解、教习，要求同学们通过观察、拍摄、记录学习笔记、小组问答互动等，更加深入地了解新疆的民俗文化，丰富学生们的生活，增强民族团结意识。

十一、师资配备

专业舞蹈老师、研学导师、讲解员、安全员。

十二、研学保障

课程保障：

1.研学导师：著名导师专业指导，专业辅导员任研学导师，陪护研学旅行的全程。

2.研学手册：研学导师严格按照研学旅行课程实施手册，指导营员完成课程手册。

3.课程评价：研学导师根据营员在研学旅行中的表现，进行多维度综合评价。

4.优秀分享：在研学旅行课程中鼓励学生分享所见所想，展现优秀的自我风采。

安全保障：

1.用车：专业的旅游车队，新空调旅游车，司机师傅有多年的驾驶经验。

2.用餐：符合卫生局要求的餐厅，干净卫生围桌餐，荤素搭配，营养合理。

3.课程：趣味新鲜、故事文化等丰富多彩的内容贯穿整个旅途，让同学们欢乐而有趣地度过此次课程。

十三、研学收获

1.这次的研学课程，是一次深入学习了解新疆的美景、生活、民俗文化之旅，是一场贴近生活方式的实操课程。同学们在专业老师的讲解和引导下，了解当地各种资源及各民族的一些习俗文化，并学跳少数民族舞蹈、跳舞互动等，增强民族团结意识。

2.体验不同美景，感受不同文化，增强审美情趣。

3.知道了吐鲁番的葡萄为什么这样甜，以及关于葡萄的生长习性、晾晒要求、存储条件等知识。

4.会跳少数民族舞蹈，体验民族舞蹈文化。

5.带上自己的画作作品，留下珍贵的记忆。

6.与古老的图瓦人学生一起进行民族团结一家亲课程。

7.增强团队感情，培养团队意识。

十四、研学评价

略。

十五、研学指导老师： 李金美　王　宁　白晓莉　蔡　杰

联系电话：13999881601，13999835008

☆绿水青山就是金山银山

一、课程背景

太行洪谷国家森林公园，地处山西省晋城市沁水县土沃乡南阳村，位于太行、太岳、中条三山衔接处，自然地理环境优越。公园内森林类型多样、自然景观奇特、物种资源丰富，是天然的生态教育课堂，是山西省植物资源的宝库。园内谷深峰秀，溶洞成群，灌草丛生，林木参天，地貌分为暖温带喀斯特、骤立的陡崖和深谷幽洞三大地貌景观，符合太行山水的典型特征。按照国家级森林公园"保护、科普、旅游"三大功能定位，太行洪谷融入"徒步探险、自然教育、森林康养"森林公园三大基础功能，致力打造"国家级森林公园、生物多样性保护地、中国森林氧吧、国际暗夜保护地、中国森林康养基地"五大品牌的沁水全域旅游新标杆。

二、课程目标

1．知识目标

认识当地丰富的地文资源，学习动植物保护知识；领悟"绿水青山就是金山银山"的真正含义。

2．能力目标

形成环境保护观念，掌握野外地理观察的基本方法；延伸地理知识，培养观察和审美能力；提高科学探索兴趣和独立思考能力。

3．核心素养目标

学会学习；增强科学精神和生态环境保护意识。

三、课程实施

1．课程课时：6学时。

2．【研学课程】——太行洪谷徒步探险区

开营，领取研学手册、研学专用背包，开启研学之旅。畅游在既开放又独立的健康有氧植物空间里，认识森林公园地理位置。通过徒步探险，认识三种以上植物并进行拍照记录，了解森林植物群落的结构及丰富的生物多样性。参观野生鸟类博物馆，了解太行洪谷景区生态环境的独特性。以纸张作为媒介，雕刻出镂空的动物造型，然后借用大自然景致，为剪纸填上既缤纷又具生命力的色彩。运用树叶等绿色媒材拼贴一幅有意义的图画。结合课前确立的研学探究问题，开展讨论、交流、收集、汇总，完成研学任务单。

【研学目标】

学会学习；人文情怀。

3．【研学课程】——太行洪谷国家森林公园

感受生态群落结构的美。以小组为单位，探究地文特征和自然资源，培养生态环境的保护意识。认识崖柏，聆听古树情，激发对生命的尊重的情感。小组合作完成研学任务单。

【研学目标】

问题解决；科学精神。

四、课程链接

《地理》《科学》《语文》《自然》《生物》《美术》《思想品德》等学科。

五、行前准备

（一）证件准备

> 1. 携带并保管好本人有效身份证或户口本，以备乘车和入住时查验，如有遗失，请及时联系老师。
>
> 2. 学生请随身携带学生证，方便处理紧急事件；研学实践教育师请随身携带研学实践教育师资格证，以备景区查验

（二）衣物准备

> 1. 学生统一着校服，穿运动鞋，可带普通双肩背包。准备随身携带的垃圾袋，养成良好的卫生习惯。
>
> 2. 行前及时查看天气，根据气温携带适合的衣物和鞋子。
>
> 3. 行李以轻便为主，并在行李箱上写上本人的名字和电话，贵重物品务必随身携带

（三）日常用品

> 1. 为环保节约，请携带牙刷、牙膏、洗漱等生活用品。宾馆毛巾、拖鞋是消毒后重复使用，也可根据自身的需求自行准备。
>
> 2. 可自带水杯。随身小包、眼镜、雨伞、相机、充电宝等需自行准备。
>
> 3. 原则上不带现金，如有特殊需求，允许带少量现金。
>
> 4. 根据自身身体状况，准备好适当的日常用药，如退烧药、驱蚊虫花露水、眼药水、云南白药等。
>
> 5. 研学旅行过程中有医疗老师和普通救助设备，并有合作的当地三甲医院，如有身体不适，应当及时告知老师

（四）人身安全

> 1. 保证其所提供的证件和信息真实有效。随时注意人身安全，妥善管理自己的行李物品。
>
> 2. 不得携带火柴、打火机、刀具等危险物品及易燃易爆物品

六、行前课堂

（一）安全教育

1. 文明研学须知：重安全，讲礼仪；不喧哗，杜陋习；守良俗，明事理；爱环境，护古迹；文明行，最得体。

2. 出发前，组织学生模拟研学真实情境，进行针对突发事故安全应急演练。各带队老师及其他工作人员做好研学课程学生纪律管理工作，根据研学实践教育课程日程安排，加强学生的安全意识教育，提升学生对安全事故的防范能力。

3. 佩戴好研学团队标志（如统一的背包、帽子、校服或胸牌）。研学过程中，学生不得擅自脱离团队，听从带队领导及老师的安排，遵守研学基地有关规章制度及安全提示。

4. 行前小组分工。选定组长，负责同学们的集合与联络，随时清点人数。组长要及时提醒队友严格遵守纪律，确保统一行动。

5. 注意交通安全。熟记乘坐的车牌号码，乘车途中注意安全，不要在车厢内来回走动，不得将头或身体伸出窗外。要严格遵守交通规则，不闯红灯或在马路上追逐疯打，不在走路时玩手机或者低头讲闲话。

6．注意饮食安全。不吃三无产品和过期、霉变食物。不暴饮暴食，不乱买零食。不接受陌生人的饮料、食物等。

7．遇到突发事件时，保持冷静，服从指挥。如有紧急事情须与带队老师报告，得到允许后方可离开。

8．学生如有身体不适，应及时告知带队老师，通知医务人员处理。

9．参观景区或基地时不得大声喧哗，不得乱涂乱画，不能乱扔废弃物，做到语言文明、行为文明。

（二）行前任务

1．个人任务

（1）熟知研学实践的行程安排。

（2）请写出你的研学实践目标。

（3）研学路线：

①此次研学实践教育课程是从_____出发，目的地是_____，拟乘坐_____交通工具，行驶距离是_____，需要用时_____。

②根据研学导览图，标注学校和研学基地的位置。

2．小组任务

研学实践旅行，是在旅行中进行研究性学习，学习让实践更有意义。在研学实践开始前，以小组为单位，每小组6～10人，在下面的主题中，小组任选一项为此次研学实践旅行的研究课题，交给老师审核通过后，即可作为小组的研学实践课题。

课题参考：

1．谁不说俺家乡好。
2．生态环境的可持续发展。
3．林业发展对生态环境保护的重要性。
4．生态农业的现在与未来。
5．传统民居建筑的保护和价值。
6．革命精神的力量历久弥新。
7．国粹文化传承的意义。
8．倡导绿色生活方式。
9．家风文化的传承和发展。
10．我国能源发展现状及未来的发展方向。

课题报告

学校名称			
研学时间		研学地点	
课题名称			
研学成员			
课题的目的和意义			
文献综述			
研究过程			
研究结果			
分析/讨论意见			

七、研学任务单

1．领会习近平总书记关于生态文明建设"绿水青山就是金山银山"的重要讲话。从建设自然生态文明角度思考当今社会发展。

2．分享自己最喜欢的生物物种，重点介绍一种（如形态特征、生长习性、地理分布等）。

3．了解喀斯特地貌相关知识。

4．崖柏精神启示。

5．利用自然界的一枝一叶，进行拓印、涂色等，完成一幅植物拼贴画。

八、评价手册

坚持评价的方向性、指导性、客观性、公正性，可分为过程性评价、总结性评价和评价量表三种形式。

（一）过程性评价形式及关键点

1．时间观念。能够做到守时，课程中遵守时间计划。

2．研学态度。出发前有准备，过程中有记录，结束时有收获、感悟。

3．遵守纪律。服从研学实践教育师和老师的管理，不擅自行动。

4．文明礼貌。公共场合懂得文明礼貌，不大声喧哗，守秩序。

（二）总结性评价形式及关键点

评价形式可以有晨会、班会，以及全校性的主题演讲、摄影展、征文比赛、橱窗成果展等。

1．原创性。（分享内容为原创）

2．主题明确。（主题来自本次研学实践）

3．内容翔实。（内容全面、细致）

4．形式多样。（形式有特色，具有真情实感）

5．表达充分。（表达流畅清晰，体现团队协作）

（三）评价标准

1．小组评价标准：选题范围适中，具有科学性和可行性；研究过程重实践，展示材料围绕主题；小组成员分工协作，参与积极，仪态大方；成果形式多样而有创新，汇报条理清楚，重点突出。

2．队员评价标准：表述准确、仪表大方、语言表达流畅、声音响亮、口齿清楚。

3．导师总结性评价，等级分为：A 优秀；B 良好；C 一般；D 待改进。

（四）评价方式

1．通过评价小组，培养集体主义精神和团队合作精神。

2．通过小组评价组员，培养互帮互助的意识和实事求是的精神。

3．通过组员自评，正确认识自我，建立自信，促进自我发展。

（五）评价量表

研学实践教育课程互评表

研究课题（小组）	值得学习之处	需要改进之处	综合评价（五星）
1			
2			
3			
4			
5			
最佳协作小组			
最佳探究小组			

小组团队评价量表

小组名称：_____　组长：_____

小组成员：_____

指标	权重	评价要素	分项权重	评价分值	分项成绩
开题	20	1. 围绕课程内容，确定课题。课程展开科学性、可行性	10		
		2. 小组合作：内容、任务、分工、进度安排、表述等	10		
过程	40	3. 小组成员出勤率	5		
		4. 记录的真实性、完整性、及时性	10		
		5. 独立思考、善于沟通的能力	10		
		6. 材料的规范与完整性	10		
		7. 团队合作能力	5		
结果	40	8. 课程预期目标的达成率。	10		
		9. 探究成果（可靠性、可信度、创新水平、成果表达形式与内容）	20		
		10. 现场表现（全员参与情况、语言表达、仪态仪表、应答能力）	10		
课题组成绩					

个人课程评价量表

姓名		小组			研学实践指导师			
研学主题				研学时间				
评价项目	评价要点	学生自评（打"√"）				研学实践教育师评价（打"√"）		
		A	B	C	D	A	B	C	D
参与态度	参与课程的积极性								
	自主合作、探究学习的态度								
实践能力	搜集和处理信息的能力								
	获取新知识的能力								
	分析和解决问题的能力								
	主动参与、交流与合作的能力								
	责任担当、合理管理时间的能力								
课程效果与情感体验	达到课程目的								
	环保意识、社会责任感、生活态度等								
研学实践教育师评价									

九、研学日志

个人研学日志

班级		姓名		课题小组	
_____年____月____日　星期____　　天气_____					

☆"泉城济南与泉水文化"研学课程

一、研学准备

研学主题："泉城济南与泉水文化"。

活动时间：根据需求制定。

参与人员：小学五至六年级。

参加人数：500人。

研学选题背景：

济南市，是山东省省会，简称"济"，因境内泉水众多，拥有"七十二名泉"，被称为"泉城"。选择以"泉文化"为研学主题，是因为济南当地泉水自然资源丰富，文化底蕴深厚，与百姓生活联系紧密。

济南城内百泉争涌，分布着久负盛名的趵突泉、黑虎泉、五龙潭、珍珠泉四大泉群，密布着大大小小100多处天然甘泉，汇流而成的护城河流淌到大明湖，与周围的千佛山、鹊山、华山等构成了独特的风光，也成为少有的集"山、泉、湖、河、城"于一体的城市，自古就有"家家泉水，户户垂柳""四面荷花三面柳，一城山色半城湖"的美誉。

济南的泉水有着深厚的历史底蕴。《春秋》记载，"十有八年春王正月，公会齐侯于泺。"在鲁桓公十八年（公元前694年），齐鲁两国国君于泺会见。泺是趵突泉的古称，当时属于齐国，齐襄公就是在趵突泉边接待的鲁桓公，可见趵突泉当时就是一个具有休闲、游览、接待等功能的风景胜地。悠久的历史赋予了济南泉水丰富的文化资源，从春秋战国到唐宋元明清，留下了数不清的与泉水相关的典故，可谓一泉一景、一泉一传说。除了趵突泉和大明湖等全国闻名的景点及其相关的传说外，其他还有"齐顷公汲水"的华泉、"刘琮孝母"的孝感泉、曹操饮马的"饮马泉"等。"泉城"济南还受到历代文人雅士的追捧，唐代的李白、杜甫，宋代的苏轼、苏辙、曾巩、李清照、辛弃疾，金代元好问，元代赵孟頫，清代蒲松龄等等。杜甫说"济南名士多"，诚哉斯言！

济南的泉水不只停留在风景中、文化中，还和济南百姓的市井生活紧紧联系在一起。比如，济南由于泉水、湖泊、河水众多，形成了迥异于其他城市的建筑布局和风格；拥有许多别具一格的饮食文化和传说，如"碧筒饮""湖菜鸡块""奶汤蒲菜"；等等。

学情分析：

济南自然资源、文化资源丰富，历史文化、自然地理、科技人文等主题均有涉及，对培养学生人文底蕴、科学精神、学会学习、健康生活等核心素养有着重要作用。

济南被称作"泉城"，学生们从小在这里生活，对泉水天然亲近，耳濡目染，学过很多关于这方面的知识。学生进行泉文化研学，一则有一定的实践基础，二则有探究的兴趣和欲望，三则条件便利容易得到家长们的支持。此外，泉文化研学还能传承和发扬济南的泉水文化。

研学课程目标：

1. 了解济南泉水的历史典故以及相关的历史人物。

2. 感受济南泉水文化，增强家乡荣誉感和自豪感。

3. 学会搜集资料，培养探究性学习、合作学习、自主学习的能力。

研前准备：

1. 了解济南文化，观看《名士济南》《天下泉城》《泉城夜宴》《悠然见南山》等纪录片。

2. 搜集有关趵突泉、大明湖的故事，了解趵突泉、大明湖的相关诗词、文章，重现李清照、辛弃疾等文人雅士与趵突泉、大明湖的邂逅。

研学特色：

济南广播电视台的研学课程可以为学校、学员、团队提供专业跟拍记录、节目制作播出、知名主持人随队讲解等系列服务；电视台栏目《行走的课堂》，为研学实施进行记录性电视报道和视频服务。

研学优势：

平台优势：济南广播电视台《行走的课堂》专题研学旅行栏目。

课程优势：研学课程主题鲜明，使学员在体验中获得成长。

行程优势：专业甄别精品线路，针对不同年龄段量身定制。

师资优势：知名节目主持人带队国防优秀教练担任研学安全员。

配比优势：行业内超高师生配比，全方位关注孩子的身心健康。

设施优势：所有课程配备专业设备，学员体验更加直观。

安全优势：专业的营地，餐饮安全卫生，医护人员全程陪同，还有高额意外保险。

直播优势：专业媒体团队实时直播，让家长足不出户就能关注孩子的动态。

研学安全保障：

1. 交通保障

（1）车辆使用正规旅游的合法车辆，签订《租赁运输责任合同》。从业驾驶员选用具有10年以上驾龄、国家认可的从业资格，5年内无责任事故和不良记录的人员。

（2）行前考察出行线路，选择通行顺畅、安全的道路，制订线路图和备选方案。

（3）车辆要求正规厂家生产无改装，颜色尽量统一，出厂5年内的性能良好的车辆，必须配备安全带，逃生设施完好。

2. 住宿保障

所有营地均为提前调研评估验收后确定安全、卫生、舒适的住宿环境。

3. 餐饮保障

所有餐饮店均为合格验收餐厅，标准圆桌，自助餐。

4. 装备保障

报名学生均发放研学手册、营帽。

5. 医护保障

每次研学旅行，我们都会配备医护人员全程陪同，在研学旅行中随时为学生们提供医疗保障服务。

6. 保险保障

按国家要求购买了保额不低于50万元的旅行社责任险，并为学生购买了30万元的意外伤害险。

7. 全程直播

官方微信平台每日更新，家长随时了解孩子的生活情况。

二、课程方案

第一课时：趵突泉

趵突泉公园位于山东省济南市历下区，南靠千佛山，东临泉城广场，北望大明湖、五龙潭。趵突泉面积达10.5万平方米，是以泉为主的国家 AAAAA 级旅游景区特色园林、国家首批重点公园。

趵突泉位居济南七十二名泉之首，被誉为"天下第一泉"，也是最早见于古代文献的济南名泉。

趵突泉是泉城济南的象征与标志，周边的名胜古迹不胜枚举，尤以泺源堂、观澜亭（槛泉亭）、尚志堂、李清照纪念堂、李苦禅纪念馆等景点最为人称道。

【研学任务】临池赏泉观胜景

1. 趵突泉是泉城济南的象征与标志，济南广播电视台的台标中就蕴涵趵突泉的元素。观赏趵突泉的最佳位置莫过于泉池西岸的观澜亭或者北岸泺源堂殿台，此时此地得见趵突泉的"真颜"，有没有心动呢？请在摄影师哥哥的指导下，拍摄一张趵突泉的风景照吧！

泉水印象

任务评价：

评价标准（100）	对焦清晰（15）	曝光准确（15）	色彩自然（15）	主题突出（30）	构图巧妙（25）
评价分数					

2. 趵突泉泉池呈长方形，长 30 米、宽 18 米、深 2.2 米，该泉出露标高 26.49 米，最大涌量达 16.2 万立方米/日。询问研学导师（主持人）今日趵突泉水位，计算泉池中储存的水量。（趵突泉出露标高是指池底相对于海平面的高度，水位是指水面相对于海平面的高度）

任务评价

评价标准（100）	思路正确（30）	步骤完整（30）	结果正确（20）	单位正确（20）
评价分数				

3. 在趵突泉边阅读老舍先生的《趵突泉的欣赏（节选）》，结合老舍先生对趵突泉的描述，推测老舍先生观赏趵突泉的路线。按照推测出的老舍先生足迹，观赏趵突泉，写一篇三百字左右的小作文。

泉太好了。泉池差不多见方，三个泉口偏西，北边便是条小溪流向西门去。看那三个大泉，一年四季，昼夜不停，老那么翻滚。你立定呆呆的看三分钟，你便觉出自然的伟大，使你不敢再正眼去看。永远那么纯洁，永远那么活泼，永远那么鲜明，冒，冒，冒，永不疲乏，永不退缩，只是自然有这样的力量！冬天更好，泉上起了一片热气，白而轻软，在深绿的长的水藻上飘荡着，使你不由的想起一种似乎神秘的境界。

池边还有小泉呢：有的像大鱼吐水，极轻快的上来一串小泡；有的像一串明珠，走到中途又歪下去，真像一串珍珠在水里斜放着；有的半天才上来一个泡，大，扁一点，慢慢的，有姿态的，摇动上来；碎了；看，又来了一个！有的好几串小碎珠一齐挤上来，像一朵攒整齐的珠花，雪白。有的……这比那大泉还更有味。

新近为增加河水的水量，又下了六根铁管，做成六个泉眼，水流得也很旺，但是我还是爱那原来的三个。

任务评价

评价标准（100）	观察顺序有逻辑（30）	描写生动语句通顺（30）	融入感情（20）	书写规范整洁（20）
评价分数				

内容延伸

1. 观澜亭

观澜亭，在趵突泉西侧。原为北宋熙宁年间史学家刘诏（官至寺丞）庭园中的建筑物，名"槛泉亭"，后倾圮。明天顺五年（1461 年）钦差大臣韦公、吴公来济，乃于泉旁构亭（另说巡抚胡缵宗建）。起名为"观澜亭"，取《孟子·尽心上》"观水有术，必观其澜"之意。

该亭原为四面长亭，半封闭式，形制考究，为历代文人称颂。宋代大文学家苏辙，于熙宁六年（1073 年）任齐州掌书记，对济南名胜古迹吟咏甚多，其中咏《槛泉亭》诗曰："连山带郭走平川，伏涧潜流发涌泉。泂泂秋声明月夜，蓬蓬晓气欲晴天。谁家鹅鸭横波去，日暮牛羊饮道边。滓秽未能妨洁净，孤亭每到一依然。"

现亭改为四方敞亭，飞檐翼角，斗拱承托，上饰吻兽，下设坐栏。亭侧垂柳披拂，假山秀立。亭南水中立碑一通，上刻"趵突泉"三字，为明朝嘉靖年间都察院右副都御史、山东巡抚都御史胡缵宗书。西侧墙壁嵌碑两通，一题"观澜"，明嘉靖年间山东左布政使张钦书；一题"第一泉"，清同治年间历城王钟霖题。

2. 趵突泉

1931年，趵突泉四周用石砌岸。几经变化，今泉池呈长方形，长30米、宽18米、深2.2米。北临泺源堂，西傍观澜亭，东架来鹤桥，南有长廊围合。金代《名泉碑》、明代晏璧《七十二泉诗》和清代郝植恭《七十二泉记》均著录。该泉出露标高26.49米，恒温18℃，最大涌量达16.2万立方米/日，为该泉群中涌量最大的泉，号称"天下第一泉"。

地下水位低于出露标高时，该泉停止喷涌。据清代乾隆《历城县志·杂缀二》载，明万历四十六年（1618年）、崇祯十四年（1641年）曾出现干涸。1972年始，时常停涌。1986年5月至1987年8月26日，停涌达15个月；1988年8月至1990年8月，断流长达24个月。

趵突泉是古泺水之源。古时称"泺"，宋代已称"趵突泉"。亦有"娥英水""温泉""槛泉""瀑流泉""三股水"的别称或俗称。《春秋》载：鲁桓公十八年（公元前694年）春，"公会齐侯于泺"。北魏地理学家郦道元《水经注·济水》载："泺水出历县故城西南……俗谓之娥姜（一作娥英）水也，以泉源有舜妃娥英庙故也。"北宋文学家曾巩在《齐州二堂记》中说："其旁之人名之曰'趵突'之泉"，"趵突之泉冬温，泉旁之蔬甲经冬常荣，故又谓之温泉"。和曾巩同时代的刘诏，根据《诗经·小雅·采菽》"觱沸槛泉"的诗句，叫它"槛泉"。金人元好问《济南行记》中又名"瀑流泉"。当地百姓以其自地穴中涌出，形成三股泉水，故又俗称为"三股水"。

据水文地质部门探查，趵突泉的地质情况是：地表向下8米，是第四纪砂砾、黏土层，8～80米为奥陶纪白云质石灰岩。在30米以上的大理岩中，裂隙、溶洞特别发育，这些裂隙、溶洞成为地下水集中和上升的通道。上升的地下水流从相距2.3米的两个洞隙中蹿出地面，成为趵突泉三股泉水中的南、北两股；从北股洞隙中又分流出一股水，在靠近北股的南侧涌出地表，即为中间一股。趵突泉，三股并立，"泉源上奋，水涌若轮"（《水经注·济水》）。清朝刘鹗《老残游记》载："三股大泉，从池底冒出，翻上水面有二、三尺高。据土人云：'当年冒起有五六尺高'。"据1982年地质出版社出版的《济南的泉水》载，1959年时趵突泉泉水还能冒二尺多高。因为气势壮观，故称"趵突腾空"，古人列为济南八景之一。

趵突泉水清冽甘美。经化验，符合国家卫生标准，可以直接饮用。相传，乾隆皇帝下江南时，沿途饮用北京玉泉水，当品尝趵突泉水后，便立即改用趵突泉水，并把玉泉改为"玉泉趵突"，将趵突泉封为"天下第一泉"。此泉用来烹茶，味醇色鲜，游人常来此品茗以助游兴，有"不饮趵突水，空负济南游"之说。昔日，趵突泉池东有望鹤亭茶社，四周摆满了茶摊，上支白篷布，下设小茶几，几上备宜兴紫砂壶。1956年辟建公园后，在望鹤亭茶社旧址设东方风味的"蓬莱茶社"。观鱼也是游趵突泉的乐事。明代《历乘》记载：历城知县贵养性"蓄金鲤于池，殊为胜观"。清代秀才、历城人任梦菊曾填《浣溪沙·春日游趵突泉》词一首，写道："闲倚雕栏沽美酒，看他锦鱼唼青萍。"

3. 泺源堂

泺源堂，在趵突泉北岸。最早为娥英祠，祀舜之二妃娥皇、女英。北魏郦道元《水经注》有过记载：历城有泺水，"俗谓之娥姜水也，以泉源有舜妃娥英庙故也"。历经沧桑，该祠后荒废。到了北宋，著名文学家曾巩于熙宁年间知齐州时（1072—1073年），在这里建二堂，并作《齐州二堂记》，云：起初，朝廷和邻近州郡使者、官吏来时，并无寓所，仅构筑临时馆舍，让其住宿，走后拆除，既浪费又简陋，故在泺水处建二堂，供客人居住，南堂临泺之源，称"泺源堂"，北堂对历山，曰"历山堂"。元代改奉吕洞宾，为"吕仙祠"。清顺治十一年（1654年）观察何启图改历山堂为阁，上层祀文昌，下层祀钟离，同时将阁后李公祠改祀斗母，称"斗母宫"。后来三殿统称吕祖庙。

今殿堂三座，坐北朝南，建在同一中轴线上，是一组较大的明清建筑，1979年公布为市级文物保护单位。

最南第一大殿，面阔三间，进深6米，高架两层，歇山飞檐。红漆木楹柱，黄色琉璃瓦，金碧辉煌，蔚为大观。门上匾额，鎏金隶书："泺源堂"。抱厦楹柱，悬挂木刻楹联，乃元代书画家赵孟頫咏《趵突泉》诗"云雾润蒸华不注，波涛声震大明湖"一联，由当代济南书法家金棻书丹。殿前为卷棚式厦檐，楣额透雕云纹、彩亭、禽兽、花卉等图案，显得玲珑古典。殿台临水，为赏看趵突泉景最佳处。中间为二大殿，三楹二层，斗拱错落，红柱绿瓦，熠熠生辉。最北为第三大殿，硬山出厦，古朴无华。

三座大殿外围青砖白粉筒瓦坡顶墙，形成二进院落，东西各设洞门，分别砖刻门额"枕流""漱石"。墙壁饰有花格透窗，与窗外景色相衬，呈现出幅幅图画，那亭亭玉立的雪松、苍老古拙的国槐、飘飘悠悠的翠柳、妖妖艳艳的蜡梅，都被摄入窗内。其余空间，镶嵌着王守仁、王钟霖等明清以来名人咏泉碑刻19方，其中一石碑，前刻清康熙皇帝所书"激湍"二字，后刻乾隆皇帝《再题趵突泉作》诗，为这深幽庭院增添了深厚的文化内涵。

【研学任务】漱玉声中寻词客

1. 相传宋代女词人李清照常在漱玉泉边填词吟诗、梳洗打扮。时光在漱玉声中流淌九百载，其中依稀有少女在浅吟低唱。请把你认为最符合少女李清照心境的诗词吟诵出来，让研学导师（主持人）与小伙伴点评。

任务评价

评价标准 （100）	流利背诵 （30）	富有感情 （30）	普通话标准 （30）	无错字漏字 （10）
评价分数				

2. 漱玉泉北是李清照纪念堂，堂内有李清照手执书卷、若有所思的雕像，旁边有茅盾、叶圣陶、冯沅君、舒同、臧克家、李苦禅等名人书画，文化氛围浓厚。郭沫若在此为李清照题联"大明湖畔，趵突泉边，故居在垂杨深处；漱玉集中，金石录里，文采有后主遗风"。你能根据所见所闻所思所想，为李清照写一副对联吗？

上联：_____

下联：_____

横批：_____

任务评价

评价标准 （100）	字数相等 （50）	符合主题 （30）	词语对仗 （10）	平仄相谐 （10）
评价分数				

内容延伸

1. 漱玉泉

漱玉泉，金代《名泉碑》、明代《七十二泉诗》、清代《七十二泉记》均著录。在柳絮泉东侧，为一长方石砌水池，周饰石雕栏杆。池内北壁镶嵌"漱玉泉"刻石，为济南当代书画家关友声1956年书写。"漱玉"一名由"漱石枕流"（《世说新语·排调》）一词演化而来。相传，宋代杰出词人李清照的《漱玉词》即以此泉命名。

泉南侧为溢水口，由自然石叠砌。泉水从池底冒出，形成串串水泡，在水面破裂，咝咝作响，然后漫石穿隙，跌入一自然形水池中，如同漱玉。这池水面较大，山石驳岸，错落有致。池内又有一泉，簇簇水泡，旋转着慢慢升起，其状如螺，故名螺丝泉。泉水清澈见底，蓄有锦鱼。岸上青松挺拔舒秀，翠竹婀娜多姿。

2．李清照纪念堂

李清照纪念堂在漱玉泉北岸，1959 年在原丁宝桢祠处辟建，1980 年改建。李清照（1084—约 1155 年），号易安居士，济南人，宋代杰出女词人，为词坛"婉约派"代表，词作称"易安体"，对后世影响颇大。

纪念堂为传统四合院民居形式。正面对称构图，四周曲廊，回环错落，变化有致。整个建筑采用宋代风格，取其意而不仿其形，体现了女词人所处时代气氛。

院落大门朝南，前后丹柱，双脊比翼，飞檐翘角。颜额悬木匾，上写"李清照纪念堂"，是当代名作家郭沫若手笔。正厅坐北朝南，歇山飞檐，前为抱厦，侧设耳房，抱柱悬挂郭沫若题写的楹联："大明湖畔，趵突泉边，故居在垂杨深处；漱玉集中，金石录里，文采有后主遗风。"堂内迎门，为李清照塑像，手持书卷，眉宇深锁，若有所思。堂壁上布展茅盾、叶圣陶、冯沅君、舒同、臧克家、李苦禅等名人书画。橱窗内陈列有各种版本的李清照词作，以及海内外学者的研究专著。

东侧曲廊间，建有"叠翠轩"。轩内东壁辟景窗，山水景色，摄入窗内。窗侧壁间嵌当代书法家启功等名人题刻。西廊南端接"溪亭"，取李清照《如梦令》词中"常记溪亭日暮"句意。轩、亭匾额均由当代书法家蒋维崧篆书。

院中清泉潺潺，秀石玲珑，并根据李清照词意，配置各种名贵花木。春天，玉兰映雪，迎春洒金；夏天，海棠滴绿，芭蕉泄翠；秋天，菊花傲霜，金桂溢香；冬天，青松挺拔，修竹潇洒，生机盎然。

第二课时　大明湖

大明湖，位于山东省济南市市中心偏东北处、旧城区北部，是由济南众多泉水汇流而成，湖面 58 万平方米，公园面积 103.4 万平方米，平均水深 2 米左右，最深处达 4.5 米，是繁华都市中一处难得的天然湖泊，与趵突泉、千佛山并称为济南三大名胜，也是泉城济南重要的风景名胜、开放窗口和闻名中外的旅游胜地，素有"泉城明珠"的美誉。

大明湖景色优美秀丽，湖水水色澄碧，是国家 5A 级旅游景区——天下第一泉风景区的核心组成部分之一。2009 年，大明湖荣膺中国世界纪录协会"中国第一泉水湖"称号。

【研学任务】尚记否？大明湖畔辛弃疾

1．济南"二安"，除了易安居士李清照外，就是字"幼安"的爱国词人辛弃疾了。辛弃疾文武双全，忠肝义胆，大明湖畔南岸遐园西侧建稼轩祠来纪念他。参观稼轩祠，了解辛弃疾在文学和武功方面各有什么成就。欣赏祠内当代名人赞颂辛弃疾的诗词字画，和同学讨论人们为什么赞颂辛弃疾。

任务评价

评价标准 （100）	尊重理解 其他同学 （25）	乐于参与讨论 （25）	倾听认真能 抓要点 （25）	表达有条理 语气适当 （25）
评价分数				

2．在稼轩祠中，有许多楹联、诗词，其中不乏名家所作。选择其中你最喜欢的一首词、一副对联，在研学导师（主持人）的讲解下，手书在下方元宫格中。

任务评价

评价标准 （100）	笔画正确 （20）	单字结构准确 （20）	字、行距得当 （20）	版面整洁 （20）	内容完整 无错别字 （20）
评价分数					

【研学任务】行吟秋柳园，飞花明湖边

三百多年前，文坛盟主王世贞在此宴饮天下文人雅士，观柳赏荷，即兴赋诗，挥笔联句，成为文坛一大盛事。三百多年后，柳是当年柳，荷无异于当年的荷，那么人呢？请在研学导师（主持人）的组织下，进行飞花令游戏。

飞花令规则：比赛以小组为单位，在组内决出四名胜出者参加决赛。组内一对一PK，决赛以团队的形式进行两组PK。"令词"由研学导师公布前一周公布，小组赛和决赛的"令词"不同。决赛设必答题和共答题两类，每轮由主持人提出关键字。必答题由代表队成员依次对句（不得重复），直到一选手背不出为止。每一令中对一句，代表队得5分，个人得1分。共答题由代表队选手合作完成，规则同必答题。计分则为每句10分，上场答题者计2分。场上代表队得分最高者为一等奖，个人计分最高者为冠军。

内容延伸

1. 稼轩祠

稼轩祠，在大明湖南岸遐园西侧。占地1400平方米，为纪念南宋爱国英雄、豪放派词人辛弃疾而建。辛弃疾（1140—1207年），字幼安，号稼轩，济南历城人。青年时代，在家乡参加以耿京为首的农民抗金起义军，后历任南宋地方行政长官。为主张抗金，多次上书朝廷，后被贬谪，抑郁而死。其词作与苏轼齐名，并称"苏辛"。著有《美芹十论》《九议》《南渡录》《稼轩词》《稼轩长短句》等。

稼轩祠于1961年由李公（鸿章）祠改建而成，为古代官署型建筑。祠院坐北朝南，南北向三进院落，建在一条中轴线上。大门悬匾额"辛弃疾纪念祠"，为当代陈毅元帅题书。门两侧雌雄石狮各一只。门南为照壁，门内太湖石矗立作障景。左右厢房各三间，北侧为过厅，面阔三间，分别陈列当代名人叶圣陶、臧克家、吴伯箫、唐圭璋等人赞颂辛弃疾的诗词、字画。院内国槐垂荫。

穿过过厅为第二院落，两侧是抄手半壁游廊。北为正厅三间，卷棚顶式，门楣额枋皆饰彩绘，上悬匾额"辛弃疾纪念祠"。楹柱挂对联："铁板铜琶继东坡高唱大江东去，美芹悲黍冀南宋莫随鸿雁南飞。"匾额与楹联皆为当代著名作家郭沫若1959年撰书。厅内迎门处为辛弃疾塑像，四壁挂其生平事迹和名人字画，橱中陈列有关辛弃疾的各种版本的书籍。院内植有青松、银杏及石榴、百日红、月季等花卉。

厅后第三院落，北临湖滨，是游览休息的风景建筑。西廊壁饰有扇面、海棠叶等各种异形窗。北端游廊二层，与"临湖阁"相通。东廊向北依次叠升，直达阁上。每叠平台由假山石堆砌。中段台上建小亭，供登楼中途稍憩。阁为两层，上建凉台，下设茶座，可于内观赏明湖景物。院内秀石玲珑，槐荫铺地，竹影移墙，榴花溢丹。阁北水中七曲石桥，上饰石栏杆，下可通小舟。桥北接"藕亭"，六角攒尖，单檐宝顶，亭桥相衬，亭影浮动，也为明湖一景。

2. 秋柳园

秋柳园，在大明湖东南岸，传说清初王士禛读书的地方。因王氏的佳作《秋柳》诗而得名。王士禛（1634-1711年），清代济南府新城（今桓台）人。字贻上，号阮亭，别号渔洋山人。累官至刑部尚书，为清初文坛盟主，是极负盛名的诗人。著述甚丰，有《带经堂集》等传世。顺治十四年（1657年）八月游历下，与诸名士会饮大明湖"天心水面亭"上。时值初秋，叶始微黄，若有摇落之感，渔洋身置其中，浮想联翩，乃赋《秋柳》诗四章。此四首诗风格独特，震惊当时文坛，一时和者甚众。当时，文人雅士在此处成立"秋柳诗社"，后又建馆舍多间，观柳赏荷，即兴赋诗，挥笔联句，步韵倡和。

如今，秋柳园馆舍及水面亭早已毁圮，然而景色依旧。明湖波光潋滟，园内小溪潺潺，溪上虹桥卧波，湖中荷香四溢，溪岸垂杨披拂，人们常在柳荫下草坪上怀古凭吊，吟诗作文。

三、研学纪律及安全要求

1．交通安全

每班分成若干小组，以小组为单位结伴而行，有序游览，禁止单独行动。组长负责清点人数。如遇特殊情况，及时向老师或辅导员汇报。准时集合，排队上车，礼让同学。乘坐大巴车全程须系上安全带，不得将身体伸出窗外，以免发生意外。遵守交通秩序，穿越马路、岔路口时，确保安全。行进途中要留意各类警告标志，避免发生意外。

2．参观安全

到达游览地后，必须听从辅导员或带队教师安排，牢记集合时间和地点，在规定时间内返回集合地。不得擅自离队或单独行动，不乱购物，不接受陌生人的物品和食品；走路不看景，看景不走路；互相礼让，不要拥挤；切勿到未开放区域、危险区域或无人管理区域游玩；不在崖边或攀爬石头拍照或观景；途中严禁追逐打闹，严禁跑跳。参观时请紧随团体，万一迷失方向，及时联系带队老师。在景点参观时注意保护文物古迹，不要随意刻画，不随地丢弃垃圾，不大声喧哗。

3．住宿安全

抵达驻地时，请宿舍管理员排队到老师处领取钥匙，进到房间先检查冷热水、电设施是否能安全使用，如有问题及时告知本班老师；切不可穿一次性拖鞋进出卫生间房间，洗漱时注意脚下安全；房间内不大声喧哗，节约用水、用电；按时就寝，保证充足的睡眠，带队老师会在每天就寝前查房。

4．饮食安全

安静、文明用餐，节约粮食、不挑食、不霸占食物，做到吃好、吃饱。用餐后将餐具整理归类，送到指定地点整齐码放。如有对食物的特殊要求（如清真饮食），请提前向带队老师说明。不能吃临时摊点上的食物，以防病从口入。

5．财产安全

贵重的证件等物品随身携带，每离开一处景点前检查自己的物品有没有带全。妥善保管好活动中所得到的材料和纪念品。行程途中，大件行李物品整齐码放在行李车中。景点内不购买过于贵重的物品；不在临时摊点购买物品、食物；无购买意图不要随意和商家讨价还价；未经商家许可不随意试用商品。

6．健康安全

自备常用药品，有特殊病史的，如突发性心脏病、哮喘、低血糖、高血糖等，应提前如实说明。最近气候多变，温差很大，一定要做好保暖工作，带好衣物，及时添减衣物。多喝水，多吃蔬菜。饭前便后勤洗手。

7．学习要求

用"好奇、好学、好问、好思、好记"的学习态度参与研学旅行全程。要遵循参观线路，紧跟老师或辅导员，不得单独行动，虚心向身边的老师或辅导员学习请教。随身携带研学手册和笔，随时记录收获、感悟或问题。

提前按照研学手册要求，提前预习研学相关学习资料，按要求把课程中的感受和收获记录下来，研学旅行结束后按时上交学习成果，参加学校成果展示，向全校师生进行交流和汇报。

四、研学评价

本次研学旅行活动结束，请同学们回顾自己在活动中的经历，对研学的过程和收获进行评价，并邀请同伴与带队的老师写下寄语，为此次精彩的研学旅行留下宝贵的记录。

好习惯的养成

项目	评价分项	评价要点	自我评价	同伴对我的评价
养成过程	课程学习	积极主动，勤做笔记，善于发现，不懂就问	☆☆☆☆☆	☆☆☆☆☆
	团队合作	互相信任，有效沟通，平等友善，勇于承担	☆☆☆☆☆	☆☆☆☆☆
	遵守纪律	有时间观念，服从命令，遵守规则	☆☆☆☆☆	☆☆☆☆☆
	文明礼仪	注重仪容仪表，注重仪态举止，注重言谈	☆☆☆☆☆	☆☆☆☆☆
	交通安全	排队上车，系安全带；过马路注意安全，留意各类警告标志	☆☆☆☆☆	☆☆☆☆☆
	作息饮食	室内不喧哗，节约水电，按时就寝；文明用餐，不挑食、浪费，餐后按要求整理餐具	☆☆☆☆☆	☆☆☆☆☆
	参观游览	互相礼让，不拥挤；爱护文物古迹不破坏	☆☆☆☆☆	☆☆☆☆☆

研学收获

学习成果	成果形式	报告、作文、日记、诗歌、PPT等不限	☆☆☆☆☆	☆☆☆☆☆
养成成果	安全意识	遵守交通规则，注重自我保护，知道如何求救	☆☆☆☆☆	☆☆☆☆☆
	良好行为习惯	饮食、作息、学习、沟通、参观	☆☆☆☆☆	☆☆☆☆☆
个人感悟				
同伴留言				
教师寄语				

研学课程提供单位：济南广播电视台研学旅行事业部

研学课程策划人员：李光永　袁晓玲　尹逊鲁　陈依琳

研学课程执行人员：李纲（菠萝哥哥）　　许广虎（大脸猫哥哥）　　初思宁（葡萄姐姐）

　　　　　　　　　　谢晓寒（香蕉哥哥）　　李洋（抱抱龙哥哥）　　宋　硕（松鼠哥哥）

联系方式：手机15300039966（微信同步）

第十部分 基地（营地）活动课程（19 个）

说明：营地活动课程可以与研学实践教育课程相结合，营地活动课程可以调节研学实践教育课程的有关内容，它们之间有互补的关系。根据研学实践教育课程的设计要求，将营地活动课程提升为研学实践教育课程，将是对营地活动课程的进一步完善和提高。

一、营地活动课程名称：组建团队

概述：

这个课程是所有研学课程中必不可少的，通常在导师自我介绍并介绍完研学课程内容之后，就进入组建小队这个程序。

通过小队制度，建立队长负责制，为之后所有课程教学做好准备。

目标：

1. 迅速建立良好的沟通环境。

2. 让学员初步形成团队意识。

3. 快速打破学员之间的隔阂。

4. 营造欢快热烈的竞争氛围。

时间：

30 分钟。

场地：

1. 一块平整开阔的场地（场地要足够大，避免小队之间互相干扰）。

2. 室内外均可。

道具：

1. 音响、麦克、秒表、口哨。

2. 每个小队一只白板笔、一个旗杆、一面纯色彩旗。

任务：

1. 在规定时间内完成选队长、起队名、定口号、写队歌、做队旗、摆造型任务。

2. 队长带队登台进行成果展示。

流程：

1. 分队：将全体学员均匀分成若干小队，每队 5～20 人（12 人左右最佳，尽量不要超过上限或低于下限。如果人数较少，比如只有 20 人，则可分为 6～7 人/队；如果人数较多，比如超过 100 人，则每队可安排 20 人，但不宜再多）。

2. 选队长：通过自愿原则选举各队小队长 1 名（男生）、副队长 1 名（女生）。如果观察到队长有点弱、带动性不强则可采取竞选方式二次选拔（这点非常重要，队长强，老师带队很轻松；反之，队长弱会让老师非常累）；如果小队人数太多、队伍太散则多选举几位队干部，比如纪律委员等。

3．起队名：队名不能重复类似，以两个字为佳，如xx队。

4．定口号：积极、正面、精短、押韵、有力量、朗朗上口、不允许存在宗教及政治色彩。

5．唱队歌：阳刚、励志、有力量、套曲填词，杜绝用国歌及情歌等。

6．做队旗：将队名和口号用白板笔写在旗帜上，所有队员在旗帜上签名；务必强调队旗的重要性，队旗是一个团队士气与灵魂的凝聚，爱惜战旗，坚决不倒。

7．摆造型：小队所有队员摆成个性队形，可踩腿但杜绝举高，注意安全，所有人面部无遮挡，摄像人员注意拍照。

8．小队登台展示：队长持旗上台前介绍本队文化，并带领本队全员摆出个性造型，齐喊小队文化，要求整齐，声音洪亮，有气势（连续三遍为佳）。按此标准PK。

注意事项：

1．导师要做好安全保护工作。

2．有些队伍速度慢，导师要实时督促或进行适当提示。

3．对于好个别不合群或状态不好的学员，导师要及时做好引导及鼓励，严重者转交助教或带队老师，但不宜占用太多时间。

4．导师要掌控好时间及节奏，超时不宜超过5分钟。

二、营地活动课程名称：六种破冰课程

（一）握手课程

1．30秒握完在场所有人的手。

2．1分钟握完所有人的手，简单介绍自己的姓名、单位。

3．2分钟握完所有人的手，同时告诉对方自己的三个信息。

4．不规定时间能随机相互握手，并互相告知三个信息，跟下一个人握手的时候，重复上一个和你握手的人告诉你的所有信息（转换身份）。

（二）身体部位对对碰

1．用老师规定的身体部位互相打招呼。

2．用大拇指、手掌、屁股等老师指定身体部位和全场打招呼，做动作的同时说"hello"。

（三）大家来找碴

1．两人一组，面对面，相互仔细打量1分钟，记住对方的状态。

2．背对背，改变自己3个身体状态（卷袖子、松鞋带，细微变化尽量不露痕迹）。

3．重新回到面对面，找出与之前不同的点。

4．按上述流程再来一轮，要求设置5个不同点……

5．根据团队熟识程度重复2～3轮。

适合：小孩子、亲子游戏。

（四）信任行走（老司机）

1．两人一组，一前一后，前面的人当司机掌握方向盘开车，闭眼睛；后者通过动作指令指示方向，拍左右肩膀为左右转，拍背一次为启动，拍背两次为停止，在课程区域内自由走动，规定时间内不和别的小队剐蹭就算成功。

2．在行走区域放置障碍物（手榴弹），伙伴互换身份，要求走的时候不能撞到障碍物。

3．放置加倍的障碍物，换新的搭档，并且规定固定路线，改用说话当指令而不用动作。

要求：小队之间不能相互剐蹭，也不能碰到障碍物，否则重来。

分享点：刚刚你们是怎么做到的？——相互信任，要让司机很安全很信任你，不撞车。

怎么做到相互信任的——提前沟通方式方法（规定左右转的幅度），表达准确。

做的过程中伙伴有对你说什么窝心的话吗？

（五）认识你真好

1．所有人围成一个圈。

2．起头者喊一个人的名字，同时将球扔向他，不记得名字的可以先给他示意。

3．多准备一些球，同时相互扔。

（六）流星雨

全场散开，每人一球，教练给出喂的指令时，抛出自己的球然后接住，之后扔向别人，被扔中的人需要原地蹲下不动，直到再次被扔中或者捡到周围的球后可以再次动作，一直没被扔中的就可以不停捡球扔别人。

三、营地活动课程名称：动力绳圈

活动课程简介：

凝聚力与向心力（一个高效绩团队的向心力和凝聚力作用）。

操作程序：所有人手拉手围成一圈，松开手，每人握住绳子的一部分围成一个圆，双脚合并，用脚后跟着地，所有人同时向后倒，让一个最重的人在这个绳子上走一圈。走圈的过程中不可以掉下来，否则需要重新开始。

活动课程规则：

1．可让各团队各自组队，每队轮流进行 PK。

2．将拔河绳相接，围成圆环，一组所有队员用双手抓起绳子，在裁判的指导下一起发力，把人和绳子组成一个圆圈，然后另一组的队员依次站上绳圈行走，哪组站上去的人最多则获胜。

活动课程目标：

1．100%的执行力。

2．团队间互相协作。

3．增强自信和自我控制。

4．学习换位思考，更好地理解他人。

5．建立团队内部的信任感，理解信任和承诺的重要性和力量。

6．决不放弃，直到成功为止，克服人性的弱点，为团队目标的实现而努力。

7．侧重于通过一种最合理的人力资源分配来达到最佳的工作效率和获得最好的工作成就。

四、营地活动课程名称：电波速递

课程类别：户外课程。

参加人员：全体人员。

参加场地：秒表。

课程时间：50 分钟。

课程流程：

1．激励小组挑战自我、超越自我。

2．随意在圈中选出一个人，让他用自己的左手捏一下相邻同伴的右手。问第二个人是否感受到了队友传递过来的捏手信号，这里我们把它称为"电波"。告诉大家收到"电波"后要迅速把电波传递给下一个队友，也就是要快速地捏一下下一位队友的手。这样一直继续下去，直到"电波"返回起点。

3．告诉大家你将用秒表记录"电波"跑一圈所需要的时间。然后大喊 "课程开始"，并开始计时。

4．告诉大家"电波"传递一圈所用的时间，鼓励一下大家，然后让大家重新再做一次电波传递，希望这次传递能更快一些。

5．让队员们重复做几次电波传递，记录下每次传递所用的时间。

6．等大家都熟练起来之后，变更"电波"的传递方向，使电波由原来的沿顺时针方向传递变为沿逆时针方向传递。

7．"电波"沿着新方向被传递几次之后，再一次让队员们逆转"电波"的方向，同时让队员们闭上眼睛或是背向圆心站立。

8．在游戏快要结束的时候，为了使游戏更加有趣，悄悄告诉第一个人同时向两个方向传递"电波"，而且不要声张，看看这样会带来什么有趣的效果。

五、营地活动课程名称：数字传递

活动课程简介：

通过肢体语言来传达信息。

人数与时间：

全体学员一起做，当人数较多时，可以分组进行。

时间控制在 20 分钟以内。

场地与物品：

一块平整开阔的场地。

规则及注意事项：

1．大家同向站成一排。

2．整个课程过程中不能说话，双手放于背后，不能用脚画数字。

3．导师叫最后一名学员转身，将写于纸上的数字给他看，从他开始传递。

4．手只能用来拍前方学员的肩膀，示意其转身接受信息，不能用来画数字，前方学员转身后，双手即放于背后。

六、营地活动课程名称：激情传递

课程简介：

根据要求，尽快将皮筋从头传到尾。

人数与时间：

全体学员一起做，或分组竞赛。

时间控制在 20 分钟左右。

场地与物品：

一块平整开阔的场地，室内外均可。

所需物品：牙签若干，皮筋若干。

规则及注意：

1．每队站成一排或围成一个同时面对圆心的圆圈。

2．每人咬住一根牙签。

3．培训师将一根皮筋挂在某队友的牙签上。

4．学员在不得用手的情况下，将这根皮筋用牙签传递，最后一个人，最先完成的小队获胜。

5．传递期间，如果皮筋掉落，则要从第一名队员重新开始传递。

七、营地活动课程名称：找朋友

课程简介：

在规定时间内，每位学员必须找到持有能与自己手中卡片组合成完整的若干名朋友。

人数与时间：

全体学员一起做。

时间控制在 20 分钟以内。

场地与物品：

一块平整开阔的场地，如有屏障最佳。

所需物品：特制的卡片，由若干张卡片能拼成一个完整的图案。

规则及注意事项：

1．在 15 分钟内，找到朋友，组合成一个完整的图案，如果超时未完成，则要进行适当惩罚，如深蹲。

2．不得将所有卡片都集中在一起进行挑选组合，每个人只能手持自己的卡片，寻找朋友。

八、营地活动课程名称：交通堵塞

概述：

这是一个团队合作活动课程，要求学员根据要求改变站位。这个活动课程集思广益，能有效提升学员的领导及配合协作能力。

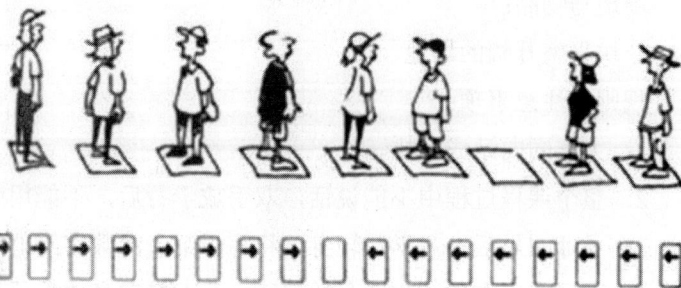

目标：

1．锻炼学员领导能力。

2．培养团队配合及协作能力。

时间：

60 分钟。

场地：

1．一块平整开阔的场地，场地要足够大。

2．室内外均可。

道具：

1．音响、麦克、秒表、口哨。

2．泡沫垫子若干个（或者在平地画方格）。

任务：

用最快的速度完成人员互换。

流程：

1．导师布置场地（根据小队人数，摆放总人数+1 个数量的垫子或画相应数量的 40*40 尺寸的格子，每队一列，同步开始）。

2．将所有队伍进行随机组合，两两比赛。

3．比赛队伍面对面站成一列纵队，每人占一个方格，两队当中空一格。

4．宣读规则。

（1）一个空格中能站一人。

（2）不允许踏出空格。

（3）移动时，只能前进自己相邻的空格，或者隔着一个人跨入旁边一个空格。

（4）整个过程只能前进不能后退。

（5）最终完成两队学员的整体换位，即：第一队的排头学员最终移动到第二队的排尾学员所站的方格里，以此类推；同时，第二队的排头学员最终移动到原来第一队排尾学员所站的方格里，以此类推。

5．交换速度最快的队伍获胜，赢的一方将会获得奖励，输的一方接受惩罚。

6．课程进行：可以多做几轮（不要超过3轮）。

7．为赢家颁发小礼品或让输家表演节目（同课程三：口香糖）。

注意事项：

1．导师要做好安全保护，以防学员摔倒或发生磕碰。

2．导师要掌控好时间及节奏，不宜超过10分钟。

3．对于个别不合群或状态不好的学员，老师要及时做好引导及鼓励，严重者转交助教或带队老师，但不宜占用太多时间。

讨论：

1．为什么输了？

2．问题出在哪里？

3．有没有更好的方法可以迅速通过？

九、营地活动课程名称：一圈到底

概述：

这是一个团队合作活动课程，要求所有学员手拉手围成一圈，用呼啦圈穿过所有人的身体并回到原位。在课程过程中，只能以语言为工具，相互拉着的手不能放开，也不能用手指去勾呼啦圈通过。

目标：

1．锻炼学员合作互助的能力。

2．培养团队配合及协作能力。

时间：

20分钟。

场地：

1．一块平整开阔的场地，场地要足够大。

2．室内外均可。

道具：

1．音响、麦克、秒表、口哨。

2．呼啦圈每队 2 个（大小各 1 个）。

3．没有呼啦圈也可以用长度 1 米左右的绳子打结代替。

任务：

全员用最快的速度穿越呼啦圈（绳圈）。

流程：

1．队长指挥本队队员在指定位置围圈集合。

2．项目演示：

（1）各队都站好圆圈、拉好手之后，任意选一个小组，让其中两个队员松手，把一个呼啦圈（第二轮放两个）套在其中一个队员的胳膊上，让这两个队员重新拉起手（助教同步对其他小队做同样动作）。

（2）现在，让各队沿一个方向依次穿越每位伙伴的身体（第二轮以相反方向传递两个呼啦圈）。为了把呼啦圈传过去，每个队员都需要从呼啦圈中钻过去，如主图所示。呼啦圈重新回到起点后，本轮游戏结束。

3．规则讲解：

（1）手抓或大拇指勾住呼啦圈通过，罚停 5 秒。

（2）手松开，哗啦圈掉地上，罚停 10 秒。

（3）第一轮一个呼啦圈，第二轮大小两个圈。

4．速度最快的队伍获胜，赢的一方将会获得奖励或输的一方接受惩罚。

5．为赢家颁发小礼品或让输家表演节目（同课程三：口香糖）。

注意事项：

1．导师要做好安全保护，以防学员摔倒或发生磕碰。

2．导师要掌控好时间及节奏，超时不宜超过 5 分钟。

3．对于个别不合群或状态不好的学员，导师要及时做好引导及鼓励，严重者转交助教或带队老师，但不宜占用太多时间。

讨论：

1．项目中你看到了什么？

2．如何才能更快地完成穿越？

话术：

各队在原地手拉手围成一个圆。

第一轮：大家可以看到，现在在我们的队伍里有一个呼啦圈，呼啦圈将沿着一个方向进行传递，依次通过我们每位伙伴的身体，一圈之后回到起点，游戏结束。要求在传递过程中，任何伙伴的手不得触碰呼啦圈或帮助呼啦圈通过，将被罚停赛 5 秒，如果手断开，呼啦圈掉到地上，将会被罚停赛 10 秒。

预备，开始。输的一方看情况适当惩罚。

第二轮：大家可以看到，现在在我们的队伍里有大、小两个呼啦圈，大圈以一个方向进行传递，小圈以相反的方向进行传递，两个呼啦圈依次通过我们每位伙伴的身体，一圈之后回到起点游戏结束。同样在传递的过程中，任何伙伴的手不得触碰呼啦圈或帮呼啦圈通过，将会被罚停赛5秒；如果手断开，呼啦圈掉到地上，将会被罚停赛10秒。

通过这个小游戏我们从中看到了一些什么？团结、协作……还有没有？

通过这个游戏让我们大家明白：为了团队的目标，需要团队的每位成员间进行有效的沟通和相互的协作，这样我们的团队才会成为真正的精英团队。在我们的学习和生活中需要我们每一个人去主动地低低头、弯弯腰、抬抬腿、动动嘴，只有这样我们才能成为真正的赢家。

十、营地活动课程名称：团队蹲

活动课程简介：

根据导师的口令，完成深蹲动作。

人数与时间：

至少有四个分组，每组学员人数基本持平。如果只有三组，那么可将每组在再分成两组。

时间控制在15分钟以内。

场地与物品：

一块平整开阔的场地，室外为佳。

规则及注意事项：

1. 各小组站成一排或围成一圈，后者双手搭在前者肩上，位于队首的学员可双手叉腰。

2. 最好统一为两个字的水果名，如苹果、香蕉、桃子等。

3. 每组依次大声报出自己的水果名，报三次。

4. 课程正式开始，导师随意指定一组先开始深蹲，该组齐喊"苹果蹲，苹果蹲，苹果蹲完香蕉蹲"，在喊前两个"苹果蹲"时，该组队员需全体做深蹲，每喊一次做一次。

5. 第二组听到口令后，接着喊"香蕉蹲，香蕉蹲，香蕉蹲完桃子蹲"，依次类推。

6. 被喊到的小组不可以报复的形式，在自己蹲完后，喊前一组再蹲，否则判输。

7. 集体喊话不一致，判输。

8. 被喊到名字时，未集体行动，判输。

9. 未被喊到名字，对内有成员误以为被喊到而深蹲时，判输。

十一、课程名称：从起点到终点

概述：

这是一个关于目标、方法哪个更重要的辩论性项目，项目中将打乱以往分好的各个小队，转而重新依据各自立场重新站位，并为自己的立场进行辩论，最后进行实践、讨论及反思。

目标：

锻炼学员的创新意识和创新能力。

时间：

40分钟。

场地：

1. 一块平整开阔的场地，场地要足够大，有地方坐（草坪也可）。

2. 室内外均可。

道具：

音响、麦克、秒表、口哨。

任务：

辩论目标与方法的相对重要性。

流程：

1．宣导：我们的意愿转变成为目标，为了达到设定的目标，我们会采取不同的方法。那么目标和方法哪个更重要呢？接下来我们探讨一下这个问题。

2．分甲乙双方。认为目标重要的站左边，认为方法重要的站右边。

3．双方准备2分钟，辩论时间10分钟。

4．刚才大家争论得很激烈，那么哪个答案是对的呢？下面我们来做一个游戏，来验证一下。

5．项目演示：设定起点和终点（5～10米）。

6．学员由起点采用各种不同的肢体动作到达终点。学员的动作不能重复，否则将被判爬着退回起点。导师先演示几种姿势，可以走、跑、跳等，学员可以使用导师用过的方法，但用过以后就不能再次使用。（一般学员很快就会有行动）

7．学员大部分到达终点后，会有少部分学员停在起点不愿意行动，他们大都是缺乏方法。导师问已经到达终点的学员是否还有回来的方法（学员会回应有）。如果停留在起点的学员仍旧没有行动，导师可以再次演示通过的姿势。（如盲人、拄拐棍的老人）

8．当所有的学员都到达终点后，导师要求学员再从终点回到起点。

注意事项：

1．导师要确保地面整洁，以防学员摔倒或发生磕碰。

2．导师要掌控好时间及节奏，超时不宜超过10分钟。

3．对于个别不合群或状态不好的学员导师要及时做好引导及鼓励，严重者转交助教或带队老师，但不宜占用太多时间。

讨论：

1．这个游戏好玩吗？

2．为什么你没有走过来？

3．创新对自己来说很难吗？

4．目标明确的人是怎样的一个状态？

5．方法重要的人是怎样的一个状态？

6．成功只能靠自己独有的方法才行的概念，模仿他人的方法是不会取得属于自己的成功的。

十二、课程名称：进化论

概述：

这是一个集体破冰项目，属于群体猜拳游戏，规则简单，可以快速调节气氛，让大家在玩乐中相互熟悉起来，相互更好地沟通。

目标：

1．快速调节整体气氛。

2．让学员在玩乐中快速熟悉起来。

时间：

15分钟。

场地：

1．一块平整开阔的场地，场地要足够大。

2．室内外均可。

道具：

音响、麦克、秒表、口哨。

任务：

披荆斩棘，由鸡蛋成功进化为凤凰。

流程：

1．让所有人都蹲下，扮演鸡蛋。

2．相互找同伴猜拳，或者其他一切可以决出胜负的游戏，由成员自己决定，获胜者进化为小鸡，可以站起来。

3．然后小鸡和小鸡猜拳，获胜者进化为凤凰，输者退化为鸡蛋，鸡蛋和鸡蛋猜拳，获胜者才能再次进化为小鸡。

4．继续游戏，看看谁是最后一个变成凤凰的。

注意事项：

1．导师要做好安全防范，防止学员因过于兴奋而摔倒或发生磕碰。

2．导师要掌控好时间及节奏，超时不宜超过5分钟。

3．对于个别不合群或状态不好的学员导师要及时做好引导及鼓励，严重者转交助教或带队老师，但不宜占用太多时间。

十三、课程名称：口香糖

概述：

这是一个非常具有代表性的破冰热身项目，属于抱团游戏，规则简单，效果显著，稍加改动就可延伸为数十个相类似的项目。本项目要求全体学员参与，根据所下指令要求的部位及数量迅速组合以完成课程，失败则接受惩罚。

目标：

1．迅速使学员熟络起来。

2．提高全体学员的参与热情。

3．达到群体热身的目的。

时间：

20分钟。

场地：

1．一块平整开阔的场地，场地要足够大。

2．室内外均可。

道具：

音响、麦克、秒表、口哨。

任务：

1. 用最快的速度找到指定数量的学员。

2. 用最快的速度将所有学员的指定部位相连。

流程：

1. 所有学员围成一个圆圈站好。

2. 导师站圆中间下口令"向右转""跑步走"，团队以逆时针方向慢跑（导师也要原地慢跑），跑的过程中喊"1-2-1、1-2-3-4、123-4"军事口令，循环 2～3 次，直到声音洪亮整齐。

3. 讲解规则：导师喊"口香糖"，学员们回应"粘又粘""粘什么"（如果声音又小又乱，可以重复前面对话，直到声音洪亮整齐）导师"粘左脚/左腿/耳朵等（只喊一个）"，学员们问"粘几个"，导师"粘 3/5/8 个"（随机喊 1 个数字），学员们根据要求迅速组合，5 秒内没有成功的接受惩罚（不要当场表演，让同学们先记住它们，等课程结束后再一起表演）。

4. 课程进行：可以多做几轮（3～5 轮为宜）多抓几个同学出来。

5. 节目表演：

（1）卡通跳：分为男式和女式，相同的都是跳起时大腿和膝盖要并拢，小腿要分开，就像漫画中的姿势。不同在于：男式的向上跳起时左右脚前后分开，双手自然前后摆，同时嘴里要发出"呦吼"的声音；女式的向上跳起时左右小腿要向两旁分开，双手食指和中指在胸前做"V"的姿势，同时嘴里要发出"耶"的声音。

（2）替罪羊：再次进行抽签，抽到谁，那么你报复的机会就到了，在房间内你可以让他做一件事情。比如：背你绕一圈等。

（3）打死我也不说：课程中其实大家都很想互相了解，可是又因为一些原因而无法深入，所以，给你一个机会，抽到此，那么在座每个人都可以问他一个问题，尽量问吧，必须说实话啊，这可是个好机会啊（注意控制时间）。

（4）模仿秀：输的人，模仿一位自己熟悉的明星或动物的动作、歌声或说话方式。比如：对着整条街学公鸡叫十声。

（5）哭笑不得 ：输的人先大笑 5 秒之后，再大哭 5 秒钟，反复 2～3 次。

注意事项：

1. 导师要做好安全保护工作。

2. 导师要做好裁判（助教及老师辅助抓人）。

3. 输的人可能不好意思表演，导师要学会使用群体压力，但实在不想表演的就不要勉强，以免冷场。

4. 要掌握惩罚程度，不要让学员做一些与年龄不相称的动作或内容。

5. 导师要掌控好时间及节奏，超时不宜超过 5 分钟。

6. 对于个别不合群或状态不好的学员导师要及时做好引导及鼓励，严重者转交助教或带队老师，但不宜占用太多时间。

十四、课程名称：森林大逃亡

概述：

这是一个非常经典的破冰与热身项目，属于角色扮演类抱团游戏，本项目通过分别扮演大树、松鼠、精灵三种角色让所有学员参与进来，依据规则迅速定位自己的角色、抢到自己的位置，反应慢或速度慢的学员将接受惩罚。

目标：

1．迅速使学员之间熟络起来。

2．提高全体学员的参与热情。

3．达到群体热身的目的。

时间：

20分钟。

场地：

1．一块平整开阔的场地，场地要足够大。

2．室内外均可。

道具：

音响、麦克、秒表、口哨。

任务：

1．用最快的速度定位自己的角色。

2．用最快的速度抢到自己的位置。

流程：

1．全部学员站成一个大圈，依次"1-2-3、1-2-3"循环报数，一圈停止，记住自己的数字。

2．将最后一组"1-2-3"落单的1名或2名学员请到圆圈中间，无落单人员则请1名助教或老师客串参与。

3．宣布角色定位：报数为2的学员蹲下张开小手扮演小松鼠，报数为1和3的学员面对面将松鼠夹中间，手掌相对扮演大树，中间落单学员扮演精灵。

4．宣布三条口令："猎人来了"，听到口令，松鼠迅速跑往对面或斜对面的大树底下藏起来，大树保持不动；"着火了"，大树跑，松鼠不动；"地震了"，大树和松鼠都要跑。

5．精灵将喊三条口令中的一种，所有学员听到口令要迅速离开目前位置并抢到自己的新位置，精灵喊完后要迅速抢占其中一个位置，5秒钟内没有找到位置的学员将接受惩罚（不要当场表演，让同学们先记住他们，等课程结束后再一起表演）。

6．讲解规则：

（1）不能待在原地不动。

（2）不能往左右邻居家跑，只能跑到对面或斜对面。

（3）不能两个人或三个人一起跑，必须打散重新组合。

（4）大树与松鼠角色不能互换。

（5）精灵可以变换任何角色。

（6）每个树洞只能有一只松鼠，三人为一组，超员组全员接受惩罚。

（7）不允许发生交通事故（出现人撞人现象）。

7．课程进行：可以多做几轮（3～5轮为宜），多抓几个同学出来。

8．节目表演：同课程——口香糖。

注意事项：

同课程：口香糖。

十五、课程名称：变形虫寻宝

概述：

这是一个关于信任的团队项目，项目中各队学员将在失明、失声的情况下通过重重障碍到达终点。

目标：

1．增强团队成员之间的相互信任。

2．感受团队沟通的新渠道。

时间：

40 分钟。

场地：

1．一块平整开阔的场地，场地要足够大，有适当障碍。

2．室内外均可。

道具：

1．音响、麦克、秒表、口哨。

2．蒙眼罩（可用女士黑色宽松紧发带代替，人手一副）。

任务：

各队在失明、失声的情况下快速到达终点。

流程：

1．各队队长将队伍以纵列面向导师集合。

2．设定起点与终点（50 米左右，保密不公示）。

3．背景设置：我们属于古城探险队的一部分，据说古城位于一个与世隔绝的森林里。古城到处散落有金币、宝石，但沿途有一种植物的花粉会导致人的眼睛失明、声带失声，因此，条件是大家必须答应戴上眼罩，一路上不能做语言交流，但是可以通过其他声音，即肢体语言来传递信息给队友，以确保团队能安全到达目的地。

4．分发蒙眼罩（人手一副）。

5．讲解规则：

（1）所有人前后搭肩组成一条"毛毛虫"，戴上眼罩，停止交流。

（2）所有人失声，禁止说话，否则取消成绩。

（3）除队伍最后一人外全部失明，私自动眼罩则取消成绩。

（4）途中我们将经历钻、跨、上下台阶等动作。

（5）最后一个队员充当向导，负责带领整个团队（暂不告知路径和终点）。

6．讨论时间 5 分钟。

7．比赛开始：各队在起点，告知向导路径和终点（确认向导学员收到），听导师口令同时开始。最先成功到达终点的队伍赢得胜利；赢的一方将会获得奖励或输的一方接受惩罚。

8．课程进行：可以多做几轮（不要超过 3 轮）。

9．为赢家颁发小礼品或让输家表演节目（同课程：口香糖）。

注意事项：

1．导师要确保前进过程中无尖锐物品，以防学员摔倒或发生磕碰。

2．导师要跟随保护，防止学员发生意外。

3．导师要做好裁判（助教及老师辅助监督）。

4．导师要掌控好时间及节奏，超时不宜超过 10 分钟。

5．对于斗志不高的团队，导师要及时做好引导及鼓励。

讨论：

1．项目进行中我们靠什么前进？

2．当你被蒙上眼睛的时候你有一种什么样的感觉？

3．你是否完全相信你得到的信息？

4．在失明、失声的情况下，怎样使团队不至于瘫痪？

十六、课程名称：无敌风火轮

概述：

这是一个既能调动气氛又能激发团队合作激情的课程，课程中，各队成员将利用有限的报纸、胶带，在规定的时间内将报纸粘成一个"风火轮"，全队队员都要站在"风火轮"上，带动"风火轮"前进。经过设计、粘贴完成以后，每个小队会有一定的时间练习，最后所有小队进行比赛，看哪个小队最先达到目标。

目标：

1．锻炼学员合理利用有限资源以达成目标。

2．锻炼学员的领导能力及管理能力。

3．锻炼学员勇于承担责任和自觉改正的精神。

时间：

60 分钟。

场地：

1．一块平整开阔的场地，场地要足够大，避免小队之间互相干扰。

2．室内外均可。

道具：

1．音响、麦克、秒表、口哨。

2．报纸若干（人手一张）、胶带若干卷（每队一卷）。

3．如果没有报纸可以用条幅整体代替。

任务：

1．在规定时间内完成风火轮制作。

2．各队以最快速度带动风火轮到达终点。

流程：

1．各队队长将队伍以纵队集合。

2．给每个队伍发放相同有限的报纸和胶带（报纸人手一张、胶带每队一卷）。

3．在规定的时间范围内将报纸粘成让所有队员站在里面的履带状风火轮；所有队员的脚只允许在风火轮上走动，同时带动整个风火轮的前进。

4．宣读规则：

（1）报纸和胶带资源有限。

（2）制作及练习时间 30 分钟。

（3）行进过程中，必须密切配合，如团队发生内哄相互指责，则成绩无效。

（4）行进过程中，轮带不准断开，否则成绩无效。

（5）行进过程中，所有队员的脚必须踩在轮带上，否则成绩无效。

5．比赛开始：风火轮打造好之后，各队在起点，听导师口令全体进入"风火轮"，并且开始向目标前进。要求前进过程中所有队员的脚不得接触地面，同时风火轮不得断开。最先到达终点的队伍赢得胜利；赢的一方将会获得奖励或输的一方接受惩罚。

6．课程进行：可以多做几轮（不要超过3轮）。

7．为赢家颁发小礼品或让输家表演节目（同课程：口香糖）。

注意事项：

1．导师要确保地面整洁，以防学员绊倒摔伤；在前进过程中，注意保持距离，以免学员相互推搡摔倒。

2．导师要做好裁判（助教及老师辅助监督）。

3．导师要掌控好时间及节奏，超时不宜超过10分钟。

4．对于斗志不高的团队导师要及时做好引导及鼓励。

分享故事【蝴蝶效应】

一只小小的蝴蝶在巴西上空扇动翅膀，一个月后可能在美国的得克萨斯州引起一场风暴。这就是混沌学中著名的"蝴蝶效应"。1960年，美国麻省理工学院教授洛伦兹研究"长期天气预报"问题时，在计算机上用一组简化模型模拟天气的演变。他原本的意图是利用计算机的高速运算来提高天气预报的准确性。但是事与愿违，多次计算表明，初始条件的极微小差异，均会导致计算结果的很大不同。

由于气候变化是十分复杂的，所以在预测天气时，输入的初始条件不能包含所有的影响因素（通常的简化方法是忽略次要因素，保留主要因素），而那些被忽略的次要因素却可能对预报结果产生重大影响，导致错误的结论。由此，洛伦兹认定，尽管拥有高速计算机和精确的测量数据（温度、风速、气压等），也难以获得准确的长期天气预报。

这个故事告诉我们：在实现团队目标过程中，要重视每个成员的作用，否则将影响团队整体目标的实现。

此外，能否顺利实现团队目标取决于团队每个成员进行有效的沟通和密切的配合。

讨论：

1．我们在项目过程中碰到了什么问题？

2．这个项目揭示了什么道理？

3．每个人的任务是什么？

4．哪些因素有助于成功地完成项目？

十七、课程名称：齐头并进

概述：

这是一个锻炼学员团队合作的项目，项目中全体学员的脚将会绑在一起，组成一个大的整体，共同前进或后退，到达终点，实现目标。

目标：

1．锻炼学员在集体中的交流与沟通能力。

2．激发学员的集体荣誉感。

3．培养队员的使命感和责任感。

4．激发队员追求胜利的热情。

5．锻炼队员在团队课程中的付出精神。

时间：

40 分钟。

场地：

1．一块平整开阔的场地，场地要足够大，避免小队之间互相干扰。

2．室内外均可。

道具：

1．音响、麦克、秒表、口哨。

2．绑腿绳（要求柔软、长度合适）。

3．如果没有绑腿绳可以把条幅撕成绳条代替。

任务：

各队以最快的速度到达终点。

流程：

1．各队队长将队伍以横队面向导师集合。

2．给每个队伍发放绑腿绳（人手一根）。

3．宣读规则：

（1）各小队用绑腿绳将左右队员相邻的腿绑在一起（务必提醒系活扣），全队形成一个主体。

（2）要求同步前进或后退，行进过程中有人分离，成绩无效。

（3）行进过程中，中间有人摔倒，成绩无效。

（4）行进过程中，将队员强行架起双脚离地前进，成绩无效。

（5）行进过程中，必须密切配合，如团队发生内哄相互指责，成绩无效。

（6）行进过程中，绑腿绳不准断开或开扣，否则成绩无效。

4．比赛开始：各队在起点，听导师口令向目标前进。要求前进过程中所有队员同步快速前进。最先到达终点的队伍将赢得胜利；赢的一方将会获得奖励或输的一方接受惩罚。

5．课程进行：可以多做几轮（不要超过 3 轮）。

6．为赢家颁发小礼品或让输家表演节目（同课程：口香糖）。

注意事项：

1．导师要做好安全保护，以防学员因为没有抓牢或速度过快相撞而摔倒发生意外。

2．导师要做好裁判（助教及老师辅助监督）。

3．导师要掌控好时间及节奏，超时不宜超过 10 分钟。

4．对于斗志不高的团队导师要及时做好引导及鼓励。

分享故事【火蚁过河】

蚂蚁不会游泳，这是人所共知的。但是在非洲的森林里，一位科学家曾经亲眼看见一群赤红色的火蚁，就在被洪水围困命悬一线的时候，奇迹出现了。当这无情的洪水一步步逼近火蚁的洞穴时，这些火蚁纷纷冲出了洞穴来到了洪水的边缘。开始的时候，有些火蚁想通过自己的能力借用水上的漂浮物乘机解困，但它们很快被洪水冲回了岸，甚至有些被无情的洪水吞食去。水涨得越来越高，剩下给这些小生命的时间也都不多了。这时候，只见在蚁群中有一部分火蚁用自己的触角在不断地召集着自己的伙伴。它们开始互相拥抱在一起，越来越多，最后拥抱成了一个大蚁团，像一个大火球一样。只见这个"大火球"慢慢地滚向洪水，它们在水面滚动着，表面的火蚁因为长期浸在水内，它们慢慢地脱离了蚁团沉入了洪水中，但是其他生还的火蚁还是抱得紧紧的，它们一直被洪水冲到了下流的岸上。它们成功地渡过了洪水，它们用自己的生命来换取整个家族的生命，它们又可以向着它们的生存目标继续前进。

讨论：

1. 一个人成功的喜悦大还是整个团队成功的喜悦大呢？

2. 过程中为什么出现了各种抱怨和埋怨？

3. 我们在团队中到底起什么作用？

4. 我们的言行会在团队中造成什么样的影响？

5. 我们每一个人的成功是建立在团队的基础上的。

6. 队长在哪里，有没有有效地整合自己的队伍？

十八、课程名称：宝藏密码

概述：

是一个关于沟通力的经典项目，项目中全体学员将通过有效的沟通迅速确定目标数字并且以正确的顺序破解全部密码。

目标：

1. 锻炼学员的有效沟通能力。

2. 增强学员的主动合作意识。

3. 增强学员的组织协调能力。

时间：

40～60 分钟。

场地：

1. 一块平整开阔的场地，场地要足够大。

2. 室内外均可。

道具：

1. 音响、麦克、秒表、口哨。

2. 扑克牌 1 副（每副可供四个小队同时进行）。

任务：

各队用最快的速度破解由 13 张同花色扑克牌组成的 13 位数字密码。

流程：

1. 各队队长将队伍以纵列面向导师集合。

2. 画定起点与终点（10 米左右）。

3. 背景设置：我们在各自队长的带领下寻找传说中的宝藏，经过艰苦跋涉，终于找到了预定地点，现在我们需要破解开门的密码方能进入宝藏。

4. 讲解规则：

（1）我们将用同花色的 13 张扑克牌以特定形状摆放在终点位置，模拟宝藏的 13 位密码（如果每队学员人数多于 13 人可挑选 1～2 位做裁判）。

（2）所有扑克牌顺序打乱，背面朝上，确保公平公正。

（3）各队队员以接力赛的形式依次到达终点破解密码。

（4）起点与终点之间每次只允许一位队员展开作业。

（5）每次作业每位队员只允许破解一位密码（只能动一张牌）。

（6）破解成功则正面朝上放于原位置，若破解错误则将牌原地扣下返回。

（7）破解错误未原地扣下就返回，则下一位接力队员只能将错误数字扣下返回，不得开展新的破解工作。

（8）不得抢跑、不得手机拍照。

5．讨论时间5分钟。

6．比赛开始：各队在起点，听导师口令同时开始。要求各队以最快的速度进行密码破解工作，最先破解成功的队伍将赢得胜利；赢的一方将会获得奖励或输的一方接受惩罚。

7．课程进行：可以多做几轮（不要超过3轮）。

8．为赢家颁发小礼品或让输家表演节目（同课程：口香糖）。

注意事项：

1．导师要确保地面整洁不湿滑，周边无棱角桌椅，以防学员摔倒发生磕碰。

2．导师要做好裁判（助教及老师辅助监督）。

3．导师要掌控好时间及节奏，超时不宜超过10分钟。

4．对于斗志不高的团队，导师要及时做好引导及鼓励。

讨论：

1．项目挑战中我们有没有沟通？

2．我们是如何沟通的？

3．过程中队长是什么角色？应该怎么做？

十九、课程名称：驿站传书

概述：

通过肢体语言来传达信息。学员分成若干小队，然后每个小队会得到一组密码，要求在短的时间内，将密码传递给小队其他的人，以时间和准确性两项为评定指标，获胜小队将得到一定的奖励。

目标：

锻炼学员的沟通与理解能力。

时间：

30分钟。

场地：

1．一块平整开阔的场地，场地要足够大。

2．室内外均可。

道具：

1．音响、麦克、秒表、口哨。

2．A4纸一张、笔一支。

任务：

准确迅速将信息传递至最后一名队员。

流程：

1．各队队长将队伍以纵列背向导师集合。

2．要求整个课程过程中不能说话，双手放于背后，不能用脚画数字。

3．导师叫最后一名学员转身，将写于纸上的数字给他看，从他开始传递。

4．手只能用来拍前方学员的肩膀，示意其转身接受信息，不能用来画数字，前方学员转身后，双手即放于背后。

5．最后一名伙伴收到信息确认后举手，速度快并且准确的队伍获胜，赢的一方将会获得奖励或输的一方接受惩罚。

6．课程进行：可以多做几轮（不要超过3轮）。

7．为赢家颁发小礼品或让输家表演节目（同课程：口香糖）。

注意事项：

1．导师要掌控好时间及节奏，超时不宜超过5分钟。

2．对于个别不合群或状态不好的学员导师要及时做好引导及鼓励，严重者转交助教或带队老师，但不宜占用太多时间。

讨论：

1．为什么正确答案没有传递过来？

2．问题出在哪里？

3．有没有更好的方法可以迅速传递正确信息？

第十一部分　研学实践（旅行）标准文书

第一节　学校致家长的告知协议书

学校研学实践（旅行）教育致学生及家长的一封信

尊敬的家长：

本学期我校为贯彻教育部等 11 部门印发的《关于推进中小学生研学旅行的意见》文件精神，并结合我校的教育教学需要，现拟组织_____年级学生赴_____开展研学实践（旅行）教育课程。

研学实践（旅行）教育是由教育部门和学校有计划地组织安排，通过集体旅行、集中食宿方式开展的体验式和研究性学习相结合的校外教育课程，是学校教育和校外教育相衔接的创新形式，是教育教学的重要内容，是研学实践育人的有效途径。研学实践（旅行）教育通过现场教学的方式，充分发挥学生的学习积极性，从而激发学生的学习兴趣，使"要我学"变为"我要学"。据此，根据教育部门的文件精神，我校把研学实践（旅行）教育纳入教学计划并将其作为研学实践教育课程，学生在研学实践（旅行）教育中的表现、学习成果等将成为研学实践教育课程学分的重要考量标准。

在本次研学实践（旅行）教育中，我校为主办方，_____研学实践（旅行）教育服务机构为承办方。该研学实践（旅行）教育服务机构的教育课程，是我校通过"研学实践（旅行）教育服务接待采购项目"的招标/比选的形式采购而来的。该研学实践（旅行）教育服务机构具有国家法律法规要求的从事服务于研学实践（旅行）的全部资质，并且具有 X 年的研学实践（旅行）服务业绩和经验。该研学实践（旅行）教育服务机构的基本信息如下：

研学服务机构全称			
成立时间		组织机构代码	
联系人		联系人电话	
有无重大责任事故或投诉			
以往合作学校：			

本次研学实践（旅行）教育课程，学生自愿选择参加，费用自理。本次研学实践（旅行）教育课程具体内容如下：

一、研学主题课程：_____

二、研学目标：_____

三、研学时间及住宿标准：202____年____月___日至____月___日，全程___天，酒店/公寓等住宿标准：_____、共计_____天。

四、研学地点：_____（课程及住宿城市名称）。

五、研学内容

日期	时间	研学地点	课程题目	适合学科	课程简介	课程目标
	上午					
	下午					
	晚上					

（详细课程安排，报名缴费时另附，以研学出发通知或研学手册上所列为准）。

六、研学评价

本次研学实践（旅行）教育课程，结合我校的考核标准及学生在研学中的表现、学习成果等，并通过承办单位的研学评价体系进行评价，综合核算本次研学课程学习学分。同时，研学实践（旅行）教育服务机构___依据学生在研学实践（旅行）教育中展现出的体验参与性、探究性及学科兴趣、综合素质特长等，引导学生进行学科选课，帮助学生科学地认识自己、了解社会。

如学生因故不能参加此次课程，本校将另行安排校内课程内容，以完成研学实践教育课程测评。

七、研学费用

1. 本次研学实践（旅行）教育课程的费用为：_____元/人。其中包括：

学生参考分项报价						
	项目名称	报价（元/人）	项目名称	报价（元/人）	项目名称	报价（元/人）
旅行费用部分	火车、飞机		住宿费		餐费	
	租车费		场地（门票）		老师、导服费	
	研学意外险		税费		操作费	
研学课程费用部分	课程体验费（课时）		课程材料费		课程设计费	

2. 缴费原则，本次研学实践（旅行）教育的费用，出行前由_____研学实践（旅行）教育服务机构收取（或由学校代收代缴的方式收取费用），课程结束后按实际发生结算，多退少补。报名、缴费、签约方式及时间，另行通知。

八、报名须知、研学实践（旅行）教育纪律要求、安全告知（详见研学出发通知或行前说明会的内容或者研学营员手册）

（一）报名须知

1. 此次课程我校委托_____研学实践（旅行）教育服务机构承办，由学生及其家长（监护人）自行与研学实践（旅行）教育服务机构签署《研学合同》，双方建立合同关系。出发前请务必按要求完成签约工作，以保障双方合法权益。

2. 此次校外研学实践（旅行）教育课程时间较长，对体力及身体有一定要求，请报名时如实填写个人信息及身体健康状况，如实告知与研学课程相关的个人健康信息，包括但不限于心脏病、呼吸疾病、过敏、癫痫、传染病、骨伤痊愈未满一年、特异体质、精神疾病等不宜参加研学实践（旅行）教育的疾病或者异常状况，并对其真实性负责。因未如实填写，隐瞒信息造成学生及第三人人身损害或者财产损失的，学生及家长（监护人）应承担相应责任。

3. 在研学实践（旅行）教育中，学生需服从带队老师、研学实践教育师、安全员、导游等人员的管理、指挥和劝告，遵守纪律和相关法律法规。如有违反有关规定影响研学实践（旅行）教育课程的实施或损害他人利益的，我校及带队老师有权终止违规、违纪、违法学生研学实践（旅行）教育，并责成家长（监护人）将学生接走，由此产生的费用由学生及家长（监护人）自行承担。

（二）研学实践（旅行）教育纪律要求

1. 请家长协助本校及研学实践（旅行）教育服务机构对孩子进行安全教育，重点关注人身及财产安全的自律保护。

2. 学生在研学实践（旅行）教育中应当遵守法律法规、公序良俗、本校的校规校纪、《中小学生日常行为规范》、研学实践（旅行）教育纪律等，尊重研学目的地的风俗习惯、文化传统。

3. 研学实践（旅行）教育中，学生应当听从研学实践（旅行）教育服务机构研学实践教育师、安全员、管理人员、学校带队老师的安排和管理，不得私自离队离班。

（三）安全告知

1. 研学实践（旅行）教育课程地点可能涉及高山、湖泊、江河、海边、沙漠、城市街道、火车站、飞机场等公共场所，请家长务必提醒学生在上述地点课程时，遵守本校及研学实践（旅行）教育服务机构的安全管理要求。

2. 研学实践（旅行）教育可能采用汽车、火车、飞机、景区内小交通、缆车等交通方式出行，请家长务必提醒教育学生乘坐上述交通工具时遵守本校及研学实践（旅行）教育服务机构的交通安全管理要求。

3. 研学实践（旅行）教育的课程主要以室外课程为主，研学实践（旅行）教育目的地气候可能炎热、闷热、寒冷、潮湿等，天气可能存在沙尘暴、暴雨、台风等恶劣天气状况，请家长（监护人）务必密切注意目的地的天气预报、本校及研学实践（旅行）教育服务机构的提醒，为学生准备相应衣物并提醒学生根据天气情况进行更换。如果学生对温度敏感或存在过敏病史等，报名时应当主动告知本校及研学实践（旅行）教育服务机构，经同意后方可报名。

4. 根据研学实践（旅行）教育的安排，课程住宿可能会安排在火车、飞机、酒店、学生公寓、帐篷内等，请家长务必提醒学生在住宿时关好门窗，遵守本校及研学旅行服务机构的住宿安全管理要求。

5. 研学实践（旅行）教育课程的用餐地点会安排在餐厅、酒店、户外，请家长务必提醒学生用餐时不得暴饮暴食，不得私自在外用餐，注意饮食卫生，遵守本校及研学实践（旅行）教育服务机构的用餐安全管理要求。学生如有饮食禁忌或饮食过敏等情况，报名前请如实告知研学实践（旅行）教育服务机构。

6. 按照研学合同，学生从学校出发至完成研学实践教育课程返回学校之间的一切责任和义务由研学服务机构承担，请认真阅读合同；如果发生问题学校将协助解决，但不承担人为等责任和损失。

7. 其他提示：＿＿＿＿＿＿＿＿＿＿＿＿＿＿＿＿＿＿＿＿＿＿＿＿＿＿＿＿＿＿

请您和学生在阅读全文后，根据自身意愿填写回执，请于＿＿＿年＿＿月＿＿日上午10点前将回执交予班主任。谢谢您的大力支持与配合！

祝您工作顺利！

×××学校

年　月　日

×××学校研学实践（旅行）教育课程致学生及家长的一封信回执

年级：_____ 班级：_____ 姓名：_____

已阅读研学实践（旅行）教育家长信全文，知道并理解信内说明事宜！能（否）来参加此课程（有特殊情况或特殊身体状况请注明）		参加	不参加
研学主题			
实施地点		实施时间	
备注：			
学生签名： 　　　　　年　月　日		家长签名： 联系电话： 　　　　　年　月　日	

第二节　学校委托研学承办服务机构的协议书

研学实践（旅行）教育课程委托合同

委托方（学校）：＿＿＿＿＿＿＿＿＿＿＿＿＿＿＿＿＿＿＿＿＿＿＿＿

受托方（研学承办服务机构）：＿＿＿＿＿＿＿＿＿＿＿＿＿＿＿＿＿＿

根据《中华人民共和国教育法》《中华人民共和国未成年人保护法》《教育部等 11 部门关于推进中小学生研学旅行的意见》（教基〔2016〕8 号）《中华人民共和国旅游法》等有关法律法规的规定，委托方为了落实教育主管部门制订的教学大纲、教育计划及教学与社会实践相结合的研学实践教育目的，在委托方与受托方平等自愿的基础上，就双方合作实施学生研学实践（旅行）教育计划、提供以教育为核心的研学实践（旅行）服务等事宜达成如下协议。

第一条　受托方资质、资格与资历

受托方应当具有参与委托方研学实践（旅行）教育服务教育、接待、采购项目的比选或投标资格；委托方采用比选或招标的采购形式，确定研学实践（旅行）教育项目的中标方为受托方；受托方应具有国家法律法规规范性文件规定的从事教学、提供旅行元素服务的资质，在省（市、自治区、直辖市）教育主管部门或文化和旅游部门指定的银行缴存有＿＿＿＿＿万元教育服务质量保证金，所购买的企业责任保险期限均在本合同期限内；受托方已有＿＿＿＿＿年的研学实践（旅行）教育服务业绩与经验，主要客户有：（可以清单附后）＿＿＿＿＿＿＿＿＿＿＿＿＿＿＿＿，主要研学实践（旅行）教育服务课程有：（可以清单附后）＿＿＿＿＿＿＿＿＿＿＿＿＿。

第二条　委托方与受托方的关系

1．委托方作为研学实践（旅行）教育课程的主办方，依据《教育部等 11 部门关于推进中小学生研学旅行的意见》（教基[2016]8 号）的规定及教育主管部门研学实践教育课纲的要求，制订或提出具体研学课程的标准和要求，并监督研学课程与实施计划的设计与落实；受托方作为研学实践（旅行）教育的具体承办方，按照委托方的标准和要求，协助委托方研发设计研学课程及实施计划，并予以具体落实和实施，为学生提供研学实践（旅行）教育课程的教学、旅行元素的接待服务。

2．委托方与受托方就研学实践（旅行）教育的具体委托事项，均以双方届时签署的《研学实践（旅行）教育确认单》为准。该《研学实践（旅行）教育确认单》为本合同的组成部分。

第三条　服务费用及出行人数

1．委托方与受托方就每个研学实践（旅行）教育课程团队的教育服务费用及参加研学的人数，以《研学实践（旅行）教育确认单》约定的最终金额为准。

2．教育服务费用包含以下内容：研学实践（旅行）教育活动课程、教学实施计划（方案）、研学营员手册、教具等实施费用、具体接待费用（包括长途交通、食宿、短途车辆、研学实践教育师、安全员、导游/领队、参观游览体验门票费用、消耗器材使用费等），上述费用以《研学实践（旅行）教育确认单》为准。

3．委托方在《研学实践（旅行）教育确认单》中承诺的每个团队（班级）最低参加研学实践（旅行）教育课程的实际学生人数。如实际报名人数低于约定时间内的报名人数，受托方有权调整每个参加研学实践教育学生的费用或通知委托方取消该次研学实践（旅行）教育课程、有权解除与学生及家长签署的《研学实践（旅行）教育课程合同》，受托方退还全部研学费用。

4. 收、付款时间及方式：_____。

（1）委托方收款：委托方按照约定的时间向受托方支付/转付服务款项。

（2）受托方收款：受托方与家长和学生完成合同签订后，进行收款工作，完成收款工作立即将明细报于委托方，并在《研学实践（旅行）教育确认单》中注明。

受托方户名：_____

账号：_____

开户：_____

受托方收到委托方或家长和学生的研学款后，必须开具合格的税务发票。

委托方或学生及家长未如约及时向受托方支付教育服务费用的，受托方有权拒绝接待，由此造成损失由学生及家长承担。受托方已接待的，按照研学承办服务机构与家长和学生签订的合同，受托方向学生及家长收取教育服务费用及违约金。

5. 每20位（含）学生为1个研学实践教育团队。

委托方为每个研学实践（旅行）教育团队（班级）委派研学实践（旅行）教育课程带队老师至少1名。带队老师随团队参加研学课程代表委托方监督并协助受托方履行《研学实践（旅行）教育课程合同》内容，协助受托方管理学生。带队老师所发生的交通、住宿、就餐、门票等费用由受托方支付，与学生研学实践（旅行）教育服务费用无关。

受托方为每个研学实践（旅行）教育团队至少委派负责研学实践（旅行）教育课程的研学实践教育师1名、安全员1名，全程负责研学实践（旅行）教育课程的教学、管理、后勤保障等工作的管理师1名。

特种情况下的研学人员配比，委托方和受托方协商后，经家长和学生同意签字后实施。

第四条 双方业务确认方式

1. 委托方指定的研学总负责人为：_____

指定的电子邮箱地址为：_____

其他约定方式：_____

经该负责人及联系方式确认的信息均代表委托方，该行为后果均由委托方负责。

2. 受托方指定的研学总负责人为：_____

指定电子邮箱地址：_____

其他约定方式：_____

经该负责人及其联系方式确认的信息均代表受托方，该行为后果由受托方负责。

在本合同有效期内，一方需要变更负责人的，应当于变更当日书面通知另一方，否则由此产生的全部后果均由变更方承担。

第五条 委托方权利义务

1. 作为研学实践（旅行）教育课程的主办方，应明确研学实践（旅行）教育课程主题、研学实践（旅行）教育的目的、研学课程要求等。

2. 按照《教育部等11部门关于推进中小学生研学旅行的意见》（教基〔2016〕8号）及研学课纲的要求制订或提出研学实践（旅行）教育课程的内容要求及方案。

3. 应将研学实践（旅行）教育课程的内容要求及方案提前＿＿＿＿日告知受托方，双方协商制订研学实践（旅行）教育课程计划。

4. 委托方和受托方确认《研学实践（旅行）教育确认单》后，受托方提供、委托方负责向家长分发《研学实践（旅行）教育课程致家长的一封信》，告知学生及家长参加研学实践（旅行）教育课程的必要性、行程内容、受托方信息、需要签订的研学实践（旅行）教育课程合同及交纳服务费用等。

5. 应当协助受托方与参加研学实践（旅行）教育课程的学生及家长签订书面《研学合同》书等文件，负责协助受托方以召开行前说明会等形式告知学生及家长与研学实践（旅行）教育课程相关的信息、研学注意事项、安全须知等。

6. 应当按照双方《研学实践（旅行）教育确认单》约定协助受托方及时足额收取研学教育服务费用。

7. 应确保参加研学实施的带队老师自身身体条件适合参加研学实践（旅行）教育课程的要求，将参加人员健康状况书面告知受托方。

8. 要求参加研学的学生及带队老师妥善保管自己的行李物品，随身携带的现金、有价证券贵重物品，不在行李中夹带。

9. 要求参加研学的人员应尊重目的地的宗教信仰、民族习惯和风土人情。

10. 委托方及带队老师有权维护学生的合法权益，有权对受托方及工作人员提供的研学教育服务等是否合法，以及服务质量是否符合本合同的约定进行监督，有权及时纠正受托方的违法违约行为。

11. 委托方及带队老师应当履行带队职责，协助并与受托方共同对学生进行教学管理，要求其严格遵守研学纪律，协助受托方按课程计划准时上下课，自觉遵守课堂秩序。

12. 委托方及带队老师与受托方共同对参加研学的学生进行生活管理，明确研学纪律，如发现学生违纪应当告知受托方或其工作人员并及时纠正。如学生严重违反《中小学生守则》《中学生日常行为规范》及研学纪律，委托人及带队老师应当配合受托方要求学生终止继续参加研学课程，并协助受托人通知学生监护人将学生接回。

13. 研学实施过程中，如遇不可抗力或者研学承办服务方、研学服务供应方已尽合理注意义务仍不能避免的事件等情况，影响研学计划的实施，带队老师作为委托方代表和学生及家长利益的维护者，应与受托方配合，及时做出解除、变更课程安排的决定。

14. 委托方及带队老师配合受托方，应对重大突发事件暂时限制研学旅行课程的措施，以及有关部门或者研学实践（旅行）教育服务机构采取的安全防范和应急处置措施。

15. 委托方及带队老师在研学实践（旅行）教育课程中，应与研学服务机构共同采取措施防止研学实践（旅行）教育课程各方损失的扩大。

16. 委托方应当购买校方责任险，并告知参加研学实践（旅行）教育课程的学生购买学平险，或学校统一为学生办理全年的学平险。

第六条　受托方权利义务

1. 作为研学实践（旅行）教育课程的承办方，与委托方签订《研学实践（旅行）教育委托合同》，按照委托方教育课纲、教学计划安排及研学实践（旅行）教育课程的要求，协助委托方或按照委托方的要求研发、设计研学实践（旅行）教育活动课程、课程实施计划（安排）、研学课程目标内容、研学营员手册等，并承担委托方的责任和义务。针对不同学段的特点，结合中小学生教育教学计划，课程编写要具有：

（1）可行性。课程主题要具有新奇性、趣味性、启发性和实践性，既有一定的难度，又是学生经过努力能达到的。

（2）源于学生生活。学生感兴趣的事物或关注的焦点问题，并且有探究价值、能促进学生发展的问题。

（3）指向现实。选题对学生自身、家庭、学校、社会具有实际意义，并需要考虑本地、学校可利用的教育教学资源或社会资源。

课程实施计划（安排）编写要具有明确、有益、适当、周密的特点。确定研学实践（旅行）教育课程内容与教学方式等，具体课程安排见《研学实践（旅行）教育确认单》。

2. 受托方应当按照双方确定的《研学实践（旅行）教育确认单》提供研学的教学、安全、后勤保障等服务，包括但不限于：＿＿＿＿＿＿＿＿＿＿＿＿，具体内容以双方确认的《研学实践（旅行）教育确认单》为准。

3. 在委托方安排下，做好学生及家长的研学实施前的培训等工作，提供相关资料并参加委托方以书面形式将研学实践（旅行）教育相关的信息、研学注意事项、安全须知、研学手册等告知学生及家长。

4. 按照双方确定的研学实践（旅行）教育教学计划，与学生家长签订《研学实践（旅行）教育课程合同》，并按照约定收取费用。

5. 根据研学实践（旅行）教育课程内容，落实教育教学计划，按照《中华人民共和国教育法》《成人教育培训服务三项国家标准》要求安排经过教育系统培训合格的研学实践教育师、安全员和视情安排具有导游资质的人员实施研学实践（旅行）的教育服务，提供有针对性、互动性、趣味性、启发性和引导性的综合教育服务。

6. 根据研学实践（旅行）教育课程安排，协调并配备相应的教育辅助设施设备，如电脑、多媒体、各类体验性的教育设施或教具等。

7. 参加学校组织学生到图书馆或者互联网先行查询与即将开展的研学实践（旅行）教育活动课程有关的资料，为研学履行做好准备。

8. 执行研学实践（旅行）教育课程团队纪律，组织学生积极有序地学习游览，有权按照约定和授权对学生违反研学纪律的行为进行处置。如学生严重违反《中小学生守则》《中学生日常行为规范》及研学纪律，受托方有权要求学生终止继续参加研学课程，并通知学生的监护人将学生接回，学生的监护人承担由此产生的全部费用。如学生监护人接到受托人通知但拒绝或者未及时将学生接回，受托人可委派工作人员将学生送至合理安全地点，由此产生的全部费用由学生监护人承担。

9. 参加学校对学生的研学实践（旅行）教育活动课程成绩进行考察评定。

10. 本合同生效后，根据需要及时向委托方提供书面《研学实践（旅行）教育确认单》。《研学实践（旅行）教育确认单》应当包含如下内容，受托方应就下列内容向学生及家长做出明确说明：

（1）研学的出发地、途经地、主要目的地、结束地，课程路书和具体安排（按自然日计算，含乘飞机、车、船等在途时间，不足 24 小时以一日计）；

（2）研学承办服务机构委托的供应方的名称、地址、联系人和联系电话；

（3）交通服务安排及其标准（明确交通工具及档次等级、出发时间以及是否需中转等信息；如短途交通工具为汽车时，要提供车辆安全检查负责人和驾驶人姓名）；

（4）住宿服务安排及其标准（明确住宿饭店的接待标准，应当注明是否有空调、热水、独立卫生间等相关服务设施，以及室外住宿条件等）；

（5）用餐（早餐和正餐）服务安排及其标准（明确用餐次数、标准）；

（6）研学服务机构统一安排的教育教学课程及游览项目的具体内容及时间：明确研学实践（旅行）教育课程路线内容，包括教育教学课程、景区点及游览项目名称等，教育教学课程开展的最少保障时间，教育教学课程时间不得低于总课程时间的 60%。

11．按照本合同约定，收到委托方关于《研学实践（旅行）教育确认单》改进或调整建议的书面通知之日起＿＿＿＿＿日内，与委托方就《研学实践（旅行）教育确认单》是否修改以及具体修改方案进行沟通。甲乙双方达成一致的，受托方应当向委托方提供书面最终《研学实践（旅行）教育确认单》。最终《研学实践（旅行）教育确认单》经甲乙双方授权委托人签字之日生效。生效的最终《研学实践（旅行）教育确认单》作为本合同附件，与本合同具有同等法律效力。

12．应当于研学出发前与实际参加研学实践（旅行）教育课程的学生及家长签订书面《研学实践（旅行）教育合同》等相关文件。

13．按照本合同和《研学实践（旅行）教育确认单》约定的内容和标准，为学生提供服务，不擅自变更或取消研学实践（旅行）教育课程行程安排。

14．向合格的、特别是依据教育行业第三方认证的以及符合《成人教育培训服务三项国家标准》并经教育行业直属直管的协会测评授牌的研学供应商订购课程、基地和服务等。

15．在研学出发前如实告知具体研学计划安排和有关具体事项，具体事项包括但不限于所到研学实践（旅行）教育课程目的地的重要规定、风俗习惯；研学实践（旅行）教育课程中的安全注意事项和安全避险措施、学生不适合参加研学实践（旅行）教育活动课程的情形；受托方依法可以减免责任的情形；应急联络方式以及法律、法规规定的其他应当告知的事项。

16．妥善保管学生交其代管的证件、行李等物品。

17．为学生发放安全信息卡（包括学生的姓名、血型、应急联络方式等）。

18．学生人身、财产权益受到损害时，应当采取合理必要的保护和救助措施。

19．积极协调并处理研学过程中的各种纠纷。

20．提示学生及家长投保人身意外伤害保险、学平险。

21．依法对学生、家长个人信息保密。

22．研学实践实施过程中家长要求解除合同的，经学校带队老师书面同意后，配合学生家长将学生接走，费用由学生家长承担。

23．按照合同约定要求，全面完成研学实践（旅行）教育课程和研学实践（旅行）教育课程计划。

24．非因受托方原因，导致学生及带队老师搭乘飞机、轮船、火车、长途汽车、地铁、索道、缆车等公共交通运输工具时受到人身伤害和财产损失的，受托方有义务参加并主动与委托方一起向提供上述服务的供应方索赔，因供应方的采购是由受托方承办单位负责的，因此供应方有义务承担法院判决后的先期赔偿责任。

25．受托方对研学学生及带队老师承担安全责任，因受托方原因造成研学学生及带队老师在住宿、交通、研学等服务过程中遭受的任何损失，受托方须积极处理并承担相应责任。研学学生及带队老师在受托方安排服务行程外遭受的人身损害及财产损失的，不属于受托方责任范围，但受托方有义务协助研学学生及带队老师解决。

26．受托方为实现研学实践（旅行）教育专业服务的目的，有权委托第三方提供研学实践（旅行）教育过程中的一项或多项服务，受托方在投标中可以使用委托的第三方服务机构的部分资质，但应对该项转委托服务的质量负责并承担责任。

27．受托方应当购买企业安全生产责任险，有权将研学中的旅行元素的企业保险和业务委托有资质的第三方实施，并为参加研学实践（旅行）教育课程的学生购买研学意外保险。

第七条 合同的变更

1．委托方和受托方协商一致的，可以变更本合同内容。

2．除不可抗力外，委托方单方变更合同的，应当依法承担违约责任，且研学费用不予退还，由此增加的费用由委托方承担。

3．除不可抗力外，受托方单方变更合同的，应当依法承担违约责任，已收取且未发生的费用应当全额返还，如发生与合同不一致的费用由受托方依法承担违约责任。

4．因委托方原因需要变更《研学实践（旅行）教育确认单》的，委托方应当取得受托方的同意。受托方同意变更的，受托方按照与学生及家长签署的《研学实践（旅行）教育合同》的约定，增加费用的由学生及家长承担，减少费用的，在扣除必要费用后，将未消费的余款退还给学生及家长。必要费用中研学课程设计费、研学营员手册策划设计费、组织管理操作费等数额，以此前委托方向受托方的报价为准。

第八条　合同的解除

1．委托方和受托方协商一致的，可以解除本合同，本合同解除后不再对双方具有法律效力。

2．本合同中的任何一方严重违反合同的约定，守约方有权在违约方违反合同约定之日起三十日内解除合同。守约方解除合同的通知送达违约方之日起发生法律效力，违约方拒绝接受解除通知的，不影响解除通知的效力。

3．因委托方原因导致《研学实践（旅行）教育确认单》解除的，受托方按照其与学生及家长签署《研学实践（旅行）教育合同》的约定，扣除必要费用后，将未消费的余款退还给学校或者学生及家长。必要费用中研学实践（旅行）教育课程设计费、操作费数额，以此前委托方向受托方的报价为准。

第九条　不可抗力

甲、乙双方因自然灾害，如台风、洪水；社会异常事件，如罢工、骚乱；政府行为等不可抗力不能履行合同的，由此而产生的责任部分或者全部免除，所有已经发生的费用，不予退还。但法律另有规定的除外。

第十条　违约责任

1．委托方负责收款时，违反约定逾期支付或不支付费用，每逾期一日应向受托方支付当次研学服务费用总额的 0.1% 的违约金。

2．本合同期限内，在单次的研学实践（旅行）教育课程过程中，受托方因教育等服务质量问题受到学生及家长的有效投诉（此处"有效投诉"指经核实，有证据证明受托方确实存在教育等服务质量问题，应当承担法律责任的投诉）达三次以上，委托方有权解除本合同。

3．因委托方原因，产生的研学实践（旅行）教育承办方服务机构与学生及家长之间的纠纷，委托方应协调解决；因受托方原因，产生的研学实践（旅行）教育服务机构与学生及家长之间的纠纷，由受托方负责解决，委托方协助解决并不承担责任。

4．因受托方原因，未按照《研学实践（旅行）教育确认单》实施研学实践（旅行）教育课程，其双倍赔偿学校、学生及家长。

第十一条　争议解决

本合同在履行中如发生争议，双方应协商解决，协商不成，委托方和受托方均可向委托方所在地有管辖权的人民法院起诉。

第十二条　合同期限及效力

1．本合同有效期为＿＿＿年，自＿＿＿年＿＿＿月＿＿＿日起至＿＿＿年＿＿＿月＿＿＿日止。

2．本合同经委托方和受托方双方负责人签字并加盖公章之日起生效。一式＿＿＿份，附件为本合同的组成部分，双方各执＿＿＿份，具有同等效力。

3．本合同到期后，如双方有意继续合作，应当另行签署新的书面合同。

第十三条　其他

1．本合同未尽事宜，依据《中华人民共和国教育法》《中华人民共和国旅游法》《中华人民共和国合同法》《中华人民共和国侵权责任法》《学生伤害事故处理办法》等法律法规规定。

2．禁止商业贿赂条款

（1）任何一方保证不向其他协议签署方及与本合作有关的任何非本协议签署方的雇员或管理、工作人员，直接或间接，在账外暗中支付任何佣金、报酬或给予回扣，或提供任何礼品、款待或利益输送，以谋取不正当的商业利益。按照商业惯例赠送小额广告礼品的除外（作为承办服务的受托方应设立举报电话010-63989569，举报邮箱18601149569@126.com。受托方会对所有信息提供者及所提供的全部资料严格保密）。

（2）违反前款规定的，视为严重违约，守约方有权以书面形式通知违约方单方终止本合同，同时保留依法采取进一步法律措施的权利，违约方应承担由此给守约方造成的一切损失，该损失包括但不限于调查取证的费用、终止合同造成的前期已经投入准备的费用。涉嫌违法的，由相关行政管理机关按照有关规定处罚；构成犯罪的，移交司法机关依法追究刑事责任。

3．保密条款

（1）双方对合同内容、确认单、人员信息、研学课程、执行方案、技术资料，以及一方标有保密字样的所涵盖的全部信息及表现形式，负有保密义务，保证不披露、不泄露、不被第三方（包括但不限于与双方构成商业竞争关系的企业、机构或者组织）使用。同时，双方应当告知并以适当的有效方式约束接触前述保密信息的职员、雇员等。

（2）前款保密义务不因本协议的无效、解除、履行完毕而解除。任何一方违反前款保密义务的，应承担全部责任。（包括但不限于承担违约责任、支付违约金赔偿金及职员、雇员等第三方违反本保密义务产生的一切责任等）

（3）如无法确定因泄密造成的损失金额，泄密方应支付对方违约金20000元。

（4）保密信息自一方知道或应当知道后，保密期限为2年；学生及家长信息保密期限为10年。

4．知识产权使用条款

（1）双方在履行本合同中，会涉及研学课程音视频资料和图片、研学课程设计、研学教材、教辅材料、教学法、学生研学评价机制等内容，此等内容属于委托方的，其知识产权等成果为委托方所有；属于委托方提出、受托方完成的内容，其知识产权等成果为双方所有；属于受托方独创完成的内容，其知识产权等成果为受托方所有；在权属关系明确的情况下，要通过教育系统的第三方进行登记认证，以保护知识产权的合理使用。为了更好地推广研学实践（旅行）教育课程，双方均可授权对方使用该知识产权成果。（需另行签订知识产权许可使用协议，否则任何人未经许可不得使用、抄袭、剽窃该智力成果）

（2）双方均可使用协议履行研学过程中任一方摄制的学生课程、游览等课程照片。双方应保障在使用时不会发生侵犯第三方知识产权、肖像权等情况。否则，资料照片提供方应负责与第三方交涉，并承担由此产生的全部法律和经济责任，并对因为该侵权行为给守约方造成的损失承担赔偿责任。

5．公益性条款：根据《关于推进中小学生研学旅行的意见》中公益性的原则，研学实践（旅行）教育课程坚持公益性质，学校不参与具体研学实践（旅行）教育课程经营行为，不收取研学服务机构任何费用，参与研学的学校带队老师等人员发生的费用由受托方承担。研学服务机构承诺对学校推荐的特困家庭的学生，根据参团人数、成本核算等因素实施减免费用政策。（具体减免幅度或名额见《研学履行确认单》）

减免对象：

（1）"城市居民最低生活保障对象"的子女。

（2）经劳动保障部门认定的就业特别困难且家庭生活特别困难人员的子女。

（3）社会福利机构收养的孤儿。

（4）其他因家庭突遭灾祸、发生重大变故等，造成生活特别困难的学生。

减免办法：

（1）＿＿＿＿＿＿＿＿＿＿＿＿可免交全部费用。

（2）其他贫困家庭学生，可由受托方根据实际情况，减免部分费用。

减免程序：

由贫困家庭的学生提出书面申请，并提交《城市居民最低生活保障金领取证》等有关证明，经学校调查核实，研学服务机构同意。甲乙双方应建立健全检查监督制度，防止舞弊行为的发生。

第十四条 本合同术语及解释

1. 研学实践（旅行）教育课程，是以中小学生为主体对象，以集体旅行生活为载体，以提升学生素质为教学目的，依托社会资源等吸引物，进行体验式教育和研究性学习的一种教育旅行课程。

2. 主办方，作为本合同的委托方，是有明确研学实践（旅行）教育课程主题和教育目的的研学实践（旅行）教育课程的组织方，即学校。

3. 承办方，作为本合同的受托方，是与研学实践（旅行）教育课程主办方签订合同，提供教育、教学和旅行元素服务的研学服务机构。

4. 学生及家长，学生指在上述学校中全日制就读的受教育者，在研学实践（旅行）教育课程中为接受研学教育、完成教学课纲要求、服从研学管理的一方；家长指学生法定监护人。在《研学实践（旅行）教育课程合同》中，学生及家长同为研学实践（旅行）教育服务接受者一方。在研学实践（旅行）教育课程期间，研学服务机构依法承担学校的责任和义务并对学生的管理和服务承担责任和义务。

5. 未成年人，是指未满十八周岁的公民。

6. 学校参与研学的带队老师等人员，指学校派遣，跟随学生一起参加研学实践（旅行）教育课程的人员，督导研学服务机构落实研学计划，与研学实践教育师、安全员、导游/领队一起对学生管理，维护学校和学生合法权益的学校工作人员。

7. 受托方负责教学、安全和管理的研学实践教育师、安全员、管理师，是指依据《成人教育培训服务三项国家标准》经过教育系统专业培训、考核并获得能力培训证书的研学实践（旅行）教育服务的人员。

8. 导游/领队人员，是指依照相关法律规定取得导游证，接受研学服务机构的委派，为学生提供向导、讲解及相关研学实践（旅行）教育服务的人员。

9. 研学实践（旅行）教育课程突发事件，研学服务机构在研学过程中突然发生的造成或可能造成学生、带队老师、研学服务机构的服务人员人身伤亡、财物损失，需要采取应急处置措施予以应对的自然灾害、事故灾难、公共卫生事件和社会安全事件。

10. 旅行社责任保险（企业保险），是指以旅行社因其组织的旅游课程对旅游者和受其委派并为旅游者提供服务的导游或者领队人员，依法应当承担的赔偿责任为保险标的的保险。

11. 校方责任险，是由学校作为投保人，因校方过失导致学生伤亡的事故及财产损失由保险公司赔偿，学校作为受益方的一种责任保险。

12. 学平险，指中小学生平安保险，是学生幼儿意外伤害保险、附加意外伤害医疗保险、附加住院医疗保险的简称。

13. 研学意外伤害保险，是指中小学生（或研学服务机构代理中小学生）与保险公司签订的研学期间学生的意外伤害保险。

14. 研学实践（旅行）教育课程确认单，是《研学实践（旅行）教育委托合同》的组成部分，研学服务机构根据学校提出的要求和服务标准，对《研学实践（旅行）教育委托合同》进行具体细化，并由研学服务机构负责实施教学的依据。《研学实践（旅行）教育确认单》是体现研学实践（旅行）教育中学校、研学服务机构双方权利义务的具体载体。

委托方（盖章）：　　　　　　　　　　　受托方（盖章）：

负责人：　　　　　　　　　　　　　　　负责人：

电话：　　　　　　　　　　　　　　　　电话：

通信地址：　　　　　　　　　　　　　　通信地址：

2020 年　　月　　日　　　　　　　　　2020 年　　月　　日

附件一：《研学实践（旅行）教育确认单》
略。

第三节　研学承办服务机构与家长和学生的协议书

研学实践（旅行）教育课程合同示范文本（2019 年试行）

使用说明：

1. 本合同为示范文本，供中华人民共和国境内（不含港、澳、台地区）研学服务机构与学生及家长之间签订研学实践（旅行）教育课程合同时使用。

2. 研学实践（旅行）教育课程是研究性和体验性学习相结合的校外教育课程，是学校教育和校外教育相衔接的创新形式，是学校教育教学的重要内容之一。研学实践（旅行）教育课程由教育部门或者学校委托信誉良好、有资质的企业或者机构承办，学校为研学实践（旅行）教育课程的主办（督办）方，研学服务机构为研学实践（旅行）教育课程的承办方。

3. 研学合同的当事人为研学服务机构和学生及家长，学校非研学合同的当事人。但教育系统、学校对于研学的课程设计、学生管理和研学实践（旅行）教育课后评价等方面发挥重要督导作用。

4. 合同当事人应当结合具体情况，选择本合同条款中所提供的选项，空格处应当以文字形式填写完整。

5. 双方当事人可以书面形式对本示范文本的内容予以变更或者补充，但变更或者补充的内容，不得减轻或者免除依法应当由研学服务机构承担的责任（包括承办单位承担的学校的义务和责任）。

6. 本示范文本由＿＿＿＿＿＿＿＿制订、解释，在＿＿＿＿＿＿＿＿＿＿范围内推荐使用。

研学实践（旅行）教育课程合同

合同编号：＿＿＿＿＿＿＿＿

学生及家长：家长＿＿＿＿＿＿学生＿＿＿＿＿＿（名单可附页并需研学服务机构和学生及家长签字盖章确认）

研学服务机构：＿＿＿＿＿＿＿＿＿＿＿＿＿＿＿＿＿＿＿＿

研学服务机构代理人：＿＿＿＿＿＿＿＿＿＿＿＿＿＿＿＿＿

旅行社业务经营许可证编号：＿＿＿＿＿＿＿＿＿＿＿＿＿＿

工商营业执照号：＿＿＿＿＿＿＿＿＿＿＿＿＿＿＿＿＿＿＿

第一条　本合同术语和定义

1. 研学实践（旅行）教育课程以中小学生为主体对象时，是以集体旅行和现实生活为载体，以提升学生综合素质为教学目的，依托社会资源等吸引物，进行体验式教育和研究性学习的一种教育课程。

2. 主办方：应具备法人资质，按照教育计划有明确研学实践（旅行）教育课程主题和教育目的的研学实践（旅行）教育课程的组织方，应与承办方签订委托合同，按照合同约定履行义务。

3. 承办方：应具备法人资质，与研学实践教育课程主办方签订合同，担当主办方的责任和义务，同时具备研学实践教育职能，提供实践教育服务的教育机构、旅行社等法人资质的企事业单位。

4. 供应方：应具备法人资质，与研学实践教育课程承办方签订合同，提供研学实践教育接待、交通、住宿、餐饮等服务的机构。

5. 研学基地：应具备法人资质，研学实践教育课程过程中受众学习与生活的场所。

6. 研学服务机构：指在研学实践（旅行）教育课程中，接受学校督导和委托，按照教育计划，为研学提供教学及吃、住、行等一项或多项服务，依法具有相关资质的服务机构。

7．学生及家长：学生指在学校中全日制就读的受教育者，在研学实践（旅行）教育课程中为接受研学教育、完成课程教学要求、服从研学实践（旅行）教育课程管理的一方；家长指学生法定监护人。在《研学实践（旅行）教育课程合同》中，学生及家长同为研学实践（旅行）教育课程服务接受者一方。在研学实践（旅行）教育课程期间，研学服务机构依法承担对学生的管理和服务职责。

8．带队老师：指受学校派遣，跟随学生一起研学，督导研学服务机构落实研学计划，与研学实践教育师、安全员、导游领队等一起对学生管理，维护学生合法权益的老师。

9．研学实践教育师：依据《成人教育培训服务三项国家标准》和《研学实践教育师能力培训标准》，经过培训、考核测评合格，并获得研学实践教育师能力培训证书的专职师资人才；在研学实践教育课程过程中，具体引导学习者（生）制订课程，并负责研学实践教育课程教育课程方案的实施，指导学生开展各类体验课程和研究性学习的专业人员。

10．安全员：在研学实践教育过程中，具体负责研学实践主题课程教育课程全过程中的安全工作，制订应急安全预案和课程实践教育课程的安全守则，协助研学实践教育师指导学生开展各类体验课程和研究性学习的专业人员。

11．管理师：在研学实践教育过程中，具体负责研学实践主题课程教育课程全过程的组织管理、协调指挥工作的专业人员。

12．导游/领队人员，是指依照导游人员管理条例的规定取得导游证，接受研学服务机构的委派，为学生提供向导、讲解及相关研学实践（旅行）教育课程服务的人员。

13．研学实践（旅行）教育课程突发事件，研学服务机构在经营过程中突然发生或遇到的造成或可能造成学生、带队老师、研学服务机构的服务人员人身伤亡、财物损失，需要采取应急处置措施予以应对的自然灾害、事故灾难、公共卫生事件和社会安全事件。

14．代上研学意外保险，指研学服务机构在组织学习者进行研学课程时，为维护学习者利益，代学习者向保险公司支付保险费，一旦学习者在研学期间发生意外事故，按合同约定由承保保险公司向学习者支付保险金的保险行为。

15．必要的费用，指研学服务机构履行研学合同，已经发生的费用以及向研学供应方支付且不可退还的费用，包括乘坐飞机（车、船）等交通工具的费用（含预订金）、饭店住宿费用（含预订金）、研学交通汽车的人均租车费等。

16．转班，指由于未达到约定成班人数不能进行研学时，研学服务机构征得学生及家长书面同意，在课程开始前将学生转至其他研学服务机构所组织的研学班长履行合同的行为。

17．拼班，指研学服务机构在保证所承诺的教育课程服务内容和标准不变的前提下，在签订合同时经学生及家长同意，与其他研学服务机构招徕的学生拼成一个班，统一安排研学实践（旅行）教育课程服务的行为。

第二条　研学实践（旅行）教育活动课程设计与执行

1．学校指派带队老师、研学服务机构安排研学实践教育师、安全员等工作人员与导游/领队，共同在研学实践（旅行）教育课程的全过程中，围绕课前、课中、课后三个环节开展实施研学实践（旅行）教育活动课程教育教学工作。

2．研学服务机构根据学校教育教学计划，与学校共同协商确认课程主题、课程题目、学科设定、课程目标、课程实施方案、课程评价方案等内容。

第三条　研学服务机构的职责

1．研学实践（旅行）教育课程课前准备

（1）根据课程方案，在研学实施前，通过网络平台、纸质手册等方式将研学实践（旅行）教育课程课前资料发给学生及家长，包括课程内容、场地及资料介绍、课程拓展资料（文字、视频、网址、PPT）、注意事项介绍、学习单或研学手册、小论文撰写指导教材等。

（2）根据课程方案，在研学实施前设立研学课程，提供参考题库，供学生选择研学方向。

（3）配合学校在研学实施前，以课程实施前说明会、研学通知书、网上课程实施前说明会等多方式，围绕研学实践（旅行）教育课程的课程安排计划、研学纪律、注意事项、安全提示、应急预案、课程实施的组织与管理等方面，对学生及家长做好课程实施前的培训。

2．研学实践（旅行）教育课程课中体验

（1）根据研学实践（旅行）教育活动课程内容，与研学供应方协调对接研学实践（旅行）教育课程基地，落实教育教学课程，妥善安排研学实践教育师、安全员、导游/讲师，提供有针对性、启发性和引导性的讲解服务。

（2）根据研学实践（旅行）教育活动课程安排，协调配备相应的辅助设施，如电脑、多媒体、各类体验教育设施或教具等。

（3）根据研学课程内容，组织引导学生参与课程体验，并用云课堂、学习单、研学手册记录收获的资料或感受。

（4）执行研学实践（旅行）教育课程团队纪律，组织学生积极有序地学习、探讨，有权按照约定和授权就学生违反团队纪律的行为进行处置。

（5）根据研学课程实施方案，定期向学生家长公示研学实践（旅行）教育课程状况。

3．研学实践（旅行）教育课程课后总结

（1）协助学校将学生研学实践（旅行）教育课程表现及研学成果进行展示。

（2）协助学校，根据评价方案对学生研学实践（旅行）教育活动课程收获进行考察评定。

第四条　学生及家长的职责

1．研学实践（旅行）教育课程课前准备

（1）按照学校和研学服务机构的要求做好研学预习准备工作，查看应掌握及了解的课程内容和资料。

（2）选好研学题目，并按课程要求，自行或与小组或与老师商讨研究方案、小论文撰写提纲，做好研学实施学习准备。

（3）学生及家长共同参与研学实施前的培训，做好研学实施物品及心理准备，认真进行研学纪律、安全和注意事项的学习。家长应就研学实施前的培训内容与学生在此确认，并督促学生执行。

2．研学实践（旅行）教育课程课中体验

（1）学生应积极主动参与活动课程，多观察、多思考、多体验、多体悟、多体认，主动问问题，分享感受，及时用云课堂或学习单、研学手册记录收获，按课程计划完成体验、探究与探访、资料收集等课程。

（2）学生应听从带队老师和研学实践教育师、安全员、导游等人员关于课程安排、注意事项的说明。按计划和要求开展研学实践（旅行）教育课程，在研学基地或科研单位内必须遵守当地要求，自觉遵守课堂秩序，爱护场地，保持场地卫生，爱护教学设备等相关研学设施和器材。

（3）学生应严格遵守研学纪律，注意自身安全，按时集合、按时休息，遵守社会公德及法律法规。

（4）有权监督并向学校带队老师反馈研学实践（旅行）教育课程教学质量和旅行要素的服务质量。

3．研学实践（旅行）教育课后总结

（1）学生应主动进行研学素材的整理（文字、照片、视频），完成研学小论文或研学成果汇报，并通过学校要求的形式，如云课堂、板报、视频、演讲、图画等方式进行展示和分享。

（2）家长配合学校和研学服务机构，教育学生完成好研学教学任务。

第五条　研学实践（旅行）教育活动课程实施计划

研学服务机构应当提供带合同编号的《研学实践（旅行）教育活动课程实施计划》（以下简称《课程实施计划》），经学生及家长确认后作为本合同的组成部分。《课程实施计划》应当对如下内容做出明确的说明：

1．研学课程实施计划的研学出发地、途经地、主要目的地、结束地，交通线路行程时间和具体安排（按自然日计算，含乘飞机、车、船等在途时间，不足 24 小时以一日计）。

2．研学服务机构委托的主要供应方的名称、地址、联系人和联系电话。

3．交通服务安排及其标准（明确交通工具及档次等级、车号及驾驶员、研学实施时间以及是否需中转等信息）。

4．住宿服务安排及其标准（明确住宿饭店的接待标准，应当注明是否有空调、热水、独立卫生间等相关服务设施）。

5．用餐（早餐和正餐）服务安排及其标准（明确用餐次数、地点、标准）。

6．研学服务机构统一安排的教育教学课程及游览项目的具体内容及时间：明确研学实践（旅行）教育课程计划内容，包括教育教学课程、景区景点及游览项目名称等，教育教学课程开展的最少时间，教育教学课程时间不得低于整个研学课程时间的 60%。

第六条　订立合同

学生及家长应当认真阅读本合同条款、及《课程实施计划》等附件，在理解本合同条款及有关附件后，研学服务机构和学生及家长应当签订书面合同。

第七条　研学服务机构的权利

1．根据学生的身体健康状况及相关条件，决定是否接纳学生报名参加研学。

2．核实学生及家长提供的相关信息资料。

3．按照合同约定向学生及家长收取全额研学实践（旅行）教育课程费用。

4．研学实践（旅行）教育课程团队遇紧急情况时，可以采取安全防范措施和紧急避险措施并要求学生配合。

5．拒绝学生及家长提出的超出合同约定的不合理要求。

6．要求学生及家长在研学实践（旅行）教育课程中或者在解决纠纷时，对损害研学服务机构合法权益的行为承担赔偿责任。

7．要求学生健康、文明进行研学实践（旅行）教育课程，遵守研学实践（旅行）教育课程纪律，劝阻学生违法和违反社会公德的行为。

第八条　研学服务机构的义务

1．按照本合同和《课程实施计划》约定的内容和标准，为学生提供服务，不擅自变更研学课程实施计划安排。

2．向合格的、特别是经过教育行业第三方认可的供应方、教育（科学）能力培训基地订购课程服务内容。

3．在研学实施前如实告知具体课程实施计划和有关具体事项，具体事项包括但不限于所到研学目的地的重要规定、风俗习惯；研学实践（旅行）教育课程中的安全注意事项和安全避险措施、学生不适合参加研学实践（旅行）教育课程的情形；研学服务机构依法可以减免责任的情形；应急联络方式以及法律、法规规定的其他应当告知的事项。

4．妥善保管学生交其代管的证件、行李等物品。

5．为学生发放安全信息卡（包括学生的姓名、血型、应急联络方式等）。

6．学生人身、财产权益受到损害时，应当采取合理必要的保护和救助措施。

7．积极协调处理研学过程中的各种纠纷。

8．提示学生投保人身意外伤害保险。

9．向学生及家长提供发票。

10．依法对学生个人信息保密。

11．研学实践（旅行）教育课程行程中家长要求解除合同的，经学校带队老师书面同意后，研学服务机构应当配合。

12．按照合同约定，全面完成研学实践（旅行）教育活动课程实施计划。

第九条　学生及家长的权利

1．要求研学服务机构按照本合同及《课程实施计划》约定全面履行相关义务。

2．拒绝未经事先协商一致的转班、拼班行为。

3．人格尊严、民族风俗习惯和宗教信仰得到尊重。

4．在人身、财产安全遇有危险时，有权请求救助和保护；人身、财产受到损害的，有权依法获得赔偿。

5．在合法权益受到损害时，向有关部门投诉或者要求研学服务机构协助索赔。

6．《中华人民共和国未成年人保护法》《中华人民共和国教育法》《中华人民共和国旅游法》《中华人民共和国消费者权益保护法》等有关法律、法规赋予学生及家长的其他各项权利。

第十条　学生及家长的义务

1．如实填写《研学实践（旅行）教育课程报名表》、学生安全信息卡等各项内容，告知与研学实践（旅行）教育课程相关的个人健康信息，并对其真实性负责，保证所提供的联系方式准确无误且联络畅通。

2．按照本合同约定支付研学费用。

3．遵守法律法规、校规校纪、研学纪律等规定，不在研学实践（旅行）教育课程过程中从事违法违纪课程，不参与色情、赌博和涉毒课程。

4．遵守公共秩序和社会公德，尊重研学实践（旅行）教育课程目的地的风俗习惯、文化传统和宗教信仰，爱护研学资源，保护生态环境，遵守《中小学生守则》《中学生日常行为规范》《中国公民国内旅游文明行为公约》等文明行为规范。

5. 对国家应对重大突发事件暂时限制研学实践（旅行）教育课程的措施，以及有关部门或者研学旅行服务机构采取的安全防范和应急处置措施予以配合。

6. 妥善保管自己的行李物品，随身携带现金、有价证券、贵重物品，不在行李中夹带。

7. 在研学实践（旅行）教育课程中或者在解决纠纷时，应采取措施防止损失扩大，不损害当地居民的合法权益；不干扰他人的研学实践（旅行）教育课程；不损害研学服务机构和研学从业人员的合法权益，不采取拒绝上、下机（车、船）、拖延时间或者脱班等行为。

8. 服从带队老师、研学实践教育师、安全员、导游领队等工作人员的指挥和教育，顾全大局，维护研学团队整体利益。

第十一条　合同的变更

1. 研学服务机构、学生及家长协商一致，可以变更本合同约定的内容但应当以书面形式由所有合同各方签字确认。由此增加的研学实践（旅行）教育课程费用及给相关方造成的损失，由变更提出方承担；由此减少的研学实践（旅行）教育课程费用，研学服务机构应当退还家长。

2. 课程计划实施开始前遇到不可抗力或者研学服务机构、研学供应方已尽合理注意义务仍不能避免的事件的，双方经协商可以取消研学实施计划或者延期实施。取消研学计划的，按照本合同第十六条处理；延期研学计划实施的，增加的费用由家长承担，减少的费用退还家长。

3. 研学过程中遇到不可抗力或者研学服务机构、研学供应方已尽合理注意义务仍不能避免的事件，影响研学行程的，按以下方式处理：

（1）合同不能完全履行的，研学服务机构经向学校带队老师做出说明：学校带队老师同意变更的，可以在合理范围内变更合同，因此增加的费用由家长承担，减少的费用退还家长。

（2）危及学生人身、财产安全的，研学服务机构应当采取相应的安全措施，因此支出的费用，由研学服务机构与家长分担。

（3）造成学生滞留的，研学服务机构应采取相应的安置措施。因此增加的食宿费用由家长承担，增加的返程费用研学服务机构与家长分担。

第十二条　不成班或团队的安排，当研学服务机构组织研学人数未达到约定的成班或团体人数时，学生及家长可以与研学服务机构就如下安排在本合同第二十四条中做出约定

1. 转班：研学服务机构可以在保证所承认的服务内容和标准不降低的前提下，经事先征得学生及家长书面同意，委托其他研学服务机构履行合同，并就受委托实施研学计划的研学服务机构违反合同约定的行为先行承担责任，再进行追偿。学生及家长和受委托实施研学计划的研学服务机构另行签订合同的，本合同的权利义务终止。

2. 延期实施研学计划和改变课程内容：研学服务机构征得学生及家长书面同意可以延期研学计划的实施或者改变其他课程内容，因此增加的费用由学生及家长承担，减少的费用研学服务机构予以退还。必要时可以重新签订《研学实践（旅行）教育课程合同》。

第十三条　合同的转让

合同的转让鉴于研学课程的特殊性，学生及家长不得将本合同约定的本方权利义务转让给第三方。

第十四条　研学服务机构解除合同

1．未达到约定的参加研学人数不能开班时，研学服务机构解除合同的，应当采用书面等有效形式。研学服务机构在研学计划实施开始之前 7 日（按照研学实施日减去解除合同通知到达日的自然日之差计算，下同）以上（含本数）提出解除合同的不承担违约责任，研学服务机构向学生及家长退还已收取的全部研学实践（旅行）教育课程费用；研学服务机构在研学计划实施开始前 7 日以内（不含）提出解除合同的，除向学生及家长退还已收取的全部研学实践（旅行）教育课程费用外，还应当按照本合同第十九条第一款的约定，承担相应的违约责任。

2．学生及家长有下列情形之一的，研学服务机构可以解除合同：

（1）患有传染病、急性病、精神疾病等，可能危害自身或其他学生健康和安全的；

（2）携带危害公共安全的物品且不同意交有关部门处理的；

（3）从事违法或者违反社会公德的课程的；

（4）违反研学实施纪律，从事严重影响其他学生权益的课程，且不听劝阻、不能制止的；

（5）法律、法规规定的其他情形。研学服务机构因上述情形解除合同的，应当以书面等形式通知学校、学生及家长，按照本合同第十七条相关约定扣除必要的费用后，将余款退还家长。

第十五条　学生及家长解除合同

1．未达到约定研学开班人数不能开班时，学生及家长既不同意转班，也不同意延期实施研学或者改签其他研学课程的，研学服务机构应及时发出不能成班实施研学的通知书，学生及家长可以解除合同。学生及家长在行程开始前 7 日以上收到研学服务机构不能成班通知的，研学服务机构不承担违约责任，向学生及家长退还已收取的全部旅游费用；学生及家长在课程实施开始前 7 日以内收到研学服务机构不能成班通知的，按照本合同第十九条第一款相关约定处理。

2．在研学计划实施开始前，学生及家长亦可以书面等形式解除合同。学生及家长在课程实施开始前 7 日以上（含本数）提出解除合同的，研学服务机构扣除已发生的必要费用后将剩余研学服务费用退还给学生及家长；学生及家长在课程计划实施开始前 7 日以内（不含）解除合同的，研学服务机构按照本合同第十七条相关约定扣除必要的费用后，将余款退还学生及家长。

3．在研学实施过程中，家长要求解除合同的，须经带队老师和研学服务机构同意，家长应当将学生直接从研学实施过程目的地中接走，并承担全部返程费用，研学服务机构应予以配合。研学服务机构按照本合同第十七条相关约定扣除必要的费用后，将研学实践（旅行）教育课程余款退还学生及家长。

4．学生未按约定时间到达约定研学集合地点，也未能在研学实施中途加入研学团队的视为学生及家长解除合同，按照本合同第十七条相关约定处理。

第十六条　因不可抗力或者已尽合理注意义务仍不能避免的事件解除合同

因不可抗力或者研学服务机构、研学供应方已尽合理注意义务仍不能避免的事件，影响研学课程，合同不能继续履行的，研学服务机构和带队老师均可以解除合同；合同不能完全履行，学校带队老师不同意变更的，可以解除合同。合同解除的，研学服务机构应当在扣除已向供应方支付且不可退还的费用后，将余款退还家长。

第十七条　必要的费用扣除

1．学生及家长在研学开始前 7 日以内（不含）提出解除合同或者按照本合同第十四条第二款约定由研学服务机构在研学开始前解除合同的，按下列标准扣除必要的费用：

研学实施开始前 6 日至 4 日解除合同：

（1）大交通费用（火车、飞机、轮船等）：按照相关交通部门政策扣除。

（2）租车费：按照租车费的 20%扣除。

（3）住宿费：按照住宿费的 20%扣除。

（4）课程费：按照课程费的 20%扣除。

（5）研学实践教育师、安全员、导游等人员的服务费：按照服务费的 20%扣除。

研学实施开始前 3 日至 1 日解除合同：

（1）大交通费用（火车、飞机、轮船等）：按照相关交通部门政策扣除。

（2）租车费：按照租车费的 40%扣除。

（3）住宿费：按照住宿费的 40%扣除。

（4）课程费：按照课程费的 40%扣除。

（5）研学实践教育师、安全员、导游等人员的服务费：按照服务费的 40%扣除。

研学实施开始当日解除合同：

（1）大交通费用（火车、飞机、轮船等）：按照相关交通部门政策扣除扣除。

（2）租车费：按照租车费的 60%扣除。

（3）住宿费：按照住宿费的 60%扣除。

（4）课程费：按照课程费的 60%扣除。

（5）研学实践教育师、安全员、导游等人员的服务费：按照服务费的 60%扣除。

2．在研学实施中解除合同的，必要的费用扣除标准为：学生及家长在研学实施中提出解除合同的，研学服务机构扣除已发生的住宿、餐饮、交通、课程、工作人员服务费等费用后，将余款退还给学生及家长。其中大交通（火车、飞机、轮船）费用以交通部门公示政策为准。如按上述第 1 款或者第 2 款约定比例扣除的必要的费用低于实际发生的费用，学生及家长按照实际发生的费用支付，但最高额不应当超过研学实践（旅行）教育课程费用总额。

解除合同的，研学服务机构扣除必要的费用后，应当在解除合同通知到达日起 15 个工作日内为学生及家长办结退款手续。

第十八条 研学服务机构协助学生及家长返程及费用承担

研学实践（旅行）教育课程过程中解除合同的，除学生家长要求解除合同的除外，研学服务机构应协助学生及家长返回研学出发地或者学生及家长指定的合理地点。因研学服务机构或者研学供应方的原因导致合同解除的，返程费用由研学服务机构承担；研学过程中按照本合同第十四条第二款，第十五条第二款约定解除合同的，返程费用由学生及家长承担；按照本合同第十六条约定解除合同的，返程费用由研学服务机构与学生及家长分担。

第十九条 研学服务机构的违约责任

1．研学服务机构在研学实施开始前 7 日以内（不含）提出解除合同的，应向学生及家长退还已收取的全部研学费用，并按下列标准向学生及家长支付违约金：

研学实施开始前 6 日至 4 日，支付研学费用总额 10%的违约金。

研学实施开始前 3 日至 1 日，支付研学费用总额 15%的违约金。

研学实施开始当日，支付研学费用总额 20%的违约金。如按上述比例支付的违约金不足以赔偿学生及家长的实际损失，研学服务机构应当按实际损失对学生及家长予以赔偿。

研学服务机构应当在取消研学出发通知到达日起 10 个工作日内，为学生及家长办结退还全部研学费用的手续并支付上述违约金。

2．研学服务机构未按合同约定提供服务，或者未经学校带队老师同意调整研学计划（本合同第十一条第 3 款规定的情形除外）造成项目减少、研学实践（旅行）教育课程时间缩短或者服务标准降低的，应当依法承担继续履行、采取补救措施或者赔偿损失等违约责任。

3．研学服务机构具备履行条件，经学校带队老师或学生及家长要求仍拒绝履行本合同义务的，研学服务机构向学生及家长支付研学费用总额 30%的违约金；造成学生人身损害、滞留等严重后果的，学生及家长还可以要求研学服务机构支付研学费用一倍以上三倍以下的赔偿金。

4．与学生及家长出现纠纷时，研学服务机构应当采取积极措施，防止损失扩大，否则应当就扩大的损失承担责任。

5．未经学生及家长同意，研学服务机构转班、拼班的，研学服务机构应向学生及家长支付研学实践（旅行）教育课程费用总额 25%的违约金；学生及家长解除合同的，研学服务机构还应向未随班参加研学出发的学生退还全部研学实践（旅行）教育课程费用，向已随班出发的学生退还尚未发生的研学实践（旅行）教育课程费用。如违约金不足以赔偿学生及家长的实际损失研学服务机构应当按照实际损失对学生及家长予以赔偿。

第二十条　学生及家长的违约责任

1．学生因违反研学实施纪律、不听从研学服务机构研学实践教育师、安全员、管理员、导游等研学工作人员的劝告、提示等而影响团队或班级课程，给研学服务机构及他人造成损失的，其家长应当承担相应的赔偿责任。

2．学生超出本合同约定的内容和教学计划，进行个人课程所造成的损失，由学生及家长自行承担。

3．由于学生的过错，使研学服务机构、研学供应方、研学从业人员、同行学生及第三人遭受损害的，学生及家长应当赔偿损失。

4．学生及家长在研学课程中或者在解决纠纷时，应采取措施防止损失扩大，否则应当就扩大的损失承担相应的责任。

5．学生违反安全警示规定，或者对国家应对重大突发事件暂时限制研学课程的措施、安全防范和应急处置措施不予配合，造成他人损失的，学生及家长应当依法承担相应责任。

第二十一条　研学服务机构免责事项

1．由于学生及家长自身原因导致本合同不能履行或者不能按照约定履行，或者造成学生人身损害、财产损失的，研学服务机构不承担责任。

2．由于第三方侵害等不可归责于研学服务机构的原因导致学生人身、财产权益受到损害的，研学服务机构不承担赔偿责任。但因研学服务机构不履行协助义务致使学生人身、财产权益损失扩大的，研学服务机构应当就扩大的损失承担赔偿责任。

3．由于公共交通经营者的原因造成学生人身损害、财产损失依法应承担责任的，研学服务机构应当协助学生及家长向公共交通经营者索赔，并先行实施赔付。

第二十二条 研学课程实施时间

研学实施出发时间_____年___月___日时，结束时间_____年___月___日时，共___天，住宿（饭店、_____）_____夜。

第二十三条 研学服务费用及支付（以人民币为计算单位）

研学服务费用：_____元/人。其中，研学实践教育师服务费_____元/人、安全员服务费_____元/人、导游服务费_____元/人，合计_____元。支付方式：<u>课程实施前一次性</u>。支付时间：<u>课程实施出发前二个工作日</u>。

第二十四条 成班人数与不成班的约定

成班的最低人数：_____人（或依据学校安排）。

1．（同意或者不同意，打钩无效）研学服务机构委托研学服务机构履行合同：_____。

2．（同意或者不同意，打钩无效）延期实施研学课程：_____。

3．（同意或者不同意，打钩无效）改变其他研学课程实施：_____。

4．（同意或者不同意，打钩无效）解除合同；如不足成班最低人数，同意解除合同：_____。

第二十五条 拼班约定

学生及家长_____（同意或者不同意，打钩无效）采用拼班方式拼至成班最低人数。

第二十六条 人身意外伤害保险

1．研学服务机构提示学生购买人身意外伤害保险。

2．家长可以做以下选择：

□委托研学服务机构购买（研学服务机构不具有保险兼业代理资格的，不得勾选此项）：保险产品名称：_____（投保的相关信息以实际保单为准）。

□自行购买；

□放弃购买。

第二十七条 其他约定事项未尽事宜

经家长和研学服务机构协商一致，可以列入补充条款。（如合同空间不够，可以另附纸张，由合同当事人签字或者盖章确认。）

_____

_____

第二十八条 安全责任原则

在研学实践（旅行）教育课程中，除不可抗力外，因研学服务机构、学生及家长或者其他相关当事人的过错造成学生伤害的，相关当事人应当根据其行为过错程度及其与损害后果之间的因果关系承担相应的责任。当事人的行为是损害后果发生的主要原因，应当承担主要责任；当事人的行为是损害后果发生的非主要原因，承担相应的责任。

第二十九条 安全责任免除情形

在研学实践（旅行）教育课程中，因下列情形之一造成的学生人身伤害或者财产损失的，研学服务机构及带队老师已履行了相应职责，行为并无不当的，不承担法律责任：

（1）地震、雷击、台风、洪水等不可抗的自然因素造成的。

（2）来自外部的突发性、偶发性侵害造成的。

（3）学生有特异体质、特定疾病或者异常心理状态等，研学服务机构、带队老师不知道或者难于知道的。

（4）学生自杀、自伤的。

（5）其他意外因素造成的。

第三十条　研学承办服务机构的安全职责

1．研学承办单位负责研学全过程的安全工作，必须把安全工作放在首位，时刻牢记安全第一原则，为研学安全保驾护航。

2．研学承办单位应当为资质齐全、信誉良好的机构或者企事业单位，若研学服务机构因不具有资质、违反相关法定安全职责等给学生造成人身损害或者财产损失的，研学服务机构应当承担相应责任。

3．研学承办单位应当在研学实践（旅行）教育课程开始之前，向家长、学生、带队老师进行安全教育，送达营员手册、课程实施计划（可在手册中）、安全告知书、学生纪律告知书等。因未尽到上述义务的，给家长、学生或者带队老师造成人身损害或者财产损失的，应当承担相应责任。

4．研学承办单位应当委派经教育系统能力培训合格的研学实践教育师、安全员、管理员及具有导游资质的人员组织实施研学实践（旅行）教育课程，并与学校安排的带队老师共同管理、教育学生。当发生安全事故时，应当及时采取措施救助受害学生，并及时通知学生家长、学校和上级主管部门。研学承办单位及人员未尽到上述义务给学生造成人身损害或者财产损失的，应当承担相应责任。

5．在研学实践（旅行）教育课程过程中，研学承办单位发现学生行为具有危险性，但未进行必要的管理、告诫或者制止的，研学承办单位应当依法承担相应责任。

6．研学承办单位在承办研学实践（旅行）教育课程时，应当向有资质的、合格的，特别是经过教育行业第三方认可的研学供应方、基地订购课程内容、课程保障设施和其他服务，否则由此造成学生、带队老师人身损害或者财产损失的，应当承担相应责任。

7．研学实践（旅行）教育课程团队遇到紧急情况时，可以采取安全防范措施和紧急避险措施并有权要求学校、学生及家长配合。

8．在研学实践（旅行）教育课程中，告知家长、学生、带队老师安全注意事项、安全避险措施和学生不适合参加研学课程的情形，保障学生、带队老师的安全，有权要求学生健康、文明研学实施，劝阻学生违反纪律、行为规范、法律、社会公德的行为。

9．学生、带队老师的人身、财产受到损害时，应当采取合理必要的保护措施和救助措施，避免学生、带队老师的人身、财产权益损失扩大，否则由此产生的人身伤害或者财产损失，应当承担相应责任。

10．有权根据学生、带队老师的身体健康状况及相关条件决定是否接纳报名参加研学实践（旅行）教育课程。

11．学生、带队老师因第三方侵害等不可归责于研学承办单位的原因导致人身、财产权益受到损害的，研学承办单位不承担赔偿责任。但因研学承办单位不履行协助、保护义务致使学生、带队老师人身、财产权益损失扩大的，应当就扩大的损失承担赔偿责任。

12．在研学实践（旅行）教育课程中，研学承办单位应当教育引导学生从事与其年龄、认知能力、行为能力相符的研学实践教育课程，否则由此产生的损失，应当承担相应责任。

13．在研学实践（旅行）教育课程过程中，对学生擅自离开团队、班级等与学生人身安全直接相关的信息，研学承办单位发现或者知道，但未及时告知学生家长，导致学生因脱离研学承办单位和带队老师的保护而发生伤害的，研学承办单位应当依法承担相应责任。

14．在研学实践（旅行）教育课程过程中，依据研学主办方与承办方的委托协议，研学承办方负责研学全过程学生、老师的安全工作，研学承办单位组织实施研学实践（旅行）教育课程期间（从学校出发至送回学校之间）由此引起主办方（学校）的责任和义务，由研学承办方无条件承担相应责任。

15．在研学实践（旅行）教育课程过程中，因供应方责任导致家长、学生、学校带队老师人身、财产权益受到损害的，由研学承办方先行承担相应责任。

第三十一条　学生及家长的安全职责

1．在研学实践（旅行）教育课程行程开始之前，家长应当配合学校、研学服务机构对学生进行安全、自我保护、纪律教育。

2．在人身、财产安全遇有危险时，有权请求救助和保护；人身、财产受到损害的，有权依法获得赔偿。

3．如实填写《研学实践（旅行）教育课程报名表》《研学实践（旅行）教育课程安全信息卡》《学生身体健康状况登记表》等各项内容，告知与研学实践（旅行）教育课程相关的个人健康信息，包括但不限于心脏病、呼吸疾病、过敏、癫痫、传染病、骨伤痊愈未满一年、特异体质、精神疾病等或者异常状况并对其真实性负责。因未如实填写，隐瞒信息造成的学生及第三人人身损害或者财产损失，学生及家长应当承担相应责任。

4．保证所提供的学生及家长联系方式准确无误且能确保畅通。

5．在研学课程中，自由安排课程期间，听从带队老师、导游等研学工作人员的安排，尊敬师长，礼貌待人，不得从事冒险、危险课程，否则由此产生的人身损害或者财产损失，学生及家长应当承担相应责任。

6．遵守研学实践（旅行）教育课程纪律和行程安排，遵守公共秩序和社会公德，尊重研学实践（旅行）教育课程目的地的风俗习惯、法律规定、文化传统和宗教信仰，爱护资源，保护生态环境，遵守文明规范，严格作息时间。

7．妥善保管自己的行李物品，在研学实践（旅行）教育课程中禁止携带大量现金、有价证券及贵重财物。

8．未经带队老师、导游等研学服务机构工作人员、学生家长的同意，学生不得擅自脱离团队，否则由此产生的人身损害或者财产损失由学生及家长负责。

9．在研学实践（旅行）教育课程中，禁止追赶、打闹、辱骂、欺凌、争抢利益，禁止与他人发生口角、肢体等冲突，否则由此产生的人身损害或者财产损失由学生及家长、侵权人承担。

10．学生在研学实践（旅行）教育课程中应当听从研学服务机构的研学实践教育师、安全员及其导游、带队老师的劝告、提示，从事与其自身年龄、行为能力、认知能力相符的课程，若违反上述约定影响团队行程的，给他人造成损失的，学生及家长应当赔偿损失；若造成自身损失的，学生及家长自行承担。

11．在研学实践（旅行）教育课程中，发现学生的行为具有危险性、违法性，学校、带队老师或者研学实践教育师、安全员、导游等研学服务机构工作人员已经告诫、制止，但是学生仍不听劝阻、拒不改正的，研学服务机构经带队老师同意后，可以报告政府及司法部门。由此产生学生的人身伤害、名誉损失或者财产损失的，由学生及家长承担。

12．在产生矛盾纠纷时，学生及家长应当依法合理维权，不得影响正常教学研学秩序。

第三十二条　研学实践（旅行）教育课程纠纷的法律适用

本合同适用于如下法律法规解决研学实践（旅行）教育课程纠纷：

1. 《中华人民共和国未成年人保护法》。
2. 《中华人民共和国教育法》。
3. 《中华人民共和国旅游法》。
4. 《中华人民共和国侵权责任法》。
5. 《学生安全事故处理办法》。
6. 《教育部等11部门关于推进中小学生研学旅行的意见》（教基[2016]8号）。
7. 《成人教育培训服务三项国家标准》。
8. 《旅行社服务质量赔偿标准》等。

第三十三条　纠纷解决及管辖

本合同履行过程中发生争议，由双方协商解决，协商不成的，任何一方均可向学校所在地的教育主管部门、旅游质监执法机构、消费者协会等投诉或申请调解。调解或者协商不成的，按下列几种方式解决：

（1）提交仲裁委员会仲裁；

（2）依法向学校所在地有管辖权的人民法院起诉。

第三十四条　学校已经派遣带队老师全程陪同研学实践（旅行）教育课程团队，并已另行与研学服务机构签订书面《研学实践（旅行）教育课程委托合同》及《研学行程确认单》，已支付带队老师研学实践（旅行）教育课程费用，该费用不由学生及家长承担。

第三十五条　研学过程中，如遇不可抗力或者研学服务机构、研学供应方已尽合理注意义务仍不能避免的事件等情况，影响研学行程，或为了大多数学生的共同利益，学校带队老师或研学服务机构工作人员有权代表学校、研学服务机构、学生及家长做出解除、变更研学计划安排的意思表示。学生及家长承诺签署本合同即表明遵从本条约定，同意并自愿遵守学校带队老师和研学服务机构在本条约定情形下做出的决定。

第三十六条　知识产权权利

双方在履行本合同中，会涉及研学课程中学生的音视频资料和图片，以及学生习作等，该音视频资料、图片及习作等的知识产权（包括但不限于著作权、网络传播权、展览展示权、肖像权等），学生及家长同意学校及研学服务机构为了宣传推广研学实践（旅行）教育课程项目而无偿使用。

第三十七条　公益性条款

根据《关于推进中小学生研学旅行的意见》中公益性的原则，研学实践（旅行）教育课程坚持公益性质，学校不参与具体研学实践（旅行）教育课程经营行为，不收取研学服务机构任何费用，带队老师费用由研学承办服务机构承担。研学服务机构承诺对学校推荐的特困家庭的学生，根据参加研学人数、成本核算等因素实施减免费用政策。（具体减免标准、名额见《研学实践（旅行）教育课程确认单》，具体名单见公示栏）

第三十八条　其他特别约定

第三十九条　本合同未尽事宜，以协商内容为准。如该示范文本有更新，则以最新版本约定为准。

第四十条　学生及家长承诺在签署本合同前，已经详细阅读、正确理解并自愿接受本合同所有条款约定。

第四十一条　本合同经各方当事人盖章（签字）之日起生效，一式两份，具有同等法律效力。

第四十二条　本合同附件经各方当事人盖章（签字）之日起生效，是本合同重要组成部分，与本合同具有同等法律效力。本合同附件由以下五份文件构成。

1.附件一《研学实践教育课程实施计划》。略

2.附件二《研学实践（旅行）教育实施通知书》。略

3.附件三《安全告知书》。略

4.附件四《学生纪律告知书》。略

5.附件五《学生身体健康状况登记表》。略

研学服务机构服务质量监督电话：_____

服务质量赔偿标准：_____

学生及家长（监护人签字：　　　　　　　　　　　研学承办服务机构：

证件号码：　　　　　　　　　　　　　　　　　　（盖章）

住址：　　　　　　　　　　　　　　　　　　　　营业地址：

联系电话：　　　　　　　　　　　　　　　　　　联系电话：

传真：　　　　　　　　　　　　　　　　　　　　传真：

邮编：　　　　　　　　　　　　　　　　　　　　邮编：

电子信箱：　　　　　　　　　　　　　　　　　　电子信箱：

签约日期：　　　　　　　　　　　　　　　　　　签约日期：

签约地点：　　　　　　　　　　　　　　　　　　（在线签约）：